Nova Lei de Improbidade Administrativa

Nova Lei de Improbidade Administrativa

INSPIRAÇÕES E DESAFIOS

2022

Coordenadores
Gilmar Ferreira Mendes
Rafael de A. Araripe Carneiro

ALMEDINA

NOVA LEI DE IMPROBIDADE ADMINISTRATIVA
INSPIRAÇÕES E DESAFIOS

COORDENADORES: Gilmar Ferreira Mendes, Rafael de A. Araripe Carneiro

DIRETOR ALMEDINA BRASIL: Rodrigo Mentz
EDITORA JURÍDICA: Manuella Santos de Castro
EDITOR DE DESENVOLVIMENTO: Aurélio Cesar Nogueira
ASSISTENTES EDITORIAIS: Isabela Leite e Larissa Nogueira
ESTAGIÁRIA DE PRODUÇÃO: Laura Roberti

DIAGRAMAÇÃO: Almedina
DESIGN DE CAPA: Roberta Bassanetto
ISBN: 9786556276267
Junho, 2023

Dados Internacionais de Catalogação na Publicação (CIP)
(Câmara Brasileira do Livro, SP, Brasil)

Nova lei de improbidade administrativa :
inspirações e desafios / coordenadores Gilmar
Ferreira Mendes, Rafael de A. Araripe Carneiro. – São Paulo, SP : Almedina, 2022.

Vários autores.
Bibliografia.
ISBN 978-65-5627-626-7

1. Direito administrativo 2. Direito administrativo – Brasil 3. Improbidade administrativa
4. Improbidade administrativa – Legislação – Brasil
I. Mendes, Gilmar Ferreira. II. Carneiro, Rafael de A. Araripe.

22-115862 CDU-35.086(81)(094.56)

Índices para catálogo sistemático:

1. Brasil : Improbidade administrativa : Direito administrativo : Leis comentadas 35.086(81)(094.56)

Eliete Marques da Silva – Bibliotecária – CRB-8/9380

Este livro segue as regras do novo Acordo Ortográfico da Língua Portuguesa (1990).

EDITORA: Almedina Brasil
Rua José Maria Lisboa, 860, Conj. 131 e 132, Jardim Paulista | 01423-001 São Paulo | Brasil
www.almedina.com.br

SOBRE OS COORDENADORES

Gilmar Ferreira Mendes

Ministro do Supremo Tribunal Federal. Pós-Doutor, Doutor e Mestre em Direito pela Universidade de Münster, Alemanha. Mestre em Direito pela Universidade de Brasília. Professor de Direito Constitucional nos cursos graduação e pós-graduação da Faculdade de Direito da Universidade de Brasília e do IDP.

Rafael de A. Araripe Carneiro

Professor de Direito Administrativo nos cursos de graduação e pós-graduação do Instituto Brasileiro de Ensino, Desenvolvimento e Pesquisa (IDP), onde coordena o Grupo de Pesquisa sobre Improbidade Administrativa. Doutorando e mestre em Direito Público pela Universidade Humboldt de Berlim. Advogado.

SOBRE OS AUTORES

Atalá Correia
Professor do Instituto Brasileiro de Ensino, Desenvolvimento e Pesquisa (IDP). Doutor em Direito Civil pela Universidade de São Paulo. Juiz de Direito no Tribunal de Justiça do Distrito Federal e Territórios.

Beto Vasconcelos
Mestre em Direito do Estado pela Universidade de São Paulo (USP). Professor no INSPER. Ex-Secretário Nacional de Justiça e ex-Subchefe para Assuntos Jurídicos da Presidência da República. Advogado.

Élida Graziane Pinto
Procuradora do Ministério Público de Contas do Estado de São Paulo. Pós-Doutora em Administração pela Escola Brasileira de Administração Pública e de Empresas da Fundação Getúlio Vargas (FGV) e Doutora em Direito pela Faculdade de Direito da Universidade Federal de Minas Gerais.

Fernando Facury Scaff
Professor Titular de Direito Financeiro da Universidade de São Paulo. Livre docente e Doutor em Direito pela USP. Advogado.

Gilmar Ferreira Mendes
Ministro do Supremo Tribunal Federal. Pós-Doutor, Doutor e Mestre em Direito pela Universidade de Münster, Alemanha. Mestre em Direito pela

Universidade de Brasília. Professor de Direito Constitucional nos cursos graduação e pós-graduação da Faculdade de Direito da Universidade de Brasília e do IDP.

Guilherme Pupe da Nóbrega
Doutorando, mestre e especialista em Direito Constitucional pelo Instituto Brasiliense de Direito Público. Professor na área de Direito Processual Civil. Advogado.

Jorge Hage
Ex-Ministro de Estado Chefe da Controladoria Geral da União. Ex-juiz de direito, professor e advogado.

Marilda de Paula Silveira
Mestre e doutora em Direto Público pela Universidade Federal de Minas Gerais. Professora de Direito Administrativo e Eleitoral do IDP e coordenadora acadêmica da pós-graduação em Direito Eleitoral da mesma instituição de ensino superior. Membro do IBRADE e ABRADEP. Pesquisadora líder do Observatório Eleitoral IDP. Coordenadora da Transparência Eleitoral Regional Brasil. Advogada.

Mauro Campbell Marques
Ministro do Superior Tribunal de Justiça, do Tribunal Superior Eleitoral e Corregedor-geral eleitoral. Presidente da Comissão de Juristas nomeada pela Presidência da Câmara dos Deputados para elaboração de anteprojeto de reforma da Lei de Improbidade Administrativa.

Napoleão Nunes Maia Filho
Ministro aposentado do Superior Tribunal de Justiça e do Tribunal Superior Eleitoral. Mestre em Direito Público pela Universidade Federal do Ceará e Livre Docente pela Universidade Estadual Vale do Acaraú. Professor universitário. Consultor jurídico e parecerista.

Rafael de A. Araripe Carneiro
Professor de Direito Administrativo nos cursos de graduação e pós--graduação do Instituto Brasileiro de Ensino, Desenvolvimento e Pesquisa (IDP), onde coordena o Grupo de Pesquisa sobre Improbidade

Administrativa. Doutorando e mestre em Direito Público pela Universidade Humboldt de Berlim. Advogado.

Rodrigo de Bittencourt Mudrovitsch
Doutor em Direito pela Universidade de São Paulo. Mestre em Direito pela Universidade de Brasília. Professor na área de Direito Público. Advogado.

Vivian Ferreira
Mestre em Direito de Desenvolvimento pela FGV Direito SP e doutora em Teoria e Filosofia do Direito pela USP. Membro do Instituto de Direito Administrativo Sancionador – IDASAN. Advogada.

APRESENTAÇÃO

Aos 30 anos, a Lei de Improbidade Administrativa – Lei nº 8.429, de 02 de junho de 1992, incentiva reflexão crítica acerca da sua sujeição a uma "crise da meia-idade".

Na literatura[1], essa expressão foi originalmente alcunhada para designar que, em algumas circunstâncias, a "chegada dos 30" aviva a consciência das dificuldades existenciais, ocasionando, por conseguinte, um conjunto de incertezas acerca da factibilidade das metas que se está a perseguir. Por isso, é natural que – nesse cenário – a percepção daquilo que "está em crise" seja convertida no esforço necessário para a "superação da crise", já que essa é a nódoa que está a prejudicar a realização adequada de determinados objetivos.

Mutatis mutandis, o uso pontual dessa referência extrajurídica é útil para realçar os questionamentos motrizes da presente obra: afinal, o que demonstra o retrospecto das três décadas de vigência, aplicação judicial e reformulação da Lei nº 8.429/92? Suas diretrizes sempre foram adequadas e conformes ao arranjo constitucional que a embasa, ou, contrariamente, corroboram a "crise dos 30"? A pertinência de tais indagações se intensifica, ainda mais, com os novos contornos normativos dados pela Lei nº 14.230/2021 – denominada "Nova" Lei de Improbidade Administrativa – que, inquestionavelmente, é um marco divisor de águas na ordem jurídica de responsabilização por improbidade.

[1] ELLIOTT, Jacques. "Death an the Mid-Life Crisis", *International Journal of Psychoanalysis*, XLVI, 1965, pp. 502-514.

Assim, é fundamental uma aproximação cautelosa a dois aspectos que gravitavam em torno do tema.

Primeiro: os contornos jurídicos da legislação trintenária foram lapidados em resposta à mobilização (e pressão) sociais para o enfrentamento da "corrupção" *lato sensu.* Ao fim e ao cabo, o problema público que esteve – e está – por detrás dessa regulação legislativa é a *discrepância fática* entre a atuação imoral de [alguns] agentes públicos e os parâmetros ético-jurídicos que vinculam o atuar funcional de cada um deles.

Segundo: esse *input* abriu a "janela de oportunidade" que permitiu – sob o pretexto de maior tutela da moralidade administrativa – a disruptiva expansão legal não só do núcleo conceitual da improbidade (cujo teor é indeterminado), mas também, do gravoso ferramental punitivo que está associado a ele.

Em razão desses fatores, o estândar de persecução da improbidade transcendeu do *enfoque concreto de resultado* (enriquecimento ilícito e prejuízo ao erário) ao *enfoque abstrato da conduta ímproba*: outrora, qualquer ação ou omissão que infringisse os deveres de honestidade, imparcialidade, legalidade, e lealdade às instituições estava sujeita ao gravo campo sancionador desse marco punitivo.

Nesse urdir, o que surpreendia era a inexistência de uma adequada articulação legal entre as sanções cominadas e a concreta repercussão lesiva que a proibição legislativa tentou evitar. Esse arranjo normativo gerava um conjunto de óbices que debilitavam a segurança jurídica necessária para a operabilidade e a consecução dos objetivos da Lei nº 8.429/92: situação que, de um lado, maximizava o ajuizamento de pretensões punitivas disformes, e, de outro, afetava não só o Poder Judiciário, na apreciação *(ex post)* dessas demandas, mas – principalmente – o agente público, no processo de tomadas de decisão que concretizavam *(ex ante)* o sentido e o alcance dos seus atos funcionais. A tentativa de correção de rumos apresenta-se com a Lei nº 14.230/2021. A nova legislação visa preservar o poder de decisão do gestor público e focar a repressão nos casos graves que realmente justificam o poder punitivo estatal.

É essa conjuntura de incertezas e dificuldades que ensejou a concepção da obra ora apresentada com o intuído de fomentar o debate em torno dos desafios contemporâneos do estudo da improbidade administrativa. Para tanto, o seu todo foi estruturado a partir da aproximação panorâmica aos *prolegômenos* (que contextualizam a origem e regulação dessa matéria como um instrumento de combate à corrupção), agregando-se, na sequência, *três partes* concatenadas de imersão analítica.

A *primeira* parte versa sobre as premissas que conformaram a percepção não só da crise operativa da Lei nº 8.429/92, mas também, da necessidade de sua reformulação em razão da insuficiência da resposta legislativa dada à matéria. A *segunda*, por sua vez, aborda as inovações, nuances e repercussões normativas das principais alterações delineadas na Lei nº 14.230/2021: medida legislativa que reformulou – de modo paradigmático – distintos pontos de debilidade da normatividade "porosa" que, ao longo de quase três décadas, prejudicou a segurança jurídica dos destinatários da lei de improbidade. A *terceira*, por fim, tem por objeto os desafios para a adequada tutela da probidade administrativa no Brasil em questões além daquelas tratadas na novel legislação.

Ressalta-se, por derradeiro, que as reflexões apresentadas nas páginas seguintes estão alicerçadas em rico diálogo entre *doutrina*, *jurisprudência* e *administração pública*. Imbuídos desse espírito plural, desejamos uma boa – e crítica – leitura.

GILMAR FERREIRA MENDES
RAFAEL DE A. ARARIPE CARNEIRO

SUMÁRIO

PROLEGÔMENOS

AOS 30 ANOS DA LEI DE IMPROBIDADE, OS AVANÇOS DO BRASIL NO COMBATE À CORRUPÇÃO
Jorge Hage 21

PARTE I
INSPIRAÇÕES PARA A REFORMA DA LEI 8.429/1992

1. SUPREMO TRIBUNAL FEDERAL E IMPROBIDADE ADMINISTRATIVA: PERSPECTIVAS SOBRE A REFORMA DA LEI 8.429/1992
Gilmar Ferreira Mendes 41

2. BREVES CONSIDERAÇÕES SOBRE AS SANÇÕS PREVISTAS NA LEI 8.429/1992: O ANTEPROJETO DE REFORMA DA LEI DE IMPROBIDADE ADMINISTRATIVA
Mauro Campbell Marques 59

3. O LEGADO DO MINISTRO TEORI ALBINO ZAVASCKI PARA A IMPROBIDADE ADMINISTRATIVA NO BRASIL
Rodrigo de Bittencourt Mudrovitsch, Guilherme Pupe da Nóbrega 71

PARTE II
ALTERAÇÕES TRAZIDAS PELA LEI 14.230/2021

1. A REFORMULAÇÃO LIMITADORA DO CONCEITO DE IMPROBIDADE ADMINISTRATIVA
Rafael de A. Araripe Carneiro 93

2. FUNDAMENTOS DA RETROATIVIDADE DA LEI SANCIONADORA MAIS BENIGNA: ESTUDO DA PRESCRIÇÃO INTERCORRENTE NA AÇÃO DE IMPROBIDADE ADMINISTRATIVA
Napoleão Nunes Maia Filho 121

3. PRESCRIÇÃO, IMPROBIDADE E RETROATIVIDADE DA *NOVATIO LEGIS IN MELLIUS*
Atalá Correia, Rafael de A. Araripe Carneiro 137

4. A CONSENSUALIDADE E OS ACORDOS DE NÃO PERSECUÇÃO CIVIL NAS AÇÕES DE IMPROBIDADE ADMINISTRATIVA
Vivian Ferreira, Beto Vasconcelos 151

PARTE III
DESAFIOS PARA A ADEQUADA TUTELA DA PROBIDADE ADMINISTRATIVA

1. IMPROBIDADE ADMINISTRATIVA, PRESCRIÇÃO PATRIMONIAL E CONSEQUENCIALISMO (ACÓRDÃO RE 852.475, TEMA 897)
Fernando Facury Scaff 181

2. RESTRIÇÃO AO REGISTRO DE CANDIDATURA: VINCULAÇÃO DO JULGAMENTO DA AÇÃO DE IMPROBIDADE ADMINISTRATIVA À JUSTIÇA ELEITORAL
Marilda de Paula Silveira 205

3. DEVIDO PROCESSO DE PRESTAÇÃO DE CONTAS DO FOMENTO AO TERCEIRO SETOR: ÔNUS DA PROVA, INTEGRIDADE E CONTROLE CONCOMITANTE NAS PARCERIAS ENTRE ENTES PRIVADOS SEM FINALIDADE LUCRATIVA E A ADMINISTRAÇÃO PÚBLICA
Élida Graziane Pinto 231

PROLEGÔMENOS

AOS 30 ANOS DA LEI DE IMPROBIDADE, OS AVANÇOS DO BRASIL NO COMBATE À CORRUPÇÃO

Jorge Hage

Há três anos, no ensejo da celebração dos 27 anos da Lei de Improbidade Administrativa, em Congresso promovido pela Confederação Nacional dos Municípios (CNM) em parceria com o Instituto Brasileiro de Ensino, Desenvolvimento e Pesquisa (IDP), tive a oportunidade de tratar dos avanços ocorridos no País no tocante ao combate à corrupção, tema do painel a que fui convidado.

De fato, este foi um período particularmente fértil e produtivo, não apenas no plano normativo – onde se verificou a constituição de um verdadeiro **microssistema jurídico anticorrupção** – como também do ponto de vista da construção e fortalecimento das instituições que atuam nessa área – qualificando-se e pondo em efetivo funcionamento um conjunto de órgãos de Estado, capazes de colocar em prática o instrumental normativo recém aprovado.

A toda evidência, foi a Constituição de 1988 o grande marco divisor de águas em qualquer histórico que se pretenda traçar nessa como em outras matérias de interesse público nacional.

No campo dos instrumentos legais contra a corrupção e a improbidade, o que tínhamos, no Brasil, antes de 1988, eram apenas os dispositivos do Código Penal relativos aos Crimes contra a Administração Pública, a Lei dos Crimes de Responsabilidade (Lei 1.079, de 1950), duas leis sem a mínima eficácia e que acabaram revogadas pela Lei de Improbidade – a Lei 3.164, de 1957, e a Lei 3.582, de 1958 –, a Lei da Ação Popular (Lei 4.717, de 1965) e o Decreto Lei 201, de 1967 (Crimes de Responsabilidade de Prefeitos).

Se esse era o panorama, sob o prisma normativo – incompleto, insuficiente e lacunar – outro tanto se pode afirmar quanto aos aspectos práticos, raríssimas e limitadas eram as iniciativas de efetivo enfrentamento da corrupção e da improbidade. Triste exemplo de iniciativas episódicas e ilusórias ocorridas nesse período foi a criação da denominada Comissão Geral de Investigações, no período do governo militar instaurado em 1964, que funcionou, na verdade, como instrumento de arbítrio e repressão da ditadura, perseguindo alegados agentes "subversivos", e jamais combatendo efetivamente a corrupção.

Esse quadro começa a mudar após a Constituição de 1988, a partir, sobretudo, do disposto em seu art. 37, que enunciou, como princípios básicos da administração pública brasileira, em todas as suas esferas, a legalidade, a impessoalidade, a moralidade, a publicidade e a eficiência. E acrescentou, em seu parágrafo 4º, que os atos de improbidade importariam "*a suspensão dos direitos políticos, a perda da função pública, a indisponibilidade dos bens e o ressarcimento ao erário, na forma e gradação previstas em lei, sem prejuízo da ação penal cabível*".

Nessa esteira, obedecendo ao comando constitucional, surge então, em junho de 1992, a Lei de Improbidade Administrativa (Lei 8.429), que, preenchendo lacunas da legislação anterior, introduz, no ordenamento jurídico brasileiro, instrumentos potencialmente eficazes para coibir a prática de ilícitos, uma vez que instituiu tanto a obrigação de ressarcimento dos prejuízos causados ao erário, como também pesadas penalidades, como a perda da função pública e a suspensão dos **direitos políticos, além de sanções de natureza patrimonial com real poder dissuasório.**

Poucos dias depois, seguiu-se a edição da Lei Orgânica do Tribunal de Contas da União (Lei 8.443, de julho de 1992) e, um ano depois, a Lei Geral de Licitações e Contratos (Lei 8.666, de junho de 1993), com seus capítulos sobre penalidades administrativas – que incluem a declaração de inidoneidade para licitar ou contratar – além de sanções de natureza criminal, para uma variedade de tipos penais.

Ainda nessa mesma década – anos 1990 – começam a chegar ao Brasil os ventos que já perpassavam, havia algum tempo, as sociedades mais desenvolvidas – indicativos de uma movimentação global contra a corrupção, até então pouco combatida e mesmo tolerada, e, pior, estimulada, quando se tratava das relações de empresas europeias com governos e lideranças de suas antigas colônias. Ilustrativo de tais "estímulos" era o fato de tratar-se a propina paga a autoridades de tais países como item dedutível do imposto de renda devido pela empresa em seu país-sede.

Isso começa a mudar, primeiro, com o advento, na esteira dos grandes escândalos corporativos nos EUA, da lei norte-americana contra o suborno internacional (o FCPA, de 1977) e, mais tarde, com a celebração da Convenção contra o Suborno de Funcionários Públicos Estrangeiros em Transações Internacionais, sob os auspícios da OCDE (1997). São do mesmo período a Convenção Interamericana contra a Corrupção (1996) e diversas medidas no âmbito da Comunidade Europeia.

No início da década seguinte, em 2003, dá-se a culminância do processo de pactuação universal contra a corrupção, com a adoção da Convenção das Nações Unidas contra a Corrupção (a UNCAC), a consolidar a resposta necessariamente conjunta e global a um problema que, já aí se reconhecia, não podia ser tratado apenas domesticamente.

E o Brasil, pouco tempo depois, ratificou cada uma dessas convenções, incorporando-as ao seu ordenamento jurídico: a da OCDE, em 2000 (pelo Decreto 3.678), a da OEA, em 2002 (Decreto 4.410) e a da ONU, em 2006 (Decreto 5.687).

Em consequência, o país passa a engajar-se no movimento global anticorrupção, por diversas formas: pela assunção formal de obrigações enumeradas nas convenções que assinou; pelos reflexos da legislação de outros países sobre empresas brasileiras com atuação transnacional; e pela presença do Brasil em praticamente todos os foros internacionais de debate e adoção de novos instrumentos para enfrentamento do problema.

Interessante subproduto desses desenvolvimentos, que tiveram lugar entre o final de século passado e o início do atual, é o surgimento, no contexto mundial, de um padrão mais ou menos comum de instrumentos legais para o enfrentamento da corrupção, independentemente, até certo ponto, das diferenças que distinguem os sistemas jurídicos dos diversos países.

Para o Brasil, resulta desse engajamento uma nova leva de inovações normativas e institucionais em nosso ordenamento, merecendo destaque, nesse período, diplomas como a Lei Complementar 101, do ano 2000 (Lei de Responsabilidade Fiscal, com as primeiras regras relativas à transparência orçamentária); a Lei 10.683, de 2003 (Criação da Controladoria-Geral da União, com atribuições mais amplas que as de mera corregedoria e controle interno tradicionais); a Lei Complementar 131, de 2009 (conhecida como Lei da Transparência, que aprofundou significativamente as exigência de transparência fiscal, em todas as esferas federativas); a LC 135, de 2010 (que se tornou conhecida como Lei da Ficha Limpa); a Lei de Acesso à Informação (Lei 12.527, de 2011, que ampliou o dever de transparência para muito além da transparência orçamentária ou fiscal, estabelecendo, ainda, procedimentos, prazos e sanções para assegurar o fornecimento de informações ou documentos ao cidadão, restringindo o sigilo ao mínimo necessário); a Lei 12.683, de 2012 (que atualizou e aprimorou a legislação sobre Lavagem de Dinheiro); a Lei de Prevenção de Conflitos de Interesses (Lei 12.813, de 2013); a Lei Anticorrupção (Lei 12.846, de 2013, que estabeleceu, no país, pela primeira vez, a responsabilidade objetiva de empresas e outras pessoas jurídicas por atos de corrupção, com a cominação de sanções realmente eficazes, além de criar incentivos para a adoção de programas de *compliance*); a Lei das Organizações Criminosas (Lei 12.850, de 2013, que viabilizou o uso de novos instrumentos facilitadores da investigação, como a colaboração premiada e as ações controladas, possibilitando as descobertas da chamada Operação Lava Jato); e a Lei 13.303, de 2016 (conhecida como Lei das Estatais, que estabeleceu exigências e critérios rigorosos de governança para essas espécies de empresas, além de tornar obrigatória, para elas, a adoção de medidas de *compliance*).

Ao lado dos avanços normativos, observa-se, no mesmo período, no plano institucional, o fortalecimento da Polícia Federal e sua orientação para o combate à corrupção; a criação, já referida, da Controladoria-Geral da União (CGU); a criação do Conselho de Controle de Atividades Financeiras (COAF), no bojo da legislação sobre lavagem de dinheiro; a garantia de efetiva autonomia, na prática, ao Ministério Público; a articulação da atuação desses órgãos e, não menos importante, no âmbito do Poder Judiciário, a especialização de juízes e de varas próprias para lidar exclusivamente com a criminalidade de "colarinho branco".

É nesse contexto de avanços no enfrentamento da corrupção – que incluíram, como se viu, a assunção e o cumprimento de compromissos internacionais – que surge, em 2010, o Projeto de Lei número 6826, do Poder Executivo, enviado ao Congresso em 18 de fevereiro daquele ano, e aprovado três anos depois, em 2013, após a pressão dos movimentos de rua, para transformar-se na Lei 12.846/2013.

O país ganha, então, **vinte e um anos depois da Lei de Improbidade Administrativa, a lei que ficou conhecida como Lei Anticorrupção ou Lei da Empresa Limpa, novo marco histórico, comparável, por sua importância, à Lei de Improbidade, de 1992**.

E aqui cabe a pergunta: era realmente necessária uma nova lei, prevendo sanções de natureza administrativa e civil, se para isso já se tinha, desde 1992, a mencionada Lei de Improbidade?

A resposta é inquestionavelmente afirmativa. A nova lei era indispensável exatamente para preencher sérias lacunas ainda existentes em nosso ordenamento, tornadas mais visíveis na medida em que se confrontava o nosso quadro normativo com aquele que se ia delineando globalmente. Em alguns aspectos, essa defasagem saltava aos olhos com a simples leitura dos termos dos compromissos assumidos pelo Brasil nas convenções acima mencionadas, como é o caso da Convenção da OCDE, a exigir uma lei nos precisos moldes da Lei 12.846/2013.

Com efeito, esse diploma legal veio atender, dentre outras, às seguintes necessidades:

- Alcance direto da pessoa jurídica quando agente corruptor, em ação movida exclusivamente contra ela – o que não se fazia possível pela Lei de Improbidade, que exige a presença de um agente público no polo passivo da ação, conforme jurisprudência pacífica do Superior Tribunal de Justiça (STJ) – REsp 1.409.940, 1.171.017, 1.155.992, dentre outros.
- Responsabilização objetiva da pessoa jurídica, isto é, independentemente de perquirição do elemento subjetivo e da responsabilidade individual de seus dirigentes ou de qualquer outra pessoa natural – conforme se colhe, de forma cristalina, dos três primeiros artigos da Lei 12.846:

> "Art. 1º Esta Lei dispõe sobre a responsabilização objetiva administrativa e civil de pessoas jurídicas pela prática de atos contra a administração pública, nacional ou estrangeira.
>
> ....
>
> Art. 2º As pessoas jurídicas serão responsabilizadas objetivamente, nos âmbitos administrativo e civil, pelos atos lesivos previstos nesta Lei praticados em seu interesse ou benefício, exclusivo ou não.

Art. 3º A responsabilização da pessoa jurídica não exclui a responsabilidade individual de seus dirigentes ou administradores ou de qualquer pessoa natural, autora, coautora ou partícipe do ato ilícito.

§ 1º A pessoa jurídica será responsabilizada independentemente da responsabilização individual das pessoas naturais referidas no caput .

§ 2º Os dirigentes ou administradores somente serão responsabilizados por atos ilícitos na medida da sua culpabilidade."

- Estabelecimento de sanções realmente eficazes para as empresas envolvidas, com efetivo poder dissuasório, e aplicáveis pela própria Administração, como ocorre, por exemplo, com a pena de multa, que pode atingir até 20% do faturamento bruto ou 60 milhões de reais (art. 6º), além de outras penas aplicáveis pela via judicial, como a proibição de receber incentivos ou financiamento de bancos públicos (art. 19).
- Enfrentamento, também, da corrupção transnacional – de funcionário púbico estrangeiro – e não apenas da corrupção interna, o que, de resto, constitui o objeto central da Convenção da OCDE.

Além disso, e sob outro ângulo, a Lei 12.846 inovou no tratamento da questão da corrupção sob o prisma preventivo, ao instituir, em seu artigo 7º, inciso VIII, como circunstância atenuante de suas sanções, a existência de programa de integridade (*compliance* anticorrupção) no âmbito da empresa eventualmente processada. Eis o teor da regra, claramente vocacionada a produzir efeitos na prevenção da corrupção:

"Art. 7º – Serão levados em consideração na aplicação das sanções:

....

VIII – a existência de mecanismos e procedimentos internos de integridade, auditoria e incentivo à denúncia de irregularidades e a aplicação efetiva de códigos de ética e de conduta no âmbito da pessoa jurídica;

...."

O conteúdo exato dos programas de integridade viria a ser definido, mais adiante, nos arts. 41 e 42 do Decreto 8.420, de 2015, que regulamentou a lei.

Registre-se, neste ponto, que somente existiam, em nosso sistema, normas legais relativas a compliance na legislação (e regulamentação) sobre lavagem de dinheiro (Leis 9.613/1998 e 12.683/2012, além de Cartas Circulares do BACEN e Resoluções do CMN e do COAF), nada havendo, até então, de caráter mais amplo, tratando da prevenção à corrupção em geral (compliance anticorrupção) e aplicável a qualquer espécie de empresa ou entidade, em qualquer ramo da atividade, como veio a resultar da Lei 12.846 e seu regulamento.

Completam a Lei Anticorrupção, em seus 31 artigos, regras que especificam as espécies de pessoas jurídicas abrangidas – que não são apenas as sociedades empresárias, mas também quaisquer associações e fundações (art. 1º, § único), a descrição dos tipos de atos lesivos à administração nacional ou estrangeira (art. 5º), a disciplina do processo administrativo de responsabilização de pessoas jurídicas (arts. 8º ao 15), os acordos de leniência (arts. 16 e 17) e as respectivas normas sobre competência em cada caso.

Todavia, em que pese sua inquestionável relevância, inclusive como divisor de águas no tratamento da corrupção em nosso país, a Lei 12.846 não encerrou, nem poderia encerrar, o processo evolutivo de nosso microssistema legal anticorrupção. Assim, a ela se seguiram, conforme já mencionado linhas atrás, outros importantes marcos normativos, como a Lei 12.850/2013 (Organizações Criminosas), a Lei 13.303/2016 (Estatuto Jurídico das Empresas Públicas e das Sociedades de Economia Mista) e a Lei 14.133/2021 (Nova Lei de Licitações e Contratos).

E não ficou por aí a evolução nessa área.

No plano da administração federal, cabe mencionar, ainda, o Decreto 9.203, de 2017, que, ao dispor sobre a política de governança da administração federal direta, autárquica e fundacional, tornou obrigatória, para todos os órgãos públicos dessa espécie, a adoção de Programas de Integridade (compliance) destinados a prevenir, detectar, punir e remediar atos de corrupção, em modelo semelhante – com as necessárias adaptações, é claro – ao recomendado, na Lei 12.846 e no Decreto 8.420, para as empresas privadas. Tal decreto foi, por sua vez, regulamentado em portarias da CGU que fornecem orientações e estabelecem prazos para a implementação dessas medidas, sendo a mais recente delas a Portaria CGU 57, de 2019.

Os Estados e Municípios, por sua vez, começam a editar suas próprias leis e decretos, regulamentando, em seu âmbito, os diversos aspectos que a Lei 12.846 deixou à sua livre discrição. Em rigor, a única matéria de regulamentação que restou excluída dessa livre disposição dos demais entes federativos, porque deferida ao poder regulamentador do Executivo Federal, foi a definição dos parâmetros de avaliação dos programas de integridade (conf. art.7º, § único). Tudo o mais pode e deve ser disciplinado por lei ou decreto estadual ou municipal.

Mas alguns Estados não se limitaram a isso. Foram além e vêm editando leis que tornam obrigatória a adoção de programas de compliance pelas empresas que com eles contratem (obras ou serviços de engenharia, fornecimento ou prestação de serviços). É o caso dos Estados do Rio de Janeiro, Rio Grande do Sul, Goiás e do Distrito Federal, já havendo projetos de lei semelhantes em outros, como Bahia, Tocantins e Amazonas.

A inciativa é positiva, principalmente se corrigidos ou aperfeiçoados alguns de seus pontos. São exemplos de possíveis aprimoramentos:

1. o estabelecimento de um piso mais elevado a partir do qual será exigida a adoção de *compliance*, levando em conta não apenas o valor do contrato, mas também o porte da empresa;
2. maior diferenciação, também segundo o porte da empresa e o valor do contrato, quanto ao nível de sofisticação ou formalidade do programa;
3. prazos mais realistas para implementação do programa;
4. melhor solução para a fiscalização dessa implementação, que vem sendo atribuída ao fiscal do contrato (ou ao próprio gestor deste), funcionário este que pode, em muitos casos, não dispor da necessária capacitação, além de gerar grave diversidade de critérios e de rigor, com prejuízo à desejável isonomia.Mais recentemente e sem incidir na maioria desses defeitos, a já referida Lei Federal 14.133, de 2021 (Nova Lei de Licitações) tornou obrigatória, para o licitante vencedor, a adoção de programa de integridade, nas contratações de grande vulto.

Inquestionável, como se percebe, a mudança de patamar verificada em nosso país, no enfrentamento da improbidade e da corrupção, nesse período de menos de três décadas.

O Brasil, hoje, dispõe da maior parte do instrumental normativo e institucional internacionalmente recomendado. E é bastante elevada e generalizada a consciência social a respeito do problema, o que permite acreditar que continuaremos avançando nos anos vindouros, sem embargo de eventuais dificuldades, tropeços, atropelos e, quiçá, retrocessos temporários, que terão que ser superados.

Entre os aspectos e questões que se faz necessário considerar doravante, seja para aprimorar os instrumentos que já temos, seja para criar novas ferramentas legais, julgo importante e prioritário incluir o que segue.

Em primeiro lugar, deve-se avaliar a possível insuficiência dos estímulos oferecidos pela Lei Anticorrupção às empresas privadas, para que adotem programas de integridade. Enquanto não se opte por impor tal adoção como obrigação legal – o que é defendido por muitos e, em parte, já resulta da nova lei de licitações, no caso dos contratos de maior valor – parece necessário ampliar a atratividade de tal medida, que se limitava a uma pequena redução da pena de multa e, agora, com a mencionada Lei 14.133, constitui também requisito para reabilitação de empresas declaradas inidôneas.

Outra hipotética situação em que uma empresa pode interessar-se, por força dessa lei, em implementar um programa dessa natureza é quando, estando envolvida em processo, pretenda ela propor à autoridade um acordode leniência – o que pode reduzir sua multa em até dois terços, além de isentá-la de outras penalidades. Ocorre que os acordos de leniência, em si mesmos, constituem um outro aspecto que está a exigir, claramente, correções e aperfeiçoamentos em sua normatização. Não é este, porém, o lugar apropriado para tratar em profundidade do tema, bastando aqui registrar a necessidade de considerar, nessa revisão, a existência de uma multiplicidade de possíveis esferas sancionadoras para os ilícitos de corrupção (lato sensu) e, de outro lado, o nosso sistema de independência das instâncias.

Nesse mesmo contexto, é crescente o sentimento, e quase que consenso, em torno da conveniência de possibilitar-se o acordo de não persecução civil, no contexto das Ações de Improbidade Administrativa. Aquilo que restou incompleto, em 2019, quando da alteração do art. 17 da Lei 8.429, promovida pela Lei 13.964, foi, de certo modo, suprido por meio de Portaria Normativa da AGU (Portaria nº 18, de 2021).

Agora, ainda mais recentemente, esta e outras alterações substanciais, da mais alta relevância, acabam de ser introduzidas na nossa Lei de

Improbidade Administrativa, entre elas figurando a disciplina mais completa de tais acordos, enunciada no art. 17-B e seus sete parágrafos.

Refiro-me à recentíssima **Lei nº 14.230, de 25 de outubro do corrente ano, que resultou do Projeto de Lei 10.887/2018, da Câmara dos Deputados (PL 2507/2021 do Senado)**, baseado em proposta elaborada por uma Comissão de Juristas, presidida pelo Ministro Mauro Campbell Marques, do Superior Tribunal de Justiça, e **que trouxe inúmeras inovações** – de natureza matéria e processual – ao tratamento da improbidade, em sua maioria, positivas, necessárias e oportunas, algumas delas já sinalizadas pela jurisprudência das cortes superiores.

Sem qualquer pretensão de proceder, nesta oportunidade, a uma análise exaustiva das mencionadas inovações, até porque não é este o objeto no presente artigo, limito-me a pinçar algumas das disposições que considero de maior relevo e que me despertaram, de pronto, a atenção.

Nessa perspectiva, julgo merecer destaque, em primeiro lugar, a **exigência de demonstração do elemento subjetivo dolo**, para qualificação do ato como sendo "de improbidade". Tal exigência, agora expressa em diversos dispositivos – a começar pelos parágrafos 1º e 2º do artigo 1º da lei – é reafirmada, de modo a não permitir qualquer tergiversação, em diversos outros, como os artigos 3º, 9º, 10, 11, 17 §6º, 17-C § 1º e 21, §2º.

Trata-se de inovação normativa de importância fundamental, sobretudo em se tratando de uma lei de caráter sancionador, com penas pesadas, conhecida, por outro lado, pela adoção de tipos extremamente abertos, combinação essa apta a abrir caminho para a subjetividade e, mesmo, deixar brechas para o arbítrio.

Não foi outra coisa, aliás, o que demonstrou a experiência, na vigência da Lei 8.429/92, em sua feição original, sobretudo antes da solução parcial construída pela jurisprudência do STJ, ao estabelecer, em 2011, no julgamento da AIA nº 30 (Rel. Ministro Teori Zavascki), a necessária diferenciação entre "improbidade" e simples "ilegalidade" sem esse qualificativo, bem assim ao limitar as condenações por condutas culposas aos tipos do art. 10. A nova lei dá, agora, o passo seguinte nessa evolução, afastando, em qualquer hipótese, a malsinada "improbidade culposa" que, bem pensadas as coisas, não deixa de ser uma *contradictio in terminis*.

Nesse mesmo contexto, merecem destaque normas como as introduzidas na lei pelos parágrafos 3º e 8º do art. 1º, que complementam essa mudança de paradigma, ao deixar expresso que (a) **o mero exercício de uma função pública não é o suficiente para levar alguém a ser responsabilizado por ato de improbidade** e (b) **não configura ato de improbidade aquele praticado com respaldo em jurisprudência dos tribunais e órgãos de controle à época**, ainda que não prevalecente posteriormente.

Em segundo lugar, desponta, a meu sentir, a **melhor definição da natureza e dos necessários limites à medida cautelar de indisponibilidade de bens** do acusado da conduta ímproba.

Até então, vigorava, a esse respeito, entendimento de razoabilidade discutível, que permitia a medida constritiva independentemente da demonstração de qualquer risco de dilapidação, alienação ou ocultação dos bens e haveres do réu, bem assim, no caso de pluralidade de réus, o alcance de valor muitas vezes superior ao dano ou ao enriquecimento ilícito, uma vez que tal limite era aplicado individualmente a cada um dos acusados.

Doravante, mercê do disposto no artigo 16 e seus parágrafos, a medida passa a ostentar indiscutível natureza de tutela de urgência – cautelar ou antecipatória – e não de evidência e, como tal, a exigir demonstração de perigo de dano ou de risco ao resultado útil do processo. De outro lado, em havendo mais de um réu, o valor total da constrição não poderá exceder ao valor do prejuízo ao erário ou do enriquecimento ilícito.

Além disso, o mencionado artigo deixou agora expressa a vedação da constrição de valores inferiores a quarenta salários mínimos, existentes em depósito ou conta-corrente, do réu, tal como estabelecido no art. 833 do Código de Processo Civil (CPC) para fins de impenhorabilidade e como já vinha sendo observado na jurisprudência dominante do STJ, mas não necessariamente nas instâncias ordinárias pelo país afora.

A indisponibilidade de bens de terceiro, por sua vez, passa a depender da prova de sua efetiva participação no ilícito e, em se tratando de pessoa jurídica, da instauração do incidente de desconsideração da personalidade, na forma prevista nos artigos 133 a 137 do CPC.

No que tange às regras procedimentais específicas, aplicáveis à Ação de Improbidade – da petição inicial até a sentença – percebe-se que os autores do projeto optaram pela explicitação de tudo o que reputavam relevante, ainda que, do ponto de vista técnico, fosse possível subentenderem-se certas disposições.

Exemplo disso é, no caso da petição inaugural, o que consta no inciso I do §6º do art. 17, ao dispor que **deverá a petição "individualizar a conduta do réu e apontar os elementos probatórios mínimos** que demonstrem a ocorrência das hipóteses dos arts. 9º, 10 e 11 desta lei e de sua autoria, salvo impossibilidade devidamente fundamentada".

Ora, que qualquer peça acusatória somente deve ser admitida com tais elementos – a começar pela individualização das condutas imputadas ao acusado – constitui noção elementar e de sabença geral. Todavia, a experiência prática dos dias atuais, com ações de improbidade – e até mesmo com ações penais – é rica em exemplos de olímpico desprezo a tão comezinha regra. Segue no mesmo diapasão, o parágrafo 10-C do referido artigo, ao determinar que, após a réplica, "o juiz proferirá decisão na qual indicará com precisão a tipificação do ato de improbidade administrativa imputável ao réu."

Por fim, deve a sentença, segundo dispõe o art. 17-C, além de observar o art. 489 do CPC (que cuida da estrutura da sentença e de sua fundamentação), indicar, de modo preciso, os fundamentos que demonstram os elementos a que se referem os arts. 9º, 10 e 11 da lei, que não podem ser presumidos; considerar as consequências práticas da decisão, sempre que decidir com base em valores jurídicos abstratos; considerar os obstáculos e as dificuldades reais do gestor e as exigências das políticas públicas a seu cargo; e assim por diante, para, no final, reafirmar que **"a ilegalidade, sem a presença de dolo que a qualifique, não configura ato de improbidade"**.

Desnecessário? Exagerado? Talvez, se mensuradas as palavras com a régua da técnica estrita (ou estreita). Mas perfeitamente compreensível se levados em conta os dados da realidade atualmente vivenciada.

Não devem tampouco passar sem registro, nessa mesma toada, as **disposições que proíbem, daqui para a frente, a aplicação, nas ações de improbidade**: a) da presunção de veracidade dos fatos, em caso de revelia; b) da inversão do ônus da prova em desfavor do réu; c) do reexame obrigatório da sentença de improcedência ou de extinção sem resolução do mérito; e d) do ajuizamento de mais de uma ação de improbidade pelo mesmo fato (art. 17, §19).

A propósito dessa última vedação, aliás, **as tormentosas questões envolvendo o território do "*bis in idem*" e da denominada "independência das instâncias", também foi revisitado pela nova lei**, não somente nesse dispositivo – duas ações pelo mesmo fato, ajuizadas por Ministérios Públicos distintos – mas em vários outros.

Sem qualquer pretensão de ser exaustivo, destaco aqui o §2º do art. 3º, ao dispor que "as sanções desta lei não se aplicarão à pessoa jurídica, caso o ato de improbidade administrativa seja também sancionado como ato lesivo à administração pública de que trata a Lei 12.846, de 2013". E o § 7º do art. 12, que reza: "As sanções aplicadas a pessoas jurídicas com base nesta lei e na Lei 12.846, de 2013, deverão observar o princípio constitucional do *non bis in idem*".

Ainda sobre essa temática, registrem-se os parágrafos 3º, 4º, e 5º do art. 21, que trazem normas estabelecendo que "as sentenças civis e penais produzirão efeitos em relação à ação de improbidade quando concluírem pela inexistência da conduta ou pela negativa da autoria" e que "a absolvição criminal em ação que discute os mesmos fatos, confirmada por decisão colegiada, impede o trâmite da ação da qual trata esta lei, havendo comunicação com todos os fundamentos de absolvição previstos no Código de Processo Penal (CPP)", e, por fim, que "sanções eventualmente aplicadas em outras esferas deverão ser compensadas com as sanções aplicadas nos termos desta lei".

Em outro giro, não se pode deixar de ressaltar o agravamento de certas sanções, do que são exemplos a majoração dos prazos de suspensão de direitos políticos (podendo doravante ir até 14 anos, no caso do art. 9º e até 12 anos, na hipótese do art. 10), bem assim dos prazos de vedação de contratação por entes públicos e do recebimento de benefícios. A isso se soma, ainda, em matéria de enrijecimento punitivo, a supressão das penas mínimas.

De outro lado, tenho dúvidas e, em alguns casos, sérias reservas quanto a outras inovações constantes da nova lei.

Entre elas destaco a **legitimação ativa agora conferida exclusivamente ao Ministério Público** para as ações de improbidade (art. 17), retirando-se da advocacia pública, das procuradorias ou representações judiciais dos entes públicos lesados igual possibilidade de promover tais demandas, na defesa legítima de interesses e direitos que são, na verdade, também seus.

Ao longo das discussões do projeto, argumentou-se frequentemente com o risco de uso político, sobretudo por parte de gestores locais ou estaduais, contra adversários, seus antecessores no cargo.

A par de possível restrição ao exercício do direito de ação (CF, art. 5º, Inciso XXXV), tenho como inaceitável e indefensável a premissa, aí subjacente, de uma espécie de monopólio da isenção, da imparcialidade e da seriedade, como atributos exclusivos do Ministério Público e dos seus membros. Somente esse ente – e seus integrantes – segundo tal presunção, estariam imunes aos riscos de serem guiados ou influenciados por interesses, preferências ou pendores políticos, na utilização desse poderoso instrumento de poder que é a titularidade de tal ação.

Ora, a experiência recente em nosso pais não autoriza, de forma alguma, esse entendimento. Ao contrário, passa muito longe disso.

Por todas as razões, tenho como lamentável o alijamento das pessoas jurídicas públicas lesadas, da condição de legitimadas, por meio das advocacias públicas, para ajuizar ações de improbidade administrativa.

Se risco de uso político há, ele não é exclusividade dos gestores locais, repita-se, e a experiência está aí a demonstrá-lo. De mais a mais, nada justifica a supressão da legitimidade das pessoas jurídicas lesadas, justamente no momento em que as mudanças introduzidas na lei aumentam o ônus argumentativo e probatório para a parte autora, dificultando as aventuras processuais de inspiração meramente política.

Tampouco compartilho com os argumentos dos que defendem a **limitação de perda da função pública àquela ocupada à época do fato**. Ao contrário, penso que os fundamentos que sempre embasaram a jurisprudência da Segunda Turma do STJ são bem mais consistentes e deveriam ter prevalecido. Afinal, dificilmente o trânsito em julgado de uma sentença condenatória em ação de improbidade ocorre ainda durante o exercício do mandato, do cargo em comissão ou da função de confiança do réu. E, nesses casos – que são os de maior importância, porque tratam dos tomadores de decisão – a sanção cairá no vazio, ante o que consta do §1º do art. 12.

Não há que descurar, por outro lado, de hipóteses em que pode haver troca do cargo ocupado apenas para fugir da aplicação da sanção.

Além de tudo isso, há que lembrar que, doravante, somente devem ser condenados por improbidade aqueles que praticaram o ato dolosamente, ou seja, os verdadeiros desonestos. Daí, cabe indagar se tais pessoas deveriam poder ocupar outros cargos ou funções públicas. A resposta é, a meu ver, negativa.

Por último, penso que a solução encontrada para as regras sobre a prescrição nem sempre foram as melhores. De um lado, soa como positiva, em princípio, a uniformização dos prazos e do seu termo inicial, trazidas pela nova redação do artigo 23. Agora, não mais haverá diferença de tratamento, segundo se trate de autoridades eleitas ou nomeadas para cargos de confiança, de um lado, e servidores comuns, concursados ou contratados, de outro. Para todos, o prazo prescricional será de 8 (oito) anos e seu marco inicial será a data da ocorrência do fato (ou sua cessação, se permanente).

Por outro lado, a nova disciplina do tema é bastante superior à anterior no que se refere à consideração das causas suspensivas e interruptivas e, principalmente, à prescrição intercorrente, o que se compatibiliza, aliás, com o princípio constitucional da razoável duração do processo. Há que atentar, todavia, para o risco de revelarem-se, na prática, exageradas, as sucessivas reduções, pela metade, do prazo prescricional, na forma prevista nos parágrafos 5º e 8º desse mesmo artigo.

De todo o exposto, a minha conclusão, quanto à nova disciplina da improbidade administrativa, vinda com a Lei nº 14.230, de 2021, é no sentido de ser ela, no cômputo geral, bem superior à anterior, regida pela Lei nº 8.429, de 1992, em sua redação original.

É verdade que o diploma de 1992 prestou enormes serviços ao país, como nosso primeiro grande instrumento de efetiva repressão à corrupção e à improbidade, fora do campo penal. Mas não é menos verdadeiro que aquela lei permitia frequentes abusos e excessos acusatórios e, assim, vinha gerando outra espécie de enfermidade social: a insegurança administrativa – forma especial de insegurança jurídica, que afeta o agente público honesto. Assim, causava ela um mal maior que a insegurança jurídica comum, do particular, uma vez que repercutia na gestão das políticas públicas e, assim, no interesse público primário e secundário, ao afastar da Administração Pública, ou das funções mais relevantes, os bons gestores.

E já era passada a hora de corrigirem-se as normas ensejadoras de tais distorções, o que vinha sendo cumprido, em parte, e até onde possível, pela jurisprudência dos tribunais superiores, especialmente do Superior Tribunal de Justiça, mas que já chegara, em muitos casos, aos limites textuais da norma. A partir daí, impunha-se a correção e atualização do próprio texto da lei. Foi o que se procurou fazer, a partir da criação de uma comissão de especialistas, aqui já referida, sob a coordenação de um Ministro daquele mesmo tribunal.

Alterações posteriormente introduzidas no projeto original daquela comissão provocaram críticas de certos setores, alimentadas pela compreensível suspeita de defesa de interesses pessoais por parte de legisladores alegadamente envolvidos em atos de improbidade.

Não se há de imaginar que o processo legislativo – na edição de qualquer lei – seja infenso a possíveis influências dessa ordem. Sua publicidade e transparência, todavia, são os possíveis antídotos com que conta o regime democrático para defender-se ante tais riscos. E, no caso da Lei 14.230/2021, não parece haver dúvida de que a grande maioria das inovações é salutar e que o produto final é muito superior à lei anterior, concebida 30 anos atrás.

O fato é que não era admissível continuar convivendo com um marco normativo que possibilitava, com incrível facilidade e frequência, a persecução desarrazoada de pessoas inocentes; e o fazia com uma espécie de ação cuja simples propositura já é capaz de macular, de forma irremediável, a imagem e a reputação do acusado.

Nem era razoável continuar o país a pagar, para combater a corrupção e a improbidade, o preço de afastar das funções públicas, uma parcela cada vez maior dos gestores de melhor qualidade, íntegros e probos. O que ocorria, em grande parte, devido à incapacidade do marco normativo vigente de exigir dos seus operadores e aplicadores a distinção rigorosa e clara entre inocentes e culpados. Mesmo porque, mais fácil e cômodo é, sem sombra de dúvida, acusar e condenar agentes públicos, indistintamente, fossem suas condutas dolosas, culposas ou atípicas, bastando, muitas vezes, encontrarem- se eles no exercício de um cargo ou função a partir do qual pudessem, em tese, ter conhecimento ou controle sobre determinadas condutas de outras pessoas.

De igual modo, mais cômodo é acusar sem ter que especificar condutas típicas individualizadas; bloquear bens e contas bancárias sem ter que justificar tal ato pela ocorrência de risco iminente; ou acusar com base em alegados indícios, sem ter o ônus de demonstrar, cabalmente, as evidências que os confirmem. E assim por diante.

A Lei nº 14.230/2021procura, em boa parte de suas disposições, superar problemas como esses. E, em outras, corrigir ou ajustar disfunções do chamado "microssistema brasileiro anticorrupção", ao revisitar o tratamento de questões como a independência das instâncias, o *non bis in idem* ou a solução consensual dos litígios.

Tudo considerado, entre erros e acertos, tenho que o saldo é amplamente favorável à nova lei. E, com ela, com esse importante acréscimo ao nosso acervo normativo anticorrupção, penso que o Brasil dá mais um passo importante.

Como já disse outras vezes, acredito que nosso país tem muito o que celebrar quando refletimos sobre o quanto se avançou nos trinta anos, desde a edição da Lei 8.429, de 1992.

Numa visão em perspectiva, é possível avaliar o caminho já percorrido, mas também a longa estrada que ainda temos pela frente.

Por certo, novos e maiores passos ainda haverão de ser dados, no processo evolutivo do microssistema anticorrupção-improbidade. Seja com novas e melhores normas legais, seja – o que é ainda mais importante – com o fortalecimento das nossas instituições. Porque essa é a tendência natural do processo civilizatório, do qual o Brasil não haverá de desviar-se, independentemente de certas oscilações, por vezes ameaçadoras, que decorrem de fatores conjunturais, neste ou naquele momento histórico.

PARTE I

INSPIRAÇÕES PARA A REFORMA DA LEI 8.429/1992

1. SUPREMO TRIBUNAL FEDERAL E IMPROBIDADE ADMINISTRATIVA: PERSPECTIVAS SOBRE A REFORMA DA LEI 8.429/1992

Gilmar Ferreira Mendes

Introdução

A Lei de Improbidade Administrativa criou um importante mecanismo de proteção da moralidade pública, conferindo ao Estado a possibilidade de – para além do Direito Penal – punir atos de notável reprovabilidade. A improbidade é um ilícito caracterizado por sua gravidade e pela repulsa social causada, a merecer uma punição devida, mesmo que não se trate de uma efetiva violação à lei penal.

Muito embora situações dessa espécie não resultem na imposição de pena privativa de liberdade, é imperiosa a cautela tanto do autor da ação – normalmente o Ministério Público – como do julgador. É sabida a gravidade das sanções aplicáveis a agentes condenados por atos de improbidade administrativa, como a perda da função pública e a suspensão dos direitos políticos. Além disso, a mera abertura do processo muitas vezes já gera grande prejuízo aos réus diante não apenas da severidade das possíveis punições, mas também do forte caráter simbólico e negativo que envolve os atos improbidade, os quais não se cingem a um mero ilícito, mas, na realidade, representam uma ação de notável gravidade.

Nesse sentido, o balanço dos quase 30 anos da Lei de Ação de Improbidade merece uma avaliação crítica do instituto, à luz da evolução da jurisprudência do Supremo Tribunal Federal e das inovações decorrentes da reforma implementada pela Lei 14.230, de 25 de outubro de 2021.

Com efeito, a discussão acerca da submissão de determinados agentes públicos ao duplo regime sancionatório – relativos aos dispositivos e normas dos atos de improbidade administrativa (Lei 8.429/1992) e dos crimes de responsabilidade (Lei 1.079/1950) –, bem como sobre a existência de prerrogativa de foro para o julgamento de tais ações, embora sedimentada na Corte, evidencia os contornos graves da sistemática da improbidade, que foram reconhecidos na reforma da Lei de Improbidade.

Dessa forma, o presente artigo, em um primeiro momento, descreverá a mudança jurisprudencial ocorrida no âmbito do Supremo Tribunal Federal, que culminou com o julgamento da Pet. 3240 e da possibilidade de julgamento de diversos agentes políticos na primeira instância. Posteriormente, serão tratados os principais elementos e preocupações utilizadas para a defesa do foro de prerrogativa de função, de modo a estabelecer diálogo com a reforma legislativa de 2021. A terceira parte realizará uma breve reflexão sobre o tema e apontará pontos sensíveis abordados pelo legislador.

1. Evolução jurisprudencial

A polêmica sobre o foro por prerrogativa de função é antiga. Nos termos da Súmula 394, aprovada em 1964 e cancelada em 2001 pelo Plenário, "cometido o crime durante o exercício funcional, prevalece a competência especial por prerrogativa de função, ainda que inquérito ou a ação penal sejam iniciados após a cessação daquele exercício"[1]. Ao afastar a validade do texto sumulado, a Corte indicou que esse entendimento fora consolidado por interpretação das normas do texto constitucional de 1946, mas não encontra respaldo na Constituição Federal, que "não é explícita em atribuir tal prerrogativa de foro às autoridades e mandatários, que, por qualquer razão, deixaram o exercício do cargo ou do mandato"[2].

Ainda, nos termos da ementa da questão de ordem em que o cancelamento da súmula foi aprovado:

[1] A Súmula 394 foi cancelada nos seguintes julgamentos: Inq 687 QO (DJ 09.11.2001), AP 315 QO (DJ 31.10.2001), AP 319 QO (DJ 31.10.2001), Inq 656 QO (DJ 31.10.2001), Inq 881 (DJ 31.10.2001).

[2] Ind 687, Rel. Min. Sydney Sanches, DJ 09.11.2001

dir-se-á que a tese da Súmula 394 permanece válida, pois, com ela, ao menos de forma indireta, também se protege o exercício do cargo ou do mandato, se durante ele o delito foi praticado e o acusado não mais o exerce. Não se pode negar a relevância dessa argumentação, que, por tantos anos, foi aceita pelo Tribunal. Mas também não se pode, por outro lado, deixar de admitir que a prerrogativa de foro visa a garantir o exercício do cargo ou do mandato, e não a proteger quem o exerce. Menos ainda quem deixa de exercê-lo. Aliás, a prerrogativa de foro perante a Corte Suprema, como expressa na Constituição brasileira, mesmo para os que se encontram no exercício do cargo ou mandato, não é encontradiça no Direito Constitucional Comparado. Menos, ainda, para ex-exercentes de cargos ou mandatos. Ademais, as prerrogativas de foro, pelo privilégio, que, de certa forma, conferem, não devem ser interpretadas ampliativamente, numa Constituição que pretende tratar igualmente os cidadãos comuns, como são, também, os ex-exercentes de tais cargos ou mandatos.[3]

Em aparente resposta a essa decisão, no ano seguinte ao julgamento, foi promulgada a Lei 10.628/2002, que introduziu dois novos parágrafos ao art. 84 do Código de Processo Penal. De acordo com a então nova redação:

> Art. 84. A competência pela prerrogativa de função é do Supremo Tribunal Federal, do Superior Tribunal de Justiça, dos Tribunais Regionais Federais e Tribunais de Justiça dos Estados e do Distrito Federal, relativamente às pessoas que devam responder perante eles por crimes comuns e de responsabilidade. § 1ºA competência especial por prerrogativa de função, relativa a atos administrativos do agente, prevalece ainda que o inquérito ou a ação judicial sejam iniciados após a cessação do exercício da função pública. § 2º A ação de improbidade, de que trata a Lei no 8.429, de 2 de junho de 1992, será proposta perante o tribunal competente para processar e julgar criminalmente o funcionário ou autoridade na hipótese de prerrogativa de foro em razão do exercício de função pública, observado o disposto no § 1º.

Em sede de controle abstrato, esses dois parágrafos do art. 84 do CPP foram declarados inconstitucionais pelo Supremo Tribunal Federal nos

[3] Inq. 687 QO, Rel. Min. Sydney Sanches, DJ 09.11.2001

autos da ADI 2.797/DF,[4] em julgamento finalizado em 2006. A Corte entendeu, sucintamente, que os dispositivos impugnados constituíram "evidente reação legislativa ao cancelamento da Súmula 394" e que "não pode a lei ordinária pretender impor, como seu objeto imediato, uma interpretação da Constituição".[5]

Foi então reafirmado que, "no plano federal, as hipóteses de competência cível ou criminal dos tribunais da União são as previstas na Constituição da República ou dela implicitamente decorrentes, salvo quando esta mesma remeta à lei a sua fixação" e que "a competência originária dos Tribunais é, por definição, derrogação da competência ordinária dos juízos de primeiro grau, do que decorre que, demarcada a última pela Constituição, só a própria Constituição a pode excetuar". Assim, já que a Constituição não previu foro por prerrogativa de função nas ações de improbidade, lei ordinária não o poderia prevê-lo.[6]

A questão foi novamente apreciada na Reclamação 2.138/DF, em julgamento concluído em 2007.[7] O Supremo Tribunal Federal deixou então claro que os atos de improbidade descritos na Lei 8.429/1992 constituem sim autênticos crimes de responsabilidade. Dessa forma, no que toca aos denominados atos de improbidade, enquanto crimes de responsabilidade, os Ministros de Estado estão sujeitos exclusivamente ao regime da Lei 1.079/1950, de maneira que a apuração de atos de improbidade atribuídos a tais agentes, nos termos do art. 102, I, "c", da Constituição, encontra-se sujeita à competência do STF.

De acordo com o decidido pelo Plenário do Supremo Tribunal Federal:

> O sistema constitucional brasileiro distingue o regime de responsabilidade dos agentes políticos dos demais agentes públicos. A Constituição não admite a concorrência entre dois regimes de responsabilidade político-administrativa para os agentes políticos: o previsto no art. 37, § 4º (regulado

[4] O Tribunal, por maioria, julgou procedente a ação, nos termos do voto do Relator, Min. Sepúlveda Pertence, para declarar a inconstitucionalidade da Lei 10.628/2002, que acresceu os §§ 1º e 2º ao art. 84 do Código de Processo Penal, vencidos os Ministros Eros Grau, Gilmar Mendes e a Presidente Min. Ellen Gracie (DJ 19.12.2006)

[5] ADI 2.797/DF, Rel. Min. Sepúlveda Pertence, j. 15.09.2005. Ementa.

[6] ADI 2.797/DF, Rel. Min. Sepúlveda Pertence, j. 15.09.2005. Ementa.

[7] Rcl. 2.138/DF. Plenário. Rel. Min. Nelson Jobim. Red. p/ acórdão Min. Gilmar Mendes, j. 13.06.2007

pela Lei no 8.429/1992) e o regime fixado no art. 102, I, "c" (disciplinado pela Lei no 1.079/1950). Se a competência para processar e julgar a ação de improbidade (CF, art. 37, § 4º) pudesse abranger também atos praticados pelos agentes políticos, submetidos a regime de responsabilidade especial, ter-se-ia uma interpretação ab-rogante do disposto no art. 102, I, "c", da Constituição. II.3. Regime especial. Ministros de Estado. Os Ministros de Estado, por estarem regidos por normas especiais de responsabilidade (CF, art. 102, I, "c"; Lei no 1.079/1950), não se submetem ao modelo de competência previsto no regime comum da Lei de Improbidade Administrativa (Lei no 8.429/1992). II.4. Crimes de responsabilidade. Competência do Supremo Tribunal Federal. Compete exclusivamente ao Supremo Tribunal Federal processar e julgar os delitos político-administrativos, na hipótese do art. 102, I, "c", da Constituição. Somente o STF pode processar e julgar Ministro de Estado no caso de crime de responsabilidade e, assim, eventualmente, determinar a perda do cargo ou a suspensão de direitos políticos.[8]

Na Pet 3.211, julgada em 13.03.2008, o Supremo Tribunal Federal apreciou a questão da prerrogativa de foro em ação de improbidade movida contra Ministro do STF. A Corte seguiu o voto do Min. Menezes Direito, assim sintetizado na ementa:

> Questão de ordem. Ação civil pública. Ato de improbidade administrativa. Ministro do Supremo Tribunal Federal. Impossibilidade. Competência da Corte para processar e julgar seus membros apenas nas infrações penais comuns. 1. Compete ao Supremo Tribunal Federal julgar ação de improbidade contra seus membros. 2. Arquivamento da ação quanto ao Ministro da Suprema Corte e remessa dos autos ao Juízo de 1º grau de jurisdição no tocante aos demais.[9]

No mesmo sentido pronunciou-se o Min. Luiz Fux, ao apreciar liminar em mandado de segurança no qual era questionada a competência para

[8] Rcl. 2.138/DF. Plenário. Rel. Min. Nelson Jobim. Red. p/ acórdão Min. Gilmar Mendes, j. 13.06.2007

[9] Pet 3.211 QO/DF, Rel. min. Marco Aurélio. Red. p/ acórdão Min. Menezes Direito, j. 13.03.2008

julgar ação de improbidade contra o Ministro da Fazenda.[10] Nos termos do decidido por ele, relator do caso, em medida liminar:

> In casu, o impetrante é Ministro de Estado e, nessa condição, responde originariamente perante o Supremo Tribunal Federal pelas infrações penais comuns e por crimes de responsabilidade (art. 102, inciso I, alínea "c" da Constituição da República), processos que podem acarretar, por exemplo, a perda do cargo público. Não seria coerente com a unidade normativa do texto constitucional, consoante já reconhecido nos precedentes acima transcritos, que Ministro de Estado respondesse como réu em ação de Improbidade em trâmite no primeiro grau de jurisdição, à medida que o referido feito também pode acarretar a perda da função pública.
>
> Dessume-se, portanto, que, a despeito da nítida oscilação jurisprudencial pretérita sobre o tema, o entendimento de que agentes políticos podem responder como réus em ação de improbidade, mas com observância da prerrogativa de foro, tem se consolidado mais recentemente na jurisprudência pátria, e em particular, no âmbito desta Suprema Corte, o que impõe a desconstituição do ato impugnado neste writ.

Já em 2018, em julgamento de agravo regimental interposto contra decisão monocrática que determinara a baixa, para a primeira instância, de uma ação de improbidade praticada por deputado federal, por delito supostamente cometido quando era ministro de Estado, esses temas foram novamente tratados no Plenário da Corte.[11] No caso, duas questões foram analisadas: "(a) a da submissão ou não desses agentes ao *duplo regime sancionatório* (o da Lei 8.429/90 e o da Lei 1.079/50, que dispõe sobre crimes de responsabilidade) e (b) a da existência ou não de *prerrogativa de foro* nas ações que visam aplicar aquelas sanções".

A Corte, na esteira do voto do Min. Roberto Barroso, entendeu que "os agentes políticos, com exceção do Presidente da República, encontram-se sujeitos a um duplo regime sancionatório, de modo que se submetem tanto à responsabilização civil pelos atos de improbidade, quanto à responsabilização político-administrativa por crimes de responsabilidade". Além

[10] MS 31.234, Rel. Min. Luiz Fux, DJe 27.03.2012

[11] Pet 3.240. AgR/DF Rel. Min. Teori Zavascki

disso, destacou-se a necessidade de interpretação restritiva do foro por prerrogativa de função, conforme destacado na ementa:

> O foro especial por prerrogativa de função previsto na Constituição Federal em relação às infrações penais comuns não é extensível às ações de improbidade administrativa, de natureza civil. Em primeiro lugar, o foro privilegiado é destinado a abarcar apenas as infrações penais. A suposta gravidade das sanções previstas no art. 37, § 4º, da Constituição, não reveste a ação de improbidade administrativa de natureza penal. Em segundo lugar, o foro privilegiado submete-se a regime de direito estrito, já que representa exceção aos princípios estruturantes da igualdade e da república. Não comporta, portanto, ampliação a hipóteses não expressamente previstas no texto constitucional.

Dessa forma, embora com divergências quanto a alguns fundamentos, a matéria restou pacificada no âmbito do Supremo Tribunal Federal. Nada obstante, é forçoso reconhecer que muitas preocupações levantadas em tais julgados remanescem.

A peculiar posição dos agentes políticos sempre foi utilizada para justificar o tratamento constitucional diferenciado em relação aos demais agentes públicos. O desconhecimento de tal fato, cabe enfatizar, tem justificado equivocadas afirmações no sentido de que a prerrogativa de foro representaria ofensa ao princípio da isonomia. A tentativa de estabelecer tratamento idêntico entre agentes que se encontram em situação de desigualdade implicaria, isso sim, inadmissível ofensa ao princípio da isonomia.

Não chega a ser uma novidade a constatação de que os agentes políticos encontram -se numa posição institucional inconfundível com a dos demais agentes públicos. De fato, tal como ensina Hely Lopes Meirelles, os agentes políticos, dentro de sua área, são as autoridades supremas da Administração Pública. Possuem plena liberdade funcional e estão a salvo de responsabilização civil por seus eventuais erros de atuação, a menos que tenham agido com culpa grosseira, má-fé ou abuso de poder.[12]

Observa ainda Hely Lopes que tais prerrogativas têm por escopo garantir o livre exercício da função política. Percebeu o administrativista,

[12] MEIRELLES, Hely Lopes. Direito administrativo brasileiro. 27. ed. São Paulo: Malheiros, 2002, p. 76.

sobretudo, a peculiaridade da situação dos que governam e decidem, em comparação àqueles que apenas administram e executam encargos técnicos e profissionais. Nas palavras de Hely:

> Realmente, a situação dos que governam e decidem é bem diversa da dos que simplesmente administram e executam encargos técnicos e profissionais, sem responsabilidade de decisão e opções políticas. Daí por que os agentes políticos precisam de ampla liberdade funcional e maior resguardo para o desempenho de suas funções. As prerrogativas que se concedem aos agentes políticos não são privilégios pessoais; são garantias necessárias ao pleno exercício de suas altas e complexas funções governamentais e decisórias. Sem essas prerrogativas funcionais os agentes políticos ficariam tolhidos na sua liberdade de opção e decisão, ante o temor de responsabilização pelos padrões comuns da culpa civil e do erro técnico a que ficam sujeitos os funcionários profissionalizados.[13]

Não é outro o *ethos* da prerrogativa de foro entre nós, conforme se extrai da lição de Victor Nunes Leal:

> A jurisdição especial, como prerrogativa de certas funções públicas, é, realmente, instituída não no interesse da pessoa do ocupante do cargo, mas no interesse público do seu bom exercício, isto é, do seu exercício com o alto grau de independência que resulta da certeza de que seus atos venham a ser julgados com plenas garantias e completa imparcialidade.[14]

Muitos dos cidadãos que têm que dar explicações, tanto no campo parlamentar, quanto no âmbito do Ministério Público, eram agentes que manejavam e atuavam com as ações de improbidade como instrumento de fazer política, como instrumento de atuação política e, não raro, como mecanismo extorsivo de perseguição e até de extorsão.[15]

[13] MEIRELLES, Hely Lopes. Direito administrativo brasileiro. 27. ed. São Paulo: Malheiros, 2002, p. 74.

[14] STF, Questão de Ordem no Inquérito 687-4/SP, Tribunal Pleno, Rel. Min. Sydney Sanches, DJ de 09.09.1999.

[15] Mencionem-se os conhecidos casos referentes aos procuradores Walquíria Quixadá, Luiz Francisco de Souza e Gilherme Shelb.

Nesse contexto, mostra-se adequado enfatizar a argumentação eminentemente jurídica do saudoso Victor Nunes:

> Presume o legislador que os tribunais de maior categoria tenham mais isenção para julgar os ocupantes de determinadas funções públicas, por sua capacidade de resistir, seja à eventual influência do próprio acusado, seja às influências que atuarem contra ele. A presumida independência do tribunal de superior hierarquia bilateral, garantia contra e a favor do acusado.[16]

Ao aceitar a ideia de que desapeado do cargo a pessoa deva responder perante qualquer instância, certamente haverá a possibilidade, exatamente, das perseguições de que cogitava Victor Nunes e, certamente, isso terá implicações sobre o próprio exercício do cargo. Pode até ser que o desiderato seja esse de criar constrangimento, ou pode ser até que o intuito seja o de provocar um tipo de administração temerosa desse tipo de perseguição. Nesse particular, Márcio Bonilha assevera:

> Não é honraria pessoal nem representa privilégio. É proteção que nasce com o exercício do cargo ou função, pelo reconhecimento da elevada hierarquia funcional e dos poderes que emanam de seu exercício, visando à segurança e à isenção na distribuição da justiça. Resguarda-se dessa forma o prestígio das instituições.
>
> No Direito brasileiro, vigoram os princípios do juiz natural e da igualdade de todos perante a lei, sendo proibido o juízo ou tribunal de exceção, mas são legítimos os foros por prerrogativa de função.
>
> Segundo Frederico Marques, "é errôneo o entendimento" de que "os casos de competência originária dos tribunais superiores para o processo e julgamento de determinadas pessoas constituem exceções de direito estrito, porque a competência ratione personae dos tribunais superiores não constitui 'foro privilegiado', nem se regula pelos preceitos pertinentes aos juízos especiais. Não mais existe o foro privilegiado, como o disse o desembargador Márcio Munhoz, e sim competência destinada a melhor amparar o exercício de certas funções públicas. Não se trata de privilégio de foro, porque a

[16] STF, Questão de Ordem no Inquérito 687-4/SP, Tribunal Pleno, Rel. Min. Sydney Sanches, DJ de 09.09.1999.

competência, no caso, não se estabelece por amor dos indivíduos, e sim em razão do caráter, cargo ou funções que eles exercem".[17]

Por isso, é evidente que se justifica a prorrogação do foro nos atos funcionais e nos atos oficiais. Nesse sentido, prossegue Márcio Bonilha:

> Quanto à competência relativa às infrações penais comuns e aos crimes de responsabilidade, a regra constitucional não comporta tergiversação, mas, no que se refere às infrações descritas na Lei 8.429/92, ante o silêncio normativo, pela mesma razão de direito e pela mesma motivação lógico- racional, vige o mesmo critério, para permitir tratamento uniforme da matéria de competência ratione personae, de peculiaridade especial.
>
> Há que se concluir que, "se a competência originária dos tribunais superiores é antes garantia que privilégio, nada impede que as lacunas ou omissões sobre o assunto sejam cobertas pela analogia ou pelos princípios gerais de direito" (JFM).
>
> Daí aplicar-se aos infratores da lei de improbidade o regime da prerrogativa de foro.[18]

Essa diferenciação, de matriz constitucional, já foi bem percebida pelo Supremo Tribunal Federal. Nesse sentido, o precedente firmado no RE 228.977, da relatoria do Ministro Néri da Silveira, em que se assentou que os magistrados não teriam responsabilidade pelos atos jurisdicionais, uma vez que tais autoridades estariam enquadradas na espécie agente político, "investidos para o exercício de atribuições constitucionais, sendo dotados de plena liberdade funcional no desempenho de suas funções, com prerrogativas próprias e legislação específica"[19].

Semelhante contexto revela que, considerada a remoção de importante anteparo institucional à atuação de agentes políticos, o tratamento normativo do ato de improbidade impõe maior rigor por parte da comunidade jurídica, de modo que, ao menos do ponto de vista processual e de

[17] BONILHA, Márcio. Prerrogativa de foro. O Estado de São Paulo, publicado em 10 de dezembro de 2002.

[18] BONILHA, Márcio. Prerrogativa de foro. O Estado de São Paulo, publicado em 10 de dezembro de 2002.

[19] Informativo 259 do Supremo Tribunal Federal.

enquadramento típico, o crivo das condutas da espécie de agentes públicos se mostre adequado ao figurino constitucional.

2. Perspectivas futuras

Lamentavelmente, a Ação de Improbidade é muitas vezes utilizada de forma abusiva, inclusive como instrumento de perseguição, o que se mostra mais provável nos casos de indivíduos ocupantes de cargo eletivo ou do alto escalão da Administração Pública. De fato, a despeito de, do ponto de vista legal, o foro por prerrogativa de funções não abarcar as ações de improbidade, tal como decidido pelo STF, é igualmente verdade que as razões que levaram à sua defesa ainda persistem e devem ser enfrentadas pelo Congresso Nacional e pelo Poder Judiciário.

Assim, afastada a salvaguarda promovida pelo foro por prerrogativa de função, algumas questões, que já eram por si relevantes, parecem acertadamente ter merecido especial atenção do legislador no processo legislativo que culminou na edição da Lei 14.230/2021.

A primeira delas diz respeito à ampla abertura dos tipos previstos na legislação, os quais, além de conterem previsões genéricas, definem um rol meramente exemplificativo de condutas passíveis de serem enquadrados como atos de improbidade. Nesse ponto, Gilson Dipp afirma que "a Lei de Improbidade Administrativa abarcou (i) hipóteses bastantes genéricas e abstratas e (ii) hipóteses muito diferentes entre si, seja pela gravidade da conduta, seja pela repercussão", destacando o risco pelo risco de "banalização do conceito de improbidade administrativa":

> Com efeito, encontram-se na jurisprudência condenações por atos de improbidade administrativa que envolvem desde o mero atraso na entrega de prestação de contas pelo gestor público, ainda que posteriormente aprovadas pelo órgão competente, ou mesmo a contratação emergencial de poucos servidores públicos para áreas sensíveis como saúde e educação de determinado Município, até esquemas nacionais de enriquecimento ilícito de agentes públicos envolvendo vultosos contratos com a Administração Pública. A esse respeito, já destacamos em anterior artigo a preocupação com a banalização do conceito de improbidade administrativa, que é prejudicial à Administração Pública, por resultar em nuvens de incerteza e suspeitas de desonestidade sobre todos os atos administrativos, e também é prejudicial à própria sociedade, que perde o referencial de gravidade, deixando de

> diferenciar a má-fé dos atos efetivamente ímprobos em relação às irregularidades sem qualquer gravidade. [20]

O caso do art. 11, sobre a violação de princípios da Administração Pública, é simbólico ao se levantar, por exemplo, a possibilidade de algum ato que viole o princípio da legalidade.

Essa questão foi abordada pela nova legislação com a retirada do rol exemplificativo do caput, vinculando o processo de subsunção ao enquadramento nas práticas descritas nos incisos do dispositivo.

A par desse aspecto, a nova Lei implicou significativa redução do âmbito de incidência dos preceitos proibitivos, sobretudo em virtude da melhor caracterização das condutas, com o emprego de elementos finalísticos qualificadores do ato. Exemplo desse incremento normativo é a nova redação do inciso III do art. 11.

Na legislação anterior, constituía ato de improbidade "revelar fato ou circunstância de que tem ciência em razão das atribuições e que deva permanecer em segredo". Agora, a ação reprovada consiste em "revelar fato ou circunstância de que tem ciência em razão das atribuições e que deva permanecer em segredo, propiciando beneficiamento por informação privilegiada ou colocando em risco a segurança da sociedade e do Estado".

Como se vê, há inequívoco fechamento do tipo, com a adjetivação aprimorada, de modo que o intérprete obtém na legislação maiores fatores de interpretação e análise da conduta do agente público. Ou seja, não basta que o servidor público quebre o sigilo de determinado fato, mas também que essa conduta resulte em benefício ou coloque em risco a segurança pública.

Essa redação qualificada dos tipos dos atos de improbidade ressoa também na melhor definição do elemento subjetivo da conduta. Os parágrafos 1º e 2º do art. 1º da nova Lei de Improbidade afastam a possibilidade de ter-se atos de improbidade culposos e rejeitam que o exame da ação ímproba, sob o ângulo subjetivo, esgote-se na voluntariedade da conduta.

Outrossim, o novo regramento prescricional da pretensão punitiva do Poder Público é mais claro e objetivo, robustecendo a garantia da

[20] DIPP, Gilson. A Dosimetria das Sanções por Improbidade Administrativa. In: Brasil. Superior Tribunal de Justiça. Doutrina: edição comemorativa – 30 anos. Brasília: Superior Tribunal de Justiça, 2019, p. 292.

segurança jurídica dos agentes políticos, que por vezes permaneciam por anos sob a ameaça da persecução estatal, em prejuízo de sua liberdade de atuação e até mesmo da legitimidade de sua trajetória na vida pública.

O art. 23 prevê prazo prescricional e termo inicial únicos, enquanto o § 4º estabelece marcos de interrupção inequívocos, protegendo o interesse público persecutório.

Ademais, também no sistema sancionatório da Lei de Improbidade Administrativa houve alterações que se mostram consentâneas com as garantias constitucionais e especialmente com a alocação institucional estabelecida pela jurisprudência do Supremo Tribunal Federal acerca da prerrogativa de foro.

Com efeito, as sanções relativas às condutas previstas no art. 11 foram adequadas ao postulado da proporcionalidade. Retirou-se do acervo de penalidades à disposição do magistrado a perda da função pública e a suspensão de direitos políticos, tendo em vista justamente a gravidade potencial desses atos de improbidade.

Nesse sentido, no exame da medida cautelar na ação direta de inconstitucionalidade 6678, na qual questionada a constitucionalidade dos dispositivos da Lei 8.429/1992 que previam a suspensão de direitos políticos em virtude da prática de atos culposos de improbidade e de atos de improbidade contrários aos princípios da Administração Pública, assentei que:

> (...)
>
> Para a aferição da proporcionalidade da medida legislativa, deve-se averiguar se tal medida é adequada e necessária para atingir os objetivos perseguidos pelo legislador, e se ela é proporcional (em sentido estrito) ao grau de afetação do direito fundamental restringido.
>
> Observe que as duas situações objeto desta ação direta de inconstitucionalidade são sensivelmente menos graves do que os demais atos de improbidade. Tem-se condutas culposas que resultam em dano ao erário e atos que, embora dolosos, afiguram-se residuais e são tratados pelo próprio diploma de forma mais branda.
>
> A reprovabilidade dessas condutas, quando analisada à luz dos parâmetros constitucionais descortinados, não se mostra elevada a ponto de justificar a supressão dos direitos políticos.

Sob o ângulo sistêmico, a desproporcionalidade das normas em tela implica inconsistência grave, cujos contornos contrariam outros postulados constitucionais relevantes, como a isonomia. Reporto-me às outras sanções que implicam a suspensão de direitos políticos, ou mesmo parte deles, como o direito de ser eleito.

As penalidades de suspensão de direitos políticos objeto desta ação direta variam de 3 a 8 anos, a depender da conduta. Isso significa que esses atos de improbidade implicam a supressão temporária do direito de participação política em patamar superior, por exemplo, aos condenados pelos crimes de lesão corporal grave e gravíssima (Código Penal, artigo 129, §§ 1º e 2º).

Ao adentrar o campo dos crimes contra a Administração Pública, cuja afinidade temática com os atos de improbidade é inegável, a incoerência permanece. Tendo em vista que a dosimetria da pena inicia-se no mínimo legal, é possível verificar que a suspensão de direitos políticos das condutas ímprobas em tela é superior aos crimes de peculato (Código Penal, artigo 312), concussão (Código Penal, artigo 316) e corrupção passiva (Código Penal, artigo 317).

Isso significa que o agente público que "celebrar contrato de rateio de consórcio público sem suficiente e prévia dotação orçamentária, ou sem observar as formalidades previstas na lei" (art. 10, inciso XV, da Lei 8.429/1992), ainda que culposamente, poderá ter os direitos políticos suspensos por período superior ao cidadão condenado pelo desvio de verbas públicas.

Ademais, quando se considera apenas tipos penais que admitem a modalidade culposa, é flagrante a exorbitância da suspensão de direitos políticos por ato de improbidade culposo que gere prejuízo ao erário, superior até mesmo ao homicídio culposo (Código Penal, artigo 121, § 3º), sem falar no envenenamento de água potável ou de substância alimentícia ou medicinal (Código Penal, artigo 270) ou na falsificação, corrupção, adulteração ou alteração de produto destinado a fins terapêuticos ou medicinais (Código Penal, artigo 273, § 2º).

Mesmo no tocante às hipóteses de inelegibilidade instituídas pela Lei Complementar 135/2010, que notoriamente recrudesceu os requisitos mínimos de acesso aos cargos eletivos, a inconsistência dos preceitos impugnados nesta ação direta é evidente. Basta observar que apenas "ato doloso de improbidade administrativa que importe lesão ao patrimônio público e enriquecimento ilícito" implica o decote do direito político relativo à elegibilidade (art. 1º, alínea "l").

É dizer, o próprio legislador ordinário considerou que apenas atos dolosos e de maior gravidade ensejam a suspensão parcial do conjunto de direitos políticos do cidadão.

Neste momento processual preambular, não há como cogitar-se, mesmo em face dos critérios adotados pelo legislador em sua tarefa de conformação, que as condutas ímprobas culposas e aquelas enquadradas no art. 11 da Lei 8.429/1992 revestem-se de gravidade apta a justificar a supressão dos direitos políticos do cidadão apenado.

Ao retomar os critérios de aferição da proporcionalidade acima elencados, é forçoso reconhecer, em exame perfunctório da questão jurídica controvertida, que as normas impugnadas sequer superam a etapa da necessidade.

É que a legislação dispõe de outros meios eficazes e menos restritivos aos direitos fundamentais para repreender suficientemente condutas culposas que impliquem prejuízo ao erário e atos ímprobos dolosos que não resultam em enriquecimento ilícito ou prejuízo ao erário.

A própria Lei 8.429/1992 possibilita em sua redação atual que o magistrado determine o ressarcimento integral do dano, a perda da função pública, o pagamento de multa civil e a proibição de contratar com o Poder Público ou receber benefícios ou incentivos fiscais ou creditícios (artigo 12, incisos II e III).

Lado outro, o servidor público federal responsável por atos dessa natureza está sujeito às normas da Lei 8.112/1990, que franqueiam inclusive sua demissão (artigo 132). Isso sem falar na possibilidade de punição pelas Cortes de Contas.

Ou seja, há inúmeros mecanismos já previstos na legislação que repreendem de forma satisfatória atos de improbidade culposos e atos de improbidade que não resultam em dano ao erário ou enriquecimento ilícito.

Para além do óbice do critério da necessidade, está-se diante de norma que não supera o exame da proporcionalidade em sentido estrito, considerado o grau de afetação dos direitos políticos do cidadão.

Com efeito, a tutela do erário e da probidade administrativa não justifica, nos casos de atos de improbidade culposos e das condutas elencadas no artigo 11 da Lei 8.429/1992, a supressão dos direitos fundamentais do cidadão relativos à participação política.

Portanto, em análise preliminar típica das tutelas provisórias de urgência, o cotejo das condutas em tela com a gravidade da sanção de suspensão dos

> direitos políticos, à luz dos critérios fornecidos pelos artigos 15 e 37 da Constituição Federal, realça a desproporcionalidade da medida legislativa.
>
> Neste ponto, convém salientar que a circunstância de o magistrado poder valorar as penalidades e inclusive deixar de suspender os direitos políticos não devolve a norma impugnada a patamar compatível com a Constituição Federal.
>
> Isso porque a análise desta ação direta circunscreve-se ao exame do exercício, pelo Poder Legislativo, do dever de conformação de postulado constitucional. Noutros termos, a questão é colocada em abstrato e tendo em vista dever de gradação que o Constituinte impôs ao legislador, e não ao magistrado.
>
> De fato, o juiz pode – a bem da verdade, deve –, no caso concreto, corrigir eventuais excessos do legislador e aplicar penalidade proporcional à gravidade do ato, mas não cabe à jurisdição constitucional adotar essa particularidade como premissa da análise da compatibilidade de ato normativo com a Constituição Federal.
>
> Repito: cabe ao legislador prover parâmetros seguros e proporcionais à aplicação da sanção de suspensão de direitos políticos a cidadãos que praticaram atos de improbidade, tarefa da qual não se desincumbiu a contento na elaboração dos preceitos legais em tela.
>
> (...)

Por fim, e este ponto ainda não recebeu solução adequada por parte do legislador, verifica-se que o âmbito de ação franqueado aos agentes de persecução pela Lei de Improbidade Administrativa não se encontra acompanhado de maiores contracautelas, no sentido de exigir dos promotores e magistrados cuidado no manejo de ação tão grave. Há claro desequilíbrio no sistema, que comporta abusos e enquadramentos aleatórios sem maiores consequências para os danos causados pelo manejo impróprio desses mecanismos processuais.

Evidentemente, diversas discussões levantadas em ações de improbidade poderiam ter sido discutidas em ações civis, nas quais se buscaria eventual correção de ilegalidades. Entretanto, o que se percebe é que o sistema – devido à sua abertura e também à ausência de contracautelas efetivas – acaba por ser permissivo ao uso de tal ação de forma midiática, principalmente quando os réus são pessoas conhecidas e politicamente expostas.

O *accountability* dos gestores é fundamental, mas deve ser sensível às dificuldades tipicamente enfrentadas pelos funcionários públicos e às limitações conjunturais em decisões sensíveis, em que nem sempre se tem clareza quanto às consequências concretas de um ato ou até mesmo das restrições legais aplicáveis. Essa questão é especialmente relevante nos casos de agentes políticos em razão do possível comprometimento de sua necessária independência, que pode ser afetada pelo constante risco de questionamentos infundados.

É necessária a responsabilização pelo mau uso da ação, porque é razoável que a própria lei contenha elementos para coibir os abusos, que infelizmente são sistêmicos. A Lei de Abuso de Autoridade, aprovada em 2019, pode ser importante passo nesse sentido, se efetiva e corretamente aplicada.

Dessa forma, urge discutir essas questões, que permeiam todo o sistema de Justiça, ainda carente de ferramentas efetivas de responsabilização dos agentes políticos a quem cabe a persecução em defesa da probidade administrativa. Sintomas desse diagnóstico são as propostas de emenda à Constituição que buscam aprimorar a composição e o funcionamento do Conselho Nacional do Ministério Público e do Conselho Nacional de Justiça.

A conformação sistêmica da Lei de Improbidade, após décadas de aplicação do diploma e sucessivas reformas, parece descortinar que o Estado brasileiro está no limiar de modificações importantes no arcabouço da *accountability* dos agentes públicos responsáveis pela persecução e tutela da probidade. O fortalecimento da democracia brasileira e da própria legitimidade da ação estatal pressupõe a construção de sistema que efetivamente imponha contrapesos a tais mecanismos.

A questão está posta e exigirá de todos compromisso democrático e criatividade institucional na busca por soluções que assegurem a independência do Poder Judiciário e do Ministério Público, mas também exijam de seus membros a estrita observância das garantias e postulados constitucionais na exata medida dos extensos poderes que lhes foram conferidos para o cumprimento de sua missão institucional.

2. BREVES CONSIDERAÇÕES SOBRE AS SANÇÕS PREVISTAS NA LEI 8.429/1992: O ANTEPROJETO DE REFORMA DA LEI DE IMPROBIDADE ADMINISTRATIVA

Mauro Campbell Marques

Introdução

A Lei n. 8.429, de 2 de junho de 1992, ao disciplinar o disposto no art. 37, § 4º, da Constituição Federal, dispôs sobre as sanções aplicáveis aos agentes públicos que pratiquem atos de improbidade administrativa.

Atualmente, a Lei de Improbidade Administrativa (LIA) é reconhecida pela comunidade jurídica como um dos mais eficazes instrumentos de que dispõe o sistema jurídico brasileiro de combate à corrupção e aos atos praticados contra a probidade administrativa.

Entretanto, após quase 30 anos de vigência, é importante analisar, criticamente, os avanços e as perspectivas da norma sancionadora.

Com efeito, é inegável o reconhecimento de que muitas conquistas foram alcançadas em defesa da probidade administrativa, na proteção do patrimônio público e no aperfeiçoamento da conduta dos agentes públicos e políticos. Tal patamar foi alcançado, entre outros fatores, em razão de intensa atividade do Superior Tribunal de Justiça na interpretação jurisprudencial da norma federal.

Por outro lado, é notória a necessidade de atualização dos institutos jurídicos contidos na Lei n. 8.429/1992, bem como a sua necessária compatibilização com outras normas atuais, especialmente ao Código de Processo Civil de 2015, Lei Anticorrupção, (Lei n. 12.846/2013), Lei de Introdução às Normas do Direito Brasileiro – LINDB, recentemente alterada pela Lei n. 13.655/2018, dentre outras. Foram também levados em conta os instrumentos internacionais que tratam do combate à corrupção dos quais o Brasil é signatário, especialmente a Convenção das Nações Unidas contra a Corrupção. Nesse contexto, por ato do seu Presidente, o Deputado Federal Rodrigo Maia, a Câmara dos Deputados instituiu Comissão de Juristas com o objetivo de apresentar proposta de atualização da Lei de Improbidade Administrativa (Diário da Câmara dos Deputados – suplemento, 23 de fevereiro de 2018).

Extremamente honrado, recebi o convite para presidir a qualificada comissão[1], composta por membros da Magistratura Federal e Estadual, do Ministério Público Brasileiro, Advogados e Especialistas no tema. A Comissão de Juristas, além da notória maturidade e qualificação profissional, foi formada por especialistas em diversas áreas do direito (processual civil, penal, constitucional, administrativo sancionador, entre outras) o que permitiu uma necessária análise interdisciplinar da Lei de Improbidade Administrativa, caracterizada como uma norma de múltiplos prismas.

No início das atividades, foram estabelecidas as principais premissas no trabalho de atualização da norma, visando incorporar no texto legal os avanços trazidos pela jurisprudência do Superior Tribunal de Justiça (STJ) na interpretação da atual Lei n. 8.429/1992. Foram também sugeridas propostas inovadoras de modernos institutos jurídicos que previnam e combatam atos ímprobos em consonância com as leis vigentes em nosso país.

A Comissão de Juristas, além de reuniões presenciais e virtuais realizadas entre seus membros, recebeu propostas de diversas entidades representativas da Magistratura Nacional, Ministério Público Brasileiro, da Advocacia Pública e da Advocacia Nacional. Por fim, também foi realizada audiência pública na Câmara dos Deputados com vistas a ampliar o debate sobre as propostas de atualização legislativas.

Do ponto de vista formal, a estrutura atual da Lei n. 8.429/1992, em respeito ao legado estabelecido pela lei sancionadora na jurisprudência dos tribunais brasileiros, doutrina especializada e operadores do direito

[1] Membros da Comissão de Juristas indicados pela Presidência da Câmara dos Deputados: Cassio Scarpinella Bueno; Emerson Garcia; Fabiano da Rosa Tesolin; Fábio Bastos Stica; Guilherme de Souza Nucci; Marçal Justen Filho; Mauro Roberto Gomes de Mattos; Ney Bello; Rodrigo Mudrovitsch; Sérgio Cruz Arenhart.

especialistas no tema. Entretanto, a norma sancionadora foi revisada em sua integralidade, proporcionando um conjunto abrangente de propostas em todos os capítulos da norma.

Em tal contexto, o objetivo do presente trabalho é destacar, ainda que sinteticamente, algumas das principais modificações sugeridas pela Comissão de Juristas no anteprojeto de lei para a atualização da Lei de Improbidade Administrativa (Lei n. 8.429/1992), **especificamente em relação as sanções decorrentes do ato ímprobo**, as quais estão consolidadas no Projeto de Lei (PL) n. 10.887/2018[2] em tramitação na Câmara dos Deputados.

1. As propostas do anteprojeto de reforma da Lei de Improbidade Administrativa relacionadas aos aspectos sancionatórios

O capítulo "Das Penas" da Lei de Improbidade Administrativa, relacionado às sanções previstas na norma sancionadora, apresentou significativas proposições no anteprojeto de reforma.

A Lei n. 8.429/1992 (art. 12 e incisos), em sua redação atual, expressamente prevê como sanções decorrentes do ato de improbidade administrativa, o ressarcimento integral do dano, a multa civil, a perda de bens ou valores acrescidos ilicitamente ao patrimônio, a perda da função pública, a suspensão de direitos políticos e a proibição de contratar com o Poder Público ou receber benefícios ou incentivos fiscais ou creditícios.

O *caput*[3] do artigo 12 do PL explicitou questão de extrema importância para o combate aos atos de improbidade administrativa. O ressarcimento integral do dano patrimonial decorrente do ato ímprobo não configura propriamente uma sanção, mas apenas consequência imediata e necessária de reparação do ato ímprobo.

[2] https://www.camara.leg.br/proposicoesWeb/fichadetramitacao?idProposicao=2184458 (acesso em 1º/3/2019).

[3] Art. 12. Independentemente do ressarcimento integral do dano patrimonial, se for o caso, da condenação pelos danos não patrimoniais, se houver, e das sanções penais comuns e de responsabilidade, civis e administrativas previstas na legislação específica, está o responsável pelo ato de improbidade sujeito às seguintes cominações.

Assim, nos termos do § 5º[4] do art. 12 do PL, configurado o dano ao erário, o ressarcimento será sempre obrigatório e não poderá ser imposto de maneira isolada. Ou seja, a condenação ao ressarcimento integral do dano será cumulada com o pedido de aplicação de uma ou mais sanções previstas na Lei de Improbidade Administrativa, premissa já consolidada na jurisprudência do STJ[5].

A proposta de reforma da norma sancionadora também admite a possbilidade de configuração de dano moral coletivo decorrente de ato de improbidade administrativa, no sentido de reconhecer a necessidade do integral ressarcimento do dano causado pelo ato ímprobo, inclusive os danos não patrimoniais. Importante ressaltar que o tema atualmente é controvertido na jurisprudência do STJ (1ª Turma[6]/2ª Turma[7]).

Além disso, no inciso VI[8] do art. 18 do PL, estabelece parâmetros objetivos para que o magistrado, por ocasião da sentença, justifique a ocorrência de dano moral coletivo decorrente do ato ímprobo e o arbitramento do valor.

[4] § 5º A condenação ao ressarcimento integral do dano será cumulada com o pedido de aplicação de uma ou mais sanções previstas nesta lei.

[5] A jurisprudência do STJ fixou a compreensão de que o ressarcimento ao Erário não possui natureza de sanção, mas de cominação puramente reparadora dos danos causados ao Erário. A propósito: REsp 1.185.114/MG, Rel. Ministro Mauro Campbell Marques, Segunda Turma, DJe 4.10.2010; REsp 1.184.897/PE, Rel. Ministro Herman Benjamin, Segunda Turma, DJe de 27.4.2011; REsp 977.093/RS, Rel. Ministro Humberto Martins, Segunda Turma, DJe de 25.8.2009; REsp 1.019.555/SP, Rel. Ministro Castro Meira, DJe de 29.6.2009; REsp 664.440/MG, Rel. Ministro José Delgado, Primeira Turma, DJ 8.5.2006. (Excerto da ementa do AgRg no REsp 1.366.208/MT, Rel. Ministro HUMBERTO MARTINS, Rel. p/ Acórdão Ministro HERMAN BENJAMIN, SEGUNDA TURMA, julgado em 26/04/2016, DJe 07/10/2016)

[6] Do eventual dano decorrente de ato de improbidade administrativa não decorre dano coletivo previsto no art. 81 da Lei n. 8.078/1990.

[7] "Não há vedação legal ao entendimento de que cabem danos morais em ações que discutam improbidade administrativa seja pela frustração trazida pelo ato ímprobo na comunidade, seja pelo desprestígio efetivo causado à entidade pública que dificulte a ação estatal." A aferição de tal dano deve ser feita no caso concreto com base em análise detida das provas dos autos que comprovem efetivo dano à coletividade, os quais ultrapassam a mera insatisfação com a atividade administrativa.
(Excerto da ementa do REsp 960.926/MG, Rel. Ministro CASTRO MEIRA, SEGUNDA TURMA, julgado em 18/03/2008, DJe 01/04/2008)

[8] VI – indicar, na fixação dos danos não patrimoniais, critérios objetivos que a justifiquem, tendo em vista, dentre outros, a extensão territorial, o nível de comprometimento da imagem da Administração Pública e o grau de sofrimento ou decepção para a coletividade.

Os parâmetros mínimos e máximos das penas de suspensão dos direitos políticos, da proibição da contratação com o Poder Público e do recebimento de incentivos fiscais, também foram objeto de proposta de alteração, a fim de permitir ao juiz, no momento da imposição das penas, maior amplitude para a fixação conforme a gravidade do caso concreto, nos termos dos incisos[9] do art. 12 do PL.

Outro tema de grande repercussão no âmbito sancionatório, está relacionado à possibilidade da conversão da pena de perda da função pública em cassação da aposentadoria, o qual inclusive ainda é controvertido no âmbito do STJ (1ª Turma[10]/2ª Turma[11]), confrontando duas teses absolutamente antagônicas.

[9] I – na hipótese do art. 9º, perda dos bens ou valores acrescidos ilicitamente ao patrimônio, perda da função pública, suspensão dos direitos políticos de quatro a doze anos, pagamento de multa civil de até três vezes o valor do acréscimo patrimonial e proibição de contratar com o Poder Público ou receber benefícios ou incentivos fiscais ou creditícios, direta ou indiretamente, ainda que por intermédio de pessoa jurídica da qual seja sócio majoritário, pelo prazo de quatro a doze anos;
II – na hipótese do art. 10, perda dos bens ou valores acrescidos ilicitamente ao patrimônio, se concorrer esta circunstância, e perda da função pública, suspensão dos direitos políticos de quatro a dez anos, pagamento de multa civil de até duas vezes o valor do dano e proibição de contratar com o Poder Público ou receberbenefícios ou incentivos fiscais ou creditícios, direta ou indiretamente, ainda que por intermédio de pessoa jurídica da qual seja sócio majoritário, pelo prazo de quatro a dez anos;
III – na hipótese do art. 11, perda da função pública, suspensão dos direitos políticos de quatro a seis anos, pagamento de multa civil de até cem vezes o valor da remuneração percebida pelo agente público ou político e proibição de contratar com o Poder Público ou receber benefícios ou incentivos fiscais ou creditícios, direta ou indiretamente, ainda que por intermédio de pessoa jurídica da qual seja sócio majoritário, pelo prazo de quatro a seis anos.

[10] "O art. 12 da Lei 8.429/92, quando cuida das sanções aplicáveis aos agentes públicos que cometem atos de improbidade administrativa, não contempla a cassação de aposentadoria, mas tão só a perda da função pública. As normas que descrevem infrações administrativas e cominam penalidades constituem matéria de legalidade estrita, não podendo sofrer interpretação extensiva" (REsp 1.564.682/RO, Rel. Ministro OLINDO MENEZES (DESEMBARGADOR CONVOCADO DO TRF 1ª REGIÃO), PRIMEIRA TURMA, DJe 14/12/2015).
(Excerto da ementa do AgInt no REsp 1.643.337/MG, Rel. Ministro SÉRGIO KUKINA, PRIMEIRA TURMA, julgado em 19/04/2018, DJe 26/04/2018)

[11] A ausência de previsão expressa da pena de cassação de aposentadoria na Lei de Improbidade Administrativa não constitui óbice à sua aplicação na hipótese de servidor aposentado, condenado judicialmente pela prática de atos de improbidade administrativa.

A primeira posição entende que a Lei nº 8.429/1992 não prevê expressamente a pena de cassação de aposentadoria, a qual somente estaria prevista na Lei nº 8.112/1990, o que afastaria a possbilidade de interpretação extensiva para fins sancionatórios.

Por outro lado, o segundo entendimento defende que a cassação de aposentadoria seria consequência lógica da pena de perda da função pública, prevista na norma sancionadora.

O anteprojeto de reforma estabeleceu no § 1º[12] do art. 12 do PL a possbilidade de conversão da pena da função pública em cassação de aposentadoria, com o objetivo de atribuir efetividade no âmbito sancionatório, bem como expressamente prever a sanção referida no âmbito da Lei de Improbidade Administrativa. O mesmo dispositivo também ressalva a possibilidade de utilização das contribuições previdenciárias já recolhidas no regime próprio de previdência para eventual migração ao regime geral de previdência, a fim de evitar enriquecimento ilícito do Estado.

A jurisprudência do STJ (1ª Turma[13]/2ª Turma[14]) também diverge sobre a interpretação dos limites da sanção de perda da função pública,

Trata-se de consequência lógica da condenação à perda da função pública, pela conduta ímproba, infligir a cassação da aposentadoria ao servidor aposentado no curso da Ação de Improbidade.
(Excerto da ementa do AgRg no AREsp 826.114/RJ, Rel. Ministro HERMAN BENJAMIN, SEGUNDA TURMA, julgado em 19/04/2016, DJe 25/05/2016)

[12] § 1º A imposição da pena de perda da função pública pode ser convertida em cassação da aposentadoria do agente público ou político, ressalvada a possibilidade de utilização das contribuições previdenciárias para eventual migração ao regime geral de previdência.

[13] A sanção da perda do cargo público prevista entre aquelas do art. 12 da Lei n. 8.429/1992 não está relacionada ao cargo ocupado pelo agente ímprobo ao tempo do trânsito em julgado da sentença condenatória, mas sim àquele (cargo) que serviu de instrumento para a prática da conduta ilícita.
(Excerto da ementa do AgRg no AREsp 369.518/SP, Rel. Ministro GURGEL DE FARIA, PRIMEIRA TURMA, julgado em 13/12/2016, DJe 28/03/2017)
(Informações adicionais AgRg no AREsp 369.518/SP (VOTO VENCIDO) (MIN. SÉRGIO KUKINA) – "[...] nada obstante a existência de posicionamentos em sentido contrário, o que se constata nos domínios da doutrina especializada é a prevalente percepção de que a sanção de perda da função pública atinge também os cargos ocupados por ocasião do trânsito em julgado do provimento condenatório".

[14] A Lei 8.429/1992 objetiva coibir, punir e afastar da atividade pública todos os agentes que demonstraram pouco apreço pelo princípio da juridicidade, denotando uma degeneração de caráter incompatível com a natureza da atividade desenvolvida.

especificamente sobre qual cargo a referida pena deve incidir para o condenado na ação de improbidade administrativa: a sanção incidiria no cargo ocupado ao momento da prática do ato ímprobo ou sobre aquele que é ocupado pelo agente público no momento do trânsito em julgado da condenação pelo ato ímprobo.

A pacificação do tema foi sugerida no § 2º[15] do art. 12 do PL, ao propor que a pena de perda do cargo público atinge todo e qualquer vínculo do agente público e político com o Poder Público.

Com efeito, o § 3º[16] do art. 12 do PL prevê, em inovação legislativa, que a imposição da sanção de perda da função ou do cargo público implicará a inabilitação para o exercício de qualquer função pública pelo prazo de cinco anos, sem prejuízo, quando for o caso, dos efeitos da suspensão dos direitos políticos.

Alem disso, o § 4º[17] do art. 12 do PL autoriza que a multa civil possa ser aumentada até o triplo, caso o magistrado considere que, em razão da situação econômica do réu, o valor seja ineficaz para reprovação e prevenção do ato de improbidade. Outrossim, o § 6º[18] do art. 12 do PL propõe que a pena de proibição de contratação com o Poder Público pode,

A sanção de perda da função pública visa a extirpar da Administração Pública aquele que exibiu inidoneidade (ou inabilitação) moral e desvio ético para o exercício da função pública, abrangendo qualquer atividade que o agente esteja exercendo ao tempo da condenação irrecorrível.

(Excertos da ementa do REsp 1.297.021/PR, Rel. Ministra ELIANA CALMON, SEGUNDA TURMA, julgado em 12/11/2013, DJe 20/11/2013)

[15] § 2º A sanção de perda do cargo público atinge todo e qualquer vínculo do agente público ou político com o Poder Público.

[16] § 3º A perda da função ou do cargo público implicará a inabilitação para o exercício de qualquer função pública pelo prazo de cinco anos, sem prejuízo, quando for o caso, dos efeitos da suspensão dos direitos políticos.

[17] § 4º A multa pode ser aumentada até o triplo, se o juiz considerar que, em virtude da situação econômica do réu, o valor calculado na forma dos incisos I e II é ineficaz para reprovação e prevenção do ato de improbidade

[18] § 6º A pena de proibição de contratação com o Poder Público pode, devidamente justificada, ser limitada territorialmente. 19 § 6º A pena de proibição de contratação com o Poder Público pode, devidamente justificada, ser limitada territorialmente.

devidamente justificada, ser limitada territorialmente, o que incorpora entendimento do STJ sobre o tema[19-20].

Por sua vez, o § 7º[21] do art. 12 do PL reconhece a possibilidade de atos ímprobos que gerem menor ofensa aos bens jurídicos tutelados pela norma.

Conforme exposto na justificativa do projeto de reforma,

> "(...) existem atos administrativos que são meramente irregulares, jamais atos de improbidade administrativa, e entre aqueles ilícitos caracterizáveis como atos de improbidade existem os que não implicam relevante dano ao erário, embora sejam atos que ofendam a moralidade e às vezes ao patrimônio administrativo", e logo adiante conclui que "possuem baixo poder ofensivo – ou baixa relevância, ou baixa significância –, mas são ontologicamente atos de improbidade".

Em tais hipóteses, além do ressarcimento do dano e da perda dos valores obtidos, quando for o caso, a sanção se limitará à aplicação de multa civil.

[19] No caso, a imposição à construtora da pena de proibição de contratar com a Administração Pública em todas as suas esferas pelo prazo de 5 (cinco) anos afigura-se extremamente gravosa, de modo a autorizar a modulação da sanção, restringindo-a à esfera municipal do local do dano. Precedentes.
(Excerto da ementa do AgInt no REsp 1.589.661/SP, Rel. Ministro GURGEL DE FARIA, PRIMEIRA TURMA, julgado em 21/02/2017, DJe 24/03/2017)

[20] Com efeito, a modulação da pena de proibição de contratar pode ser feita por elementos do caso concreto, como ocorrência de: gravidade da conduta, possibilidade de sua repetição nas demais esferas da Administração, interesse público de caráter nacional. Sobre ser viável modular a citada penalidade: EDcl no REsp 1.021.851/SP, Rel. Ministra Eliana Calmon, Segunda Turma, DJe 6.8.2009.
Neste feito e tendo em vista os critérios acima, os elementos assentados pelo Tribunal de origem indicam exacerbação da penalidade imposta, de forma que é de rigor a modulação da pena de proibição de contratar com a Administração Pública para restringi-la à esfera municipal.
(Excertos da ementa do REsp 1.188.289/SP, Rel. Ministro HERMAN BENJAMIN, SEGUNDA TURMA, julgado em 14/08/2012, DJe 13/12/2013)

[21] § 7º Em se tratando de atos de menor ofensa aos bens jurídicos tutelados por esta lei, além do ressarcimento do dano e da perda dos valores obtidos, quando for o caso, a sanção se limitará à aplicação de multa, nos termos do caput deste artigo.

O objetivo é buscar a proporcionalidade entre a gravidade do ato ímprobo e as sanções impostas, permitindo ao julgador maior amplitude no julgamento da ação de improbidade administrativa, conforme as particularidades do caso concreto.

O juiz também deve considerar, no momento da aplicação das sanções, quais podem ser impostas de maneira isolada ou cumulativa, a natureza e a gravidade do ato ímprobo configurado, os danos causados à administração pública, as circunstâncias atenuantes e agravantes e os antecedentes do agente (inciso IV[22] do art. 18 do PL). O julgador também deverá atentar, por ocasião da fixação das sanções, a dosimetria de outras penas da mesma natureza relacionadas ao mesmo fato e aplicadas ao agente (inciso V[23] do art. 18 do PL), o que pode evitar eventual punição *bis in idem* em decorrência do mesmo fato.

Ademais, na fixação das penas relativas ao terceiro (diverso do agente público ou político) deverá ser considerada, se for necessário, sua atuação específica, sendo inadmissível a sua responsabilização por ação ou omissão que não tiver concorrido, bem como daquelas que não tiver obtido vantagens patrimoniais indevidas (inciso VII[24] do art. 18 do PL).

Na fase de cumprimento da sentença, mediante pedido do réu, o juiz poderá unificar eventuais sanções com outras aplicadas em processos diversos, considerando a possibilidade de continuidade de atos ímprobos ou a prática de diversas ilicitudes qualificadas (art. 18-C[25] do PL).

Na hipótese de continuidade na prática de atos ímprobos, o magistrado deverá considerar a maior sanção aplicada, a qual será aumentada em um

[22] IV – considerar, para a aplicação das sanções, de forma isolada ou cumulativa, a natureza e a gravidade da infração cometida, os danos que dela provierem para a administração pública, as circunstâncias agravantes ou atenuantes e os antecedentes do agente;

[23] V – levar em conta na aplicação das sanções a dosimetria das sanções de mesma natureza e relativas ao mesmo fato já aplicadas ao agente;

[24] VII – na fixação das penas relativamente ao terceiro, quando for o caso, tomar em vista a sua atuação específica, não sendo admissível a sua responsabilização por ações e omissões para as quais não tiver concorrido ou das quais não tiver obtido vantagens patrimoniais indevidas.

[25] Art. 18-C. A requerimento do réu, na fase de cumprimento da sentença, o juiz unificará eventuais sanções aplicadas com outras já impostas em outros processos, tendo em vista a eventual continuidade de ilícito ou a prática de diversas ilicitudes:

terço (inciso I[26] do art. 18-C do PL). Por outro lado, no caso do cometimento de novos ou diversos atos ímprobos pelo mesmo sujeito as sanções serão somadas (inciso II[27] do art. 18-C do PL).

As sanções de suspensão dos direitos políticos e a proibição de contratar ou receber incentivos fiscais ou creditícios do Poder Público deverão ser limitadas ao máximo de 20 (vinte) anos (parágrafo único[28] do art. 18-C do PL), nos casos em que a somatória das sanções ultrapasse o referido parâmetro, com o objetivo de evitar penas desproporcionais.

Conclusões

Em síntese, após a breve exposição das propostas apresentadas pela Comissão de Juristas no tocante aos aspectos sancionatórios para a reforma da Lei de Improbidade Administrativa, é possível afirmar que o anteprojeto apresentou significativas propostas de alteração da norma sancionadora, inclusive incorporando à norma a interpretação jurisprudencial dos Tribunais Superiores consolidada em quase 30 anos de vigência da Lei n. 8.429/1992, o que certamente contribui para a segurança jurídica.

Ademais, além da necessária compatibilização e atualização da norma com a legislação atual, ofereceu sugestões de aprimoramento da Lei de Improbidade Administrativa em consonância com grande anseio da sociedade, no sentido de combater e sancionar agentes públicos, políticos e particulares que pratiquem atos ímprobos.

Por outro lado, o anteprojeto consolidou premissas que compatibilizaram o necessário rigor da aplicação da Lei de Improbidade Administrativa com a necessária observância do devido processo legal, estabelecendo parâmetros claros de incidência da norma sancionadora.

Por fim, é importante consignar que a proposta de reforma deve ser considerada apenas o ponto de partida para uma ampla e profunda discussão da sociedade e da comunidade jurídica, a fim de proporcionar ao Congresso Nacional a importante missão de reforma da Lei n. 8.429/1992.

[26] I – no caso de continuidade de ilícito, o juiz tomará a maior sanção aplicada, aumentando-a de um terço;

[27] II – no caso de prática de novos ou diversos atos ilícitos pelo mesmo sujeito, as sanções serão somadas.

[28] Parágrafo único. As sanções de suspensão de direitos políticos e proibição de contratar ou receber incentivos fiscais ou creditícios do Poder Público observarão o limite máximo de 20 (vinte) anos.

Referências

BUENO, Cassio Scarpinella; PORTO FILHO, Pedro Paulo de Rezende (coordenadores), **Improbidade Administrativa: Questões Polêmicas e Atuais.** 2ª ed. – São Paulo: Malheiros Editores, 2003.

FAZZIO JÚNIOR, Waldo; **Improbidade Administrativa: doutrina, legislação e jurisprudência**. 3ª ed. – São Paulo: Atlas, 2015.

FIGUEIREDO, Marcelo; **Probidade Administrativa, Comentários à Lei 8.429/92 e Legislação Complementar**, 6ª ed. – São Paulo: Malheiros Editores, 2009.

JUSTEN FILHO, Marçal. **Curso de Direito Administrativo**/Marçal Justen Filho. – 13ª ed., rev., atual. e ampl. – São Paulo: Thomson Reuters Brasil, 2018.

GAJARDONI, Fernando da Fonseca... (et al.); **Comentários à Lei de improbidade Administrativa, Lei 8.429, de 02 de junho de 1992**, 3ª ed. – São Paulo: Revista dos Tribunais, 2014.

GARCIA, Emerson. **A consensualidade no direito sancionador brasileiro: potencial incidência no âmbito da Lei nº 8.429/1992**. https://www.conamp.org.br/pt/item/1745- a-consensualidade-no-direito-sancionador-brasileiro--potencial-incidencia-no-ambito- da-lei-n-8-429-1992.html (acesso em 1º/3/2019).

GARCIA, Emerson; ALVES, Rogério Pacheco; **Improbidade Administrativa**, 8ª ed. – São Paulo: Saraiva, 2014.

MARQUES, Mauro Campbell. **Improbidade administrativa: temas atuais e controvertidos** / Mauro Campbell Marques... [et al.]; coordenação Ministro Mauro Campbell Marques; colaboração André de Azevedo Machado; Fabiano da Rosa Tesolin – Rio de Janeiro: Forense, 2017.

MARTINS JÚNIOR, Wallace Paiva; **Probidade Administrativa**, 4ª ed. – São Paulo: Saraiva, 2009.

MATTOS, Mauro Roberto Gomes de; **O Limite da Improbidade Administrativa: Comentários à Lei 8.429/92**, 5ª ed. – Rio de Janeiro: Forense, 2010.

MEIRELLES, Hely Lopes; WALD Arnold; MENDES, Gilmar Ferreira. **Mandado de Segurança e Ações Constitucionais**. 32ª ed. – São Paulo: Malheiros Editores, 2009.

NEIVA, José Antonio Lisbôa; **Improbidade Administrativa, Legislação Comentada Artigo por Artigo**, 4ª ed. – Niterói: Impetus, 2013.

NEVES, Daniel Amorim Assumpção; Oliveira, Rafael Carvalho Rezende. **Manual de Improbidade Administrativa: Direito material e processual**. São Paulo: Método, 2012.

OLIVEIRA, José Roberto Pimenta; **Improbidade Administrativa e sua autonomia constitucional**; prefácio de: Celso Antônio Bandeira de Mello. Belo Horizonte: Fórum, 2009.

OSÓRIO, Fábio Medina; **Direito Administrativo Sancionador**. 4ª ed. rev., atual. e ampl. – São Paulo: Revista dos Tribunais, 2011.

OSÓRIO, Fábio Medina; **Teoria da Improbidade Administrativa: má gestão pública: corrupção: ineficiência: prefácio Eduardo García de Enterría** – São Paulo: Revista dos Tribunais, 2007.

PAZZAGLINI FILHO, Marino; **Lei de Improbidade Administrativa Comentada: Aspectos Constitucionais, Administrativos, Civis, Criminais, Processuais e de Responsabilidade Fiscal; Legislação e Jurisprudência Atualizadas**, 4ª ed. – São Paulo: Atlas, 2009.

SUNDFELD, Carlos Ari. MARQUES NETO, Floriano de Azevedo. **Contratações Públicas e Seu Controle**. São Paulo, Malheiros, 2013.

ZAVASCKI, Teori Albino; **Processo Coletivo: Tutela de Direitos Coletivos e Tutela Coletiva de Direitos**. 3ª ed.- São Paulo: Revista dos Tribunais, 2008.

3. O LEGADO DO MINISTRO TEORI ALBINO ZAVASCKI PARA A IMPROBIDADE ADMINISTRATIVA NO BRASIL

RODRIGO DE BITTENCOURT MUDROVITSCH

GUILHERME PUPE DA NÓBREGA

Introdução

Dizer que o Ministro Teori Albino Zavascki foi jurista de envergadura seria, certamente, consideração óbvia e singela face à magnitude da sua importância. Doutrinador e magistrado sério, o Min. Teori foi homem público que muito contribuiu para o desenvolvimento do direito no país.

Neste texto, buscamos fazer um recorte de sua contribuição definido segundo o tema desta obra coletiva: o instituto da improbidade administrativa, que, em muitos aspectos, contou e conta com desenvolvimentos e evoluções que devem em boa parte ser creditados a Teori Albino Zavascki.

1. Foro especial

O primeiro desses aspectos versa sobre o foro por prerrogativa de função e sua extensão, ou não, às ações de improbidade. Nos idos de 1994, quando Desembargador Federal do Tribunal Regional Federal da 4ª Região, o Min. Teori sustentou em artigo acadêmico a inviabilidade de esgarçamento do foro especial previsto na Constituição para demandas que não exclusivamente penais:

> (...) não se tratando de ação penal, não se aplicam, à hipótese [improbidade administrativa], as regras que estabelecem foro especial por prerrogativa de função, tais como as dos arts. 29, VIII, 102, I, *b* e *c*, e 108, I, *a* da Constituição.

Independentemente do grau hierárquico do agente público que tenha praticado o ato de improbidade, a ação será proposta perante o juízo de primeira instância, como aliás ocorre quando se trata de ação popular. Saliente-se que, a teor do art. 20, da lei comento, a suspensão dos direitos políticos somente se efetivará com o trânsito em julgado da sentença, o que importa dizer que todos os recursos que vierem a ser interpostos terão efeito suspensivo.[1]

O tema, como sabido, se revelaria espinhoso, suscitando grande debate jurisdicional até, aparentemente, ser pacificado pelo Supremo Tribunal Federal no bojo das Ações Diretas de Inconstitucionalidade n. 2.797 e n. 2.860-0 (DJ de 26.9.2005), no sentido do apartamento entre ações de improbidade e ações penais, do que defluiria, para as primeiras, a inexistência de foro especial.

Ocorre que, anos depois, duas novas decisões, emanadas do STF e proferidas na Reclamação n. 2.138 (DJ de 18.4.2008) e na Questão de Ordem na Petição n. 3.211 (DJ de 27.6.2008), relativizariam aquela posição anterior da Corte para admitir o foro especial em hipóteses específicas:

> (...) Incompetência dos juízos de primeira instância para processar e julgar ação civil de improbidade administrativa ajuizada contra agente político que possui prerrogativa de foro perante o Supremo Tribunal Federal, por crime de responsabilidade, conforme o art. 102, I, "c", da Constituição.

> (...) Compete ao Supremo Tribunal Federal julgar ação de improbidade contra seus membros. 2. Arquivamento da ação quanto ao Ministro da Suprema Corte e remessa dos autos ao Juízo de 1º grau de jurisdição.

Aquela mudança repercutiria no ofício jurisdicional para guiar o Min. Teori Zavascki, agora no Superior Tribunal de Justiça, em importante julgado por ele relatado, em que, a bem da segurança jurídica, ele se alinharia ao novo entendimento do STF, sendo seguido por todos os demais Ministros presentes na sessão. Trata-se do acórdão no AgRg na

[1] ZAVASCKI, Teori Albino. Direitos políticos. Perda, suspensão e controle jurisdicional. In: Revista de Informação Legislativa, vol. 31, n. 123, jul./set/, 1994, p. 182.

Rcl 2115 (DJ de 16.12.2009), que tramitou perante a Corte Especial do Superior Tribunal de Justiça:

> (...) Por decisão de 13 de março de 2008, a Suprema Corte, com apenas um voto contrário, declarou que "compete ao Supremo Tribunal Federal julgar ação de improbidade contra seus membros" (QO na Pet. 3.211-0, Min. Menezes Direito, DJ 27.06.2008). Considerou, para tanto, que a prerrogativa de foro, em casos tais, decorre diretamente do sistema de competências estabelecido na Constituição, que não se compatibiliza com a viabilidade de conferir a juiz de primeira instância competência para processar e julgar causa promovida contra ministro do Supremo Tribunal Federal cuja procedência pode acarretar a sanção de perda do cargo. Esse precedente afirma a tese da existência, na Constituição, de competências implícitas complementares, deixando claro que, inobstante a declaração de inconstitucionalidade do art. 84 e parágrafos do CPP, na redação dada pela Lei 10.628, de 2002 (ADI 2.860-0, Min. Sepúlveda Pertence, DJ 19.12.2006), a prerrogativa de foro, em ações de improbidade, tem base para ser sustentada, implicitamente, na própria Carta Constitucional.
>
> À luz dessa orientação, impõe-se a revisão da jurisprudência do STJ sobre o tema. Com efeito, as mesmas razões que levaram o STF a negar a competência de juiz de grau inferior para a ação de improbidade contra seus membros, autorizam a concluir, desde logo, que também não há competência de primeiro grau para julgar ação semelhante, com possível aplicação da pena de perda do cargo, contra membros de outros tribunais superiores ou de tribunais de segundo grau, como no caso. (...)

Posteriormente, em 2014, o Min. Teori, já tendo ascendido ao Supremo Tribunal Federal, teria a oportunidade de desencadear uma definição do entendimento sobre a questão, funcionando na relatoria da Petição n. 3.240. Antes de proceder ao seu voto, contudo, alertou ele sobre a importância de se alcançar um fecho sobre a questão, ainda pendente de uma conclusão:

> Senhor Presidente, eu gostaria de chamar a atenção dos Colegas para esse caso, porque, por razões que eu vou procurar detalhar, eu penso que a questão não está resolvida definitivamente pelo Supremo Tribunal Federal. Aqui é um caso de uma ação de improbidade praticada por um ministro de

Estado, durante o exercício do cargo de ministro de Estado, e que atualmente é parlamentar.

Curiosamente, ainda a título de introdução do tema, o mesmo Min. Teori, replicando interpelação do Min. Lewandowski, deixou antever sua posição pessoal sobre o tema, asseverando que:

> Eu vou tentar colocar isso, o meu ponto de vista a respeito, e inicio desde logo dizendo e afirmando que eu particularmente não tenho nenhuma simpatia pela prerrogativa de foro na extensão que hoje existe na Constituição. Mas aqui não interessa o meu ponto de vista pessoal a respeito. Interessa – e é isso que vou procurar esclarecer aqui – o que a Constituição afinal de contas estabelece.

Já em seu voto, propriamente dito, o Min. Teori Zavascki, coerentemente, e em evidente preocupação com a segurança jurídica, resgataria os julgados mais recentes do STF (RCLs n. 2.138 e n. 3.211) para defender a ampliação do foro especial para as ações de improbidade, ainda que em contraste com sua posição pessoal:

> Realmente, não parece lógico, do ponto de vista dos direitos fundamentais e dos postulados da dignidade da pessoa humana, que se invista o acusado das mais amplas garantias até mesmo quando deva responder por infração penal que produz simples pena de multa pecuniária e se lhe neguem garantias semelhantes quando a infração, conquanto administrativa, pode resultar em pena muito mais severa, como a perda de função pública ou a suspensão de direitos políticos.

O julgamento seria interrompido por pedido de vista do Min. Roberto Barroso, mas não impediria o Min. Teori de, na doutrina, reforçar sua posição e a imprescindibilidade de uma definição. A primeira dessas investidas se deu em 2016, em festejada obra coletiva organizada por seu colega, Min. Mauro Campbell Marques, para alertar sobre o fato de que a discussão ainda estava em aberto, embora, em sua visão, devessem preponderar as decisões mais recentes do STF:

> (...) Na vigência da Constituição anterior, mas à base de princípios aplicáveis no atual regime constitucional, considerou-se o Tribunal Federal

de Recursos competente para processar e julgar ação rescisória proposta por ente federal, muito embora o acórdão rescindendo fosse de Tribunal de Justiça.7 Também no julgamento do Mandado de Injunção 670-9, Rel. Min. Gilmar Mendes, *DJ* de 31.10.2008, o STF atribuiu aos Tribunais Regionais Federais e ao Superior Tribunal de Justiça competência para processar e julgar, originariamente, dissídios relacionados com greves de servidores públicos federais. Portanto, mesmo em relação às regras sobre competências jurisdicionais, os dispositivos da Constituição comportam interpretação ampliativa, para preencher vazios e abarcar certas competências implícitas, mas que são inafastáveis por força do sistema. (...)

Em suma, o que se afirma é que, sob o ponto de vista constitucional, justifica-se, assim, com sobradas razões, a preservação de prerrogativa de foro também para a ação de improbidade administrativa, entendimento que, além de fundado em boa doutrina, recebeu o aval do STF, no precedente citado.[2]

Em segunda investida, o Ministro ainda reafirmaria sua posição na sétima e última edição de seu clássico "Processo Coletivo: tutela de direitos coletivos e tutela coletiva de direitos", publicada em 2017[3]. Infelizmente, porém, ele não assistiria à conclusão do julgamento pelo STF – somente retomado em 10.5.2018 –, quando a Corte, com fundamentos de índole prática, que também embasariam a *ratio* na Questão de Ordem na Ação Penal n. 937 (DJ de 11.12.2018) – incremento de ações junto ao STF, possíveis prescrições em razão do tempo que seria exigido para redistribuição de feitos etc. –, acompanharia a divergência inaugurada pelo Min. Barroso.

Inobstante vencido, o interessante é perceber que, desde 1994, na doutrina, o Min. Teori Zavascki assentava sua posição pessoal sobre o foro especial – que acabaria sendo aquela adotada pelo STF. Sem prejuízo, na condição de magistrado, foi quiçá ele quem iniciou a provocação sobre a mudança de jurisprudência no âmbito do STJ, em prestígio a recentes julgados do STF, e quem, posteriormente, já na Suprema Corte, externaria

[2] ZAVASCKI, Teori Albino. Improbidade administrativa e prerrogativa de foro. In: MARQUES, Mauro Campbell (coord.). Improbidade administrativa. Temas atuais e controvertidos. Rio de Janeiro: Gen/Forense, 2016.

[3] ZAVASCKI, Teori Albino. Processo Coletivo: tutela de direitos coletivos e tutela coletiva de direitos. 7ª ed. São Paulo: RT, 2017.

preocupação com a necessidade de uma decisão final a respeito, quando, uma vez mais, ainda que em contraposição ao seu posicionamento particular, homenagearia a segurança jurídica invocando as decisões mais novas do próprio STF.

2. (Im)prescritibilidade do ressarcimento ao erário

Em sua passagem pelo STF, o Min. Teori Zavascki, a exemplo do foro especial, daria outros sinais de preocupação com a segurança jurídica e com a necessidade de uma definição sobre questões sensíveis a respeito de improbidade. Exemplo inicial disso foi o Recurso Extraordinário n. 669.069 (DJ de 26.8.2013), por ele afetado como paradigma de repercussão geral para definição sobre a (im)prescritibilidade das ações de ressarcimento ao erário e a amplitude do § 5º do artigo 37 da Constituição:

> A questão transcende os limites subjetivos da causa, havendo, no plano doutrinário e jurisprudencial, acirrada divergência de entendimentos, fundamentados, basicamente, em três linhas interpretativas: (a) a imprescritibilidade aludida no dispositivo constitucional alcança qualquer tipo de ação de ressarcimento ao erário; (b) a imprescritibilidade alcança apenas as ações por danos ao erário decorrentes de ilícito penal ou de improbidade administrativa; (c) o dispositivo não contém norma apta a consagrar imprescritibilidade alguma. É manifesta, assim, a relevância e a transcendência dessa questão constitucional.

Por ocasião do julgamento, em 12.11.2014, o Min. Teori, em seu voto – conciso e objetivo, mas denso, como característico –, propôs a fixação da tese de que "*a imprescritibilidade a que se refere o art. 37, § 5º, da CF diz respeito apenas a ações de ressarcimento de danos ao erário decorrentes de atos praticados por qualquer agente,servidor ou não, tipificados como ilícitos de improbidade administrativa ou como ilícitos penais.*" Seguiu-se, então, debate.

O Min. Marco Aurélio chamou atenção para o pano de fundo do caso em que interposto o recurso extraordinário afetado: "*Presidente, creio que, em primeiro lugar, deveríamos ficar restritos às balizas objetivas do processo. Não estamos diante de um conflito de interesses a envolver uma ação do Poder Público contra um servidor, considerado o direito de regresso, mas, sim, uma ação indenizatória, portanto, patrimonial, tendo em conta acidente automobilístico.*"

O Min. Roberto Barroso, de sua vez, defendeu que a análise da (im)prescritibilidade no que toca às ações de improbidade talvez ainda carecesse de maior amadurecimento: "*eu acho que talvez a questão que envolva a improbidade, nós devamos deixar para algum lugar do futuro. De modo que, aderindo à conclusão do voto de Sua Excelência quanto ao desfecho do caso, eu imaginaria uma tese de repercussão geral um pouco mais modesta, que me disponho a fazer uma reflexão durante os debates, mas algo que dissesse assim: 'É prescritível a ação de reparação de danos à Fazenda Pública decorrente de ilícito civil.'*"

O Min. Teori Zavascki repisaria o alerta, externando novamente sua preocupação com a segurança jurídica: "*o importante, no meu sentir, é que se dê algum sentido à cláusula final do § 5º, à ressalva. Algum sentido há de haver. A Constituição está dizendo que algo é imprescritível aqui. Importa saber o que é. De alguma forma, isso tem que ser interpretado.*"

Sem embargo, prevaleceu o entendimento de que a fixação de tese em repercussão geral estaria balizada pelo caso concreto, até mesmo para que se garantisse o contraditório quanto aos argumentos que eventualmente extravasassem o objeto do feito, como pontuou o Min. Barroso: "*Nós temos um caso concreto, que é uma ação de reparação de dano por um acidente automobilístico. Qualquer coisa que tenha sido afirmada para além da prescritibilidade da ação de reparação de dano por acidente automobilístico foi afirmada além do que era o objeto da discussão.*"

O Min. Teori, então, reajustaria seu voto, compreendendo a tese defendida pela maioria como contida em sua proposta inicial: "*a tese que propus é mais ampla, mas certamente a tese menor, mais restrita agora apresentada, nela se comporta perfeitamente. Aqui, o Tribunal tomou uma opção clara: decidiu o caso, negando provimento, vencido o Ministro Fachin, mas resolveu ficar numa tese restrita, analisando apenas a questão do ilícito civil, que é o caso. Não tenho nenhuma razão para divergir dela, até porque afirmar que o ilícito civil é prescritível, que não está abarcado pelo § 5º do artigo 37, é afirmação que decorre também do meu voto.*"

Remanesceria, porém, a discussão mais importante: ações de ressarcimento ao erário oriundas de ato de improbidade administrativa seriam ou não prescritíveis, afinal? Pouco mais de dois meses depois do julgamento do Recurso Extraordinário n. 669.069, novamente ele, Min. Teori Zavascki, comprometido com a superação do imbróglio, afetaria o Recurso Extraordinário n. 852.475 (DJ de 27.5.2016). Ele não participaria do julgamento, iniciado em 2.8.2018 e concluído em 8.8.2018, mas sua posição exposta no Recurso Extraordinário n. 669.069 ecoaria em essência, influenciando a tese que resultaria: "*São imprescritíveis as ações de ressarcimento ao erário fundadas na prática de ato doloso tipificado na Lei de Improbidade Administrativa.*"

Uma vez mais, o que fica evidente no tema retratado nesta epígrafe era a preocupação perene do Min. Teori com a segurança por meio da resolução de dilemas. Seu papel propulsor para que o STF pusesse fim[4] ao debate da (im)prescritibilidade foi, pois, decisivo.

3. Providência cautelar de afastamento do cargo no curso da ação

Outro ponto digno de registro na extensa biografia do Min. Teori Zavascki remonta à questão sobre o afastamento liminar de cargo público por réu de ação de improbidade administrativa.

Em 10.6.2003, o Min. Teori contava apenas um mês e dois dias desde a sua posse como Ministro do STJ, quando, em sessão na Primeira Turma, deparou com voto do Min. Francisco Falcão que, na Medida Cautelar n. 5.214 (DJ de 15.9.2003), se fiava em aspectos formais para julgar improcedente o pedido nela deduzido, o que na prática restabeleceria os efeitos de decisão de segundo grau que afastara do cargo Prefeito municipal.

Após pedido de vista, o Min. Teori Zavascki abriu divergência, invocando o artigo 20 da Lei de Improbidade, que exige o trânsito em julgado para a aplicação da sanção de perda de cargo (o mais), a fim de relacioná-lo com a providência cautelar de afastamento (o menos):

> (...) 2. A Lei 8.429, de 1992, que dispõe sobre as sanções aplicáveis em decorrência de atos de improbidade, estabelece, em seu artigo 20 e seu parágrafo (incluídos, aliás, em capítulo que trata de "disposições penais") o seguinte: (...) Do *caput* do artigo resulta evidente a preocupação em preservar, na maior medida possível, a manutenção do cargo no curso do processo, enquanto cabível algum recurso. E, no parágrafo, abre-se a possibilidade de determinar o afastamento cautelar do agente de seu cargo "quando a medida

[4] Ainda que tenhamos dúvida sobre se o debate ainda não estaria em aberto. Cfr.: MUDROVITSCH, Rodrigo de Bittencourt; Nóbrega, Guilherme Pupe. (Im)prescritibilidade de ressarcimento ao erário por atos de improbidade. Disponível em https://www.conjur.com.br/2019-abr-26/opiniao-imprescritibilidade- ressarcimento-ato-improbidade Acesso em 19.7.2019.

> se fizer necessária à instrução processual". Da conjugação dos dois dispositivos resulta, como inteligência adequada, a de que a medida cautelar somente se legitima como medida excepcional, quando de manifesta indispensabilidade. Certamente não pode ser deferida se o resultado a que visa pode ser obtido por outros meios, que não comprometam o bem jurídico protegido no *caput*: o exercício do cargo. Esse requisito se mostra ainda mais evidente em casos, como o presente, de exercício de mandato eletivo. A suspensão do exercício, considerada a natural demora na instrução de ações de improbidade, pode, na prática, acarretar a própria perda definitiva do cargo, que tem prazo certo e insuscetível de prorrogação ou de restauração, em caso de improcedência da demanda.

Ele ainda iria além, rechaçando a incidência do enunciado n. 7 da Súmula do STJ para concluir, com temperança, pela inexistência de plausibilidade jurídica e pela ocorrência de perigo da demora inverso:

> À luz dessa interpretação, não há como admitir a medida nas circunstâncias em que foi concedida no caso concreto. Não é preciso examinar a prova para constatar isso. Basta a simples consideração dos fundamentos do pedido. Diz o Ministério Público, nas suas razões de agravo que o afastamento do Prefeito se justifica porque "não se trata apenas de fatos já devidamente consolidados e administrativamente documentados, em razão das formalidades que informam o exercício das finanças públicas, como entendeu o magistrado de primeira instância. O referido déficit entre preço pago (superfaturado) e serviço executado pode se tornar 'invisível', insuscetível de ser constatado pela perícia de engenharia, estando ao livre alvedrio do requerido, caso permaneça no cargo, determinar intervenções que modifiquem o local periciado em sede administrativa" (fls. 33). Em outras palavras, o que se diz é que o Prefeito deve ser afastado, não porque objetivamente tenha praticado ou tenha ameaçado praticar algum ato tendente a obstruir ou a destruir a prova. O seu afastamento é postulado pela pura e simples razão de ser prefeito e, como tal, poder autorizar ou determinar "intervenções ou que modifique o local periciado". Note-se que o pedido de afastamento já constava da própria petição inicial, antes, portanto, da citação, época em que o réu não podia nem em tese ameaçar a instrução do processo, sequer iniciada. (...) Ora, não pode ser assim. Sem a alegação de existência efetiva de uma ameaça ao processo, o deferimento da medida equivale a tornar regra o

que é exceção: em tese, qualquer agente público, especialmente os prefeitos, detém em sua competência um plexo de poderes ou de influência que, em maior ou menor medida, pode, se indevidamente utilizada, acarretar danos à prova. Assim, a acolher-se as razões do acórdão, todos deveriam ser desde logo afastados, ante a simples propositura de demanda, o que seria um exagero. Indispensável, portanto, não apenas a alegação teórica da possibilidade de ameaça, mas, no mínimo, a da existência de indícios, pelo menos, de algum ato ou comportamento do réu que importem ameaça à instrução do processo.

O voto demonstraria não apenas personalidade, mas conteúdo de difícil contestação, merecendo a adesão de todos os demais Ministros da Turma. Anos mais tarde, na doutrina, o Min. Teori Zavascki desenvolveria ainda mais seu raciocínio em prol da excepcionalidade do afastamento:

> O afastamento do cargo tem natureza eminentemente cautelar, e não de antecipação da tutela. Sua função, consequentemente, é instrumento (=instrumento processual de garantia para a instrução). Portanto, por mais evidente que seja a probabilidade de êxito da demanda, por mais claro que esteja o fumus boni iuris a incriminar o acusado, isso, por si só, não legitima a concessão a medida, que significaria simplesmente a antecipação dos efeitos da futura sentença condenatória de perda do cargo.[5]

Aprofundando o ponto, o doutrinador, Min. Teori, adicionalmente, condensaria os pressupostos que, em sua visão, seriam condicionantes à providência cautelar de afastamento:

> (...) Para que se considere indispensável o afastamento cautelar, vários pressupostos devem estar presentes e cumulados. Em primeiro lugar, é preciso ficar demonstrado que o demandado, no exercício do cargo e utilizando-se dele, tenha objetivamente promovido atos que possam comprometer a regular instrução do processo. Não basta a possibilidade teórica de perigo ou de ameaça. É preciso que eles sejam reais, fundados em dados concretos extraídos da conduta do requerido. É preciso demonstrar

[5] ZAVASCKI, Teori Albino. Processo Coletivo: tutela de direitos coletivos e tutela coletiva de direitos. 7ª ed. São Paulo: RT, 2017, p. 127-128.

também que a medida será eficaz para afastar o risco: a suspensão do cargo não pode representar um simples castigo antecipado, mas deverá constituía a alternativa necessária para evitar o dano ao processo. Finalmente, não pode ser deferido o afastamento cautelar se o resultado a que visa puder ser obtido por outros meios (...). O tempo do afastamento será necessariamente o indispensável à produção da prova que esteja sob ameaça. É incompatível com a sua finalidade própria, assim, a manutenção da medida cautelar – ou, o que seria mais grave, a sua concessão – quando já encerrada a fase de instrução do processo.[6]

Válido também registrar que aquele posicionamento reverberaria anos depois, sendo ainda hoje prevalecente no âmbito do STJ:

> É assente na jurisprudência desta colenda Corte Superior de Justiça que o afastamento cautelar do agente público de sua função, com fundamento no art. 20, par. único da Lei 8.429/92, é medida excepcional, que somente se justifica quando o comportamento do agente, no exercício de suas funções, possa comprometer a instrução do processo. Precedentes: AgRg na SLS 1.563/MG, CE, Rel. Min. ARI PARGENDLER, DJe 6.6.2012, AgRg no REsp. 1.204.635/MT, 2T, Rel. Min. CASTRO MEIRA, DJe 14.6.2012, REsp. 929.483/BA, 1T, Rel. Min. LUIZ FUX, DJe 17.12.2008, REsp. 993.065/ES, 1T, Rel.
>
> Min. TEORI ALBINO ZAVASCKI, DJe 12.3.2008. Ressalte-se que a relevância do cargo ou a posição estratégica do cargo não é razão suficiente, por si só, para o afastamento.[7]

A abordagem do Min. Teori, recém-ingresso no STJ, revelaria a segurança de quem confia no embasamento de suas convicções, não furtando-se ao debate. Particularmente no tema em questão, a importância de sua posição ia contra a banalização de providência cautelar que, excepcional, vinha sendo, na prática, adotada como regra.

[6] ZAVASCKI, Teori Albino. Processo Coletivo: tutela de direitos coletivos e tutela coletiva de direitos. 7ª ed. São Paulo: RT, 2017, p. 127-128.

[7] REsp 1197807/GO, DJ de 14.11.2013.

4. Dolo e culpa grave

Talvez um dos maiores contributos do Min. Teori Zavascki para o tema da improbidade administrativa seja seu voto na Ação de Improbidade Administrativa n. 30 (DJ de 28.9.2011), que tramitou perante o STJ.

Tema recorrente que sempre cercou e ainda cerca as discussões sobre a Lei de Improbidade Administrativa (n. 8.429/1992) reside no caráter aberto de seus dispositivos. Pudera! A impressão primeira é a de que a natureza sancionadora do diploma deveria contrastar com tipos abertos, discriminando claramente elementos objetivos e subjetivos a atrair a sanção sobre os faltosos.

Parece ter sido opção legislativa, nada obstante, recorrer a conceitos abertos de modo a que as normas alcançassem, com todo o seu âmbito de vigência material, o máximo de condutas que afrontassem tudo aquilo para o que afinal o diploma convergiu: proteção da coisa pública.

Essa escolha, não foi nenhuma surpresa, não se deu sem críticas ou efeitos colaterais, assentando a doutrina que os dispositivos da lei revelariam verdadeira norma sancionadora em branco, isto é, "de conteúdo incompleto, e cujo aperfeiçoamento só é alcançado mediante reenvio a outro diploma normativo, já existente ou a ser futuramente editado"[8] – também chamadas de "normas jurídicas não autônomas"[9] ou "proposições jurídicas incompletas."[10]

Daí o dilema a aturdir os curiosos do tema: de um lado, a inesgotável criatividade humana, a produzir sem intervalos um manancial de variações de condutas que vilipendiam o patrimônio público sem encontrar na lei capacidade de discriminá-las *pari passu*; de outro, a necessidade de previsibilidade e segurança a prevenir, notadamente a sociedade, sobre os exatos contornos dos comportamentos censuráveis.

O debate ganha em relevância quando as projeções das consequências da ausência descritiva dos núcleos dos tipos reputados ímprobos acabam por se materializar, redundando em decisões as mais variadas a preencher de significado significantes normativos tão amplos.

[8] COMPARATO, Fábio Konder. Lei Penal em Branco: Inconstitucionalidade de sua Integração por Norma de Novel Infra-Legal – Os Crimes de Perigo são Crimes de Resultado. In: Direito Público, Estudos e Pareceres. São Paulo: Saraiva, 1996, p. 269.

[9] KELSEN, Hans. Teoria Pura do Direito. Porto Alegre: Martins Fontes, 1987, p. 60.

[10] LARENZ, Karl. Metodologia da Ciência do Direito. 6ª ed. Lisboa: Fundação Calouste Gulbenkian, 1991, p. 305.

O Direito, aliado à língua portuguesa, fornece um ferramental robusto que não apenas viabiliza a discricionariedade como ponte entre espírito e realidade, mas que em certo sentido a catalisa: a facilidade propiciada pela facilidade em se encaixar aquilo que se tem pessoalmente como ímprobo no conceito normativo de improbidade favorece o subjetivismo. Pré-compreensões, preconceitos, desejos, resistências, aspirações etc. escoam com desenvoltura por conceitos abertos, aterrando comodamente nos diversos significados possíveis que os comportam – e a "discricionariedade" judicial fornece um *locus* amplo a acomodá-los.

Perspectiva diversa foi explorada pelo Min. Gilson Dipp e por Rafael Araripe Carneiro, enfocando não o Judiciário, mas o Ministério Público ao alertar para os perniciosos riscos da banalização da improbidade: "(...) *a partir dos conceitos abertos trazidos pela Lei 8.429/1992, como 'ofensa aos princípios da administração Pública" ou "qualquer tipo de vantagem patrimonial indevida', tem-se visto exageros na utilização do instituto da improbidade administrativa.*" Isso é algo "*prejudicial à própria sociedade, pois se perde o referencial de má-fé dos atos efetivamente ímprobos, em diferença às irregularidades sem gravidade. Improbidade não é qualquer ilegalidade.*"[11]

De fato, não há de modo expresso na Lei n. 8.429/1992, nem em nenhuma outra, "um critério ou conceito geral de improbidade administrativa que permita balizar, com maior segurança, a aplicação dos seus arts. 9º, 10 e 11, até porque as leis não costumam fornecer conceitos jurídicos. Ocorre que tampouco há na legislação elementos seguros para a literatura jurídica, à qual compete a construção de conceitos jurídicos, formule um critério ou conceito geral de improbidade administrativa, que teria de ser abrangente para abarcar as condutas previstas (...) e, ao mesmo tempo, excludente daquelas condutas de menor gravidade."[12]

Indiferente à discussão, os fatos se impuseram e confrontaram o Judiciário, desafiando-o a, pouco a pouco, estabelecer parâmetros para uma aplicação em alguma medida previsível do diploma. Um primeiro

[11] DIPP, Gilson; CARNEIRO, Rafael Araripe. Banalização do conceito de improbidade administrativa é prejudicial a todos. Disponível em https://www.conjur.com.br/2017-mar-19/banalizacao-conceito- improbidade-prejudicial-todos

[12] BARBOZA, Márcia Noll (coord.). Cem Perguntas e Respostas sobre Improbidade Administrativa Incidência e aplicação da Lei n. 8.429/1992. 2a ed. rev. e atual. Brasília: ESMPU, 2013, p. 16-17.

entendimento firmado, digno de registro, se deu com relação à indispensabilidade de dolo para os tipos abertos elencados pelos artigos 9º e 11[13]– enriquecimento ilícito e violação aos princípios da Administração Pública; mas seguiu pendente de enfrentamento o delicado artigo 10, a admitir a modalidade culposa.

Ainda que o Min. Teori Zavascki já houvesse reiteradamente decidido pela exigência de culpa grave[14] nas hipóteses do artigo 10, a Ação de Improbidade Administrativa n. 30 era emblemática por, como matéria de competência originária, tramitar perante a Corte Especial, órgão jurisdicional máximo do Tribunal e que acompanharia, à unanimidade, o voto:

> A improbidade é ilegalidade tipificada e qualificada pelo elemento subjetivo da conduta do agente, razão pela qual é indispensável, para a sua caracterização, que a conduta do agente seja dolosa (condutas descritas nos artigos 9º e 11 da Lei 8.429/92), ou pelo menos eivada de culpa grave (condutas do artigo 10).
>
> (...) o que a petição inicial descreve é, simplesmente, a prática de atos eivados de ilegalidade, não a prática de atos de improbidade. Ora, a ilegalidade, ainda que existente, por si só não autoriza a instauração de ação destinada a aplicar as severas sanções previstas no art. 12 da Lei 8.429/92 para condutas eivadas de improbidade.

De nossa parte, sustentamos, *contra legem*, que o âmbito de vigência material da disposição constitucional contida no artigo 37, § 4º, na medida

[13] AgRg no REsp 1500812/SE, Rel. Ministro MAURO CAMPBELL MARQUES, SEGUNDA TURMA, julgado em 21/05/2015, DJe 28/05/2015; AgRg no REsp 968447/PR, Rel. Ministro NAPOLEÃO NUNES MAIA FILHO, PRIMEIRA TURMA, julgado em 16/04/2015, DJe 18/05/2015; REsp 1238301/MG, Rel. Ministro SÉRGIO KUKINA, PRIMEIRA TURMA, julgado em 19/03/2015, DJe 04/05/2015; AgRg no AREsp 597359/MG, Rel. Ministro HUMBERTO MARTINS, SEGUNDA TURMA, julgado em 16/04/2015, DJe 22/04/2015; REsp 1478274/MT, Rel. Ministro HERMAN BENJAMIN, SEGUNDA TURMA, julgado em 03/03/2015, DJe 31/03/2015; AgRg no REsp 1397590/CE, Rel. Ministra ASSUSETE MAGALHÃES, SEGUNDA TURMA, julgado em 24/02/2015, DJe 05/03/2015; AgRg no AREsp 560613/ES, Rel. Ministro OG FERNANDES, SEGUNDA TURMA, julgado em 20/11/2014, DJe 09/12/2014; REsp 1237583/SP, Rel. Ministro BENEDITO GONÇALVES, PRIMEIRA TURMA, julgado em 08/04/2014, DJe 02/09/2014.

[14] REsp 604.151 (DJ de 8.6.2006) e REsp n. 827.445 (DJ de 8.3.2010), em ambos inaugurando a divergência que se sagraria vencedora.

em que censura a desonestidade, não coaduna com conduta que não a dolosa pura, raciocínio que, aliás, põe em dúvida a própria constitucionalidade do caput do sobredito artigo 9º.[15] O Min. Teori, contudo, em seu ofício jurisdicional, seguramente não poderia ignorar a dicção legal clara do artigo 10, a mencionar a palavra "culposa". A saída, então, nos atrevemos a elucubrar, foi estabelecer nível de gradação que somente tornasse censurável em sede de improbidade culpa que, mercê de sua gravidade, mais se aproximasse de uma espécie de dolo eventual que de negligência, imprudência ou imperícia.

Não por acaso, o voto do Min. Teori ressoaria, influenciando a recente Lei n. 13.655/2018, que incluiu o artigo 28 na Lei de Introdução às Normas do Direito Brasileiro para dispor que "*o agente público responderá pessoalmente por suas decisões ou opiniões técnicas em caso de dolo ou erro grosseiro*", qualificando a culpa grave como necessária à responsabilização do indivíduo.

Também é possível notar reflexos no Projeto de Lei n. 10.887/2018, atualmente em curso perante a Câmara dos Deputados como resultado dos trabalhos de Comissão de Juristas presidida pelo Min. Mauro Campbell Marques para alteração da Lei de Improbidade, que eliminou a culpa como elemento subjetivo, exigindo-se sempre odolo. O ponto foi explorado pelo Deputado Roberto de Lucena, encampador da proposição, em sua justificativa:

> Bastante significativa é a supressão do ato de improbidade praticado mediante culpa. De um atento exame do texto, par e passo da observação da realidade, conclui-se que não é dogmaticamente razoável compreender como ato de improbidade o equívoco, o erro ou a omissão decorrente de uma negligência, uma imprudência ou uma imperícia. Evidentemente tais situações não deixam de poder se caracterizar como ilícitos administrativos que se submetem a sanções daquela natureza e, acaso haja danos ao erário, às consequências da lei civil quanto ao ressarcimento.

[15] Nesse sentido: SIMÃO, Calil. Improbidade administrativa. Teoria e prática. 2ª ed. Leme: JH Mizuno, 2014, p. 93; BITTENCOURT NETO, Eurico. Improbidade administrativa e violação de princípios. Belo Horizonte: Del Rey, 2005, p. 115; MATTOS, Mauro Roberto Gomes de. O limite da improbidade administrativa: o direito dos administrados dentro da Lei nº 8.429/92. Rio de Janeiro: América Jurídica, 2005, p. 255.

> O que se compreende neste anteprojeto é que tais atos desbordam do conceito de improbidade administrativa e não devem ser fundamento de fato para sanções com base neste diploma e nem devem se submeter à simbologia da improbidade, atribuída exclusivamente a atos dolosamente praticados.

É inegável a raiz dessas mudanças e propostas, revolucionárias ao remeter virtual sanção por deslizes ou equívocos funcionais à seara disciplinar para cingir ao gravoso regramento da improbidade, a exemplo do que defendeu o Min. Teori Zavascki, somente ilegalidades qualificadas[16] – ou especificadas[17] – vulneradoras de bens jurídicos merecedores de tutela diferenciada.

5. Miscelânea: outras passagens esparsas, mas não menos importantes

Talvez pudéssemos dedicar toda uma obra à influência do Min. Teori Zavascki sobre a improbidade administrativa. A limitação de espaço, contudo, nos priva, nesta oportunidade, de ir além. Sem embargo, e para tentar sublimar injustiça ou ao menos atenuar o ousado intento de expor um lampejo do que foi ele para a disciplina, permitimo-nos dedicar esta derradeira epígrafe a outros préstimos esparsos, dignos de menção.

Em sua trajetória, o Ministro deu sinais de sua posição rígida acerca da indisponibilidade do interesse público, sustentando, doutrinariamente, que a "*substituição processual é de natureza adjetiva típica e ali se esgota. Quem defende em juízo, em nome próprio, direito de outrem, não substitui o titular na relação de direito material, mas sim e apenas na relação processual, onde ocupa a posição que, normalmente, seria por ele ocupada. Como conseqüência, não pode o substituto praticar ato algum que, direta ou indiretamente, importe em disposição do direito material do substituído.*"[18]

Fundado nessa mesma premissa, rechaçaria a possibilidade de desistência em ação civil pública, à falta de previsão legal: "*A desistência,*

16 SILVA, JOSÉ AFONSO DA. Comentário contextual à Constituição. São Paulo: Malheiros, p. 347-348.

17 FREITAS, Juarez. Do princípio da probidade administrativa e sua máxima efetivação. In: Revista de Direito Administrativo, n. 204, abr./jun., 1996, p. 71.

18 ZAVASCKI, Teori Albino. Ministério Público, ação civil pública e defesa de direitos individuais homogêneos. In: Revista forense, v.92, n.333, p.123-137, jan./mar. 1996.

contraposição que é do poder-dever de promover a demanda, imposto por lei, haveria de estar, também ela, autorizada expressamente. E não está."[19]. A mudança legislativa e toda uma nova conjuntura o fariam, nada obstante, homologar vinte e um acordos de colaboração premiada, reconhecendo a possibilidade de o interesse público, em certos casos, poder ser alcançado por via que não pura e simplesmente a punitiva.[20]

Prestigiador da isonomia, o Min. Teori ainda seria um dos primeiros a defender, a bem da igualdade, o descabimento da condenação do particular em honorários sucumbenciais em ações coletivas, incluída a de improbidade, salvo má fé (REsp 577.804, DJ de 14.12.2006), tese que somente anos depois seria chancelada pela Corte Especial (EAREsp n. 962.250, DJ de 21.8.2018).

Também foi da relatoria dele um dos primeiros julgados (REsp 507.574, DJ de 20.2.2006) – reiteradamente invocado posteriormente – em que se afastou a imperatividade de cumulação das sanções por improbidade, exigindo, para cada pena, fundamentação adequada: "*Havendo, na Lei 8.492/92 (Lei de Improbidade Administrativa), a previsão de sanções que podem ser aplicadas alternativa ou cumulativamente e em dosagens variadas, é indispensável, sob pena de nulidade, que a sentença indique as razões para a aplicação de cada uma delas, levando em consideração o princípio da razoabilidade e tendo em conta 'a extensão do dano causado assim como o proveito patrimonial obtido pelo agente'*".

Do ponto de vista do direito processual, o Min. Teori igualmente desempenharia papel relevante ao relatar o REsp 1.163.643 (DJ de 30.3.2010), afetado como representativo do Tema 344 dos recursos repetitivos, a versar sobre (des)necessidade de se assegurar defesa preliminar em ações pleiteando ressarcimento ao erário. Ao final, a tese, seguida à unanimidade, bem delimitou quando incidiria o rito especial, reafirmando, nessas hipóteses, a necessidade de defesa prévia: "*O procedimento estabelecido no art. 17 da Lei 8.429/92 somente é obrigatório para ações de improbidade administrativa que visem a aplicar aos responsáveis sanções político-civis de caráter pessoal*".

[19] ZAVASCKI, Teori Albino. Ministério Público, ação civil pública e defesa de direitos individuais homogêneos. In: Revista forense, v.92, n.333, p.123-137, jan./mar. 1996.

[20] http://www.stf.jus.br/portal/cms/verNoticiaDetalhe.asp?idConteudo=398165

Ainda no campo processual, digno de registro o acórdão proferido no RMS 16.424 (DJ de 18.4.2005), caso peculiar e inédito que não reconheceu na representação por prática de ato de improbidade um pretenso direito líquido e certo de se ver ajuizada a ação: "*O direito de representação por improbidade administrativa, previsto no art. 14 da Lei 8.429/92, não compreende o de ver necessariamente instaurado o processo de investigação, caso não haja início de prova considerada razoável para tanto. A discussão sobre a existência ou não de provas suficientes para instauração, ainda mais em se tratando de prova que estaria, não no processo, mas 'arquivados na própria Câmara Legislativa', não pode ser dirimida em mandado de segurança, que não comporta investigação probatória dessa dimensão.*"

Conclusões

A pequena amostra acima, que resulta de um compilado de excertos doutrinários e de julgados da pena do Min. Teori Albino Zavascki, permite antever ao menos um pouco da importância do autor e magistrado para o desenvolvimento de relevantes aspectos relativos à improbidade administrativa. Ora de feições mais garantistas – do ponto de vista de um modelo normativo de Direito –, ora cioso do resguardo ao interesse público, foi traço comum à sua doutrina e à sua jurisdição a preocupação com o fim maior do Direito: prover segurança.

Aberto ao debate, o Ministro não se comprometia com o erro. Revisitava posições quando era convencido por colegas, mas também não abria mão de firmar posição quando convicto – abrindo em várias oportunidades dissidência que formaria a maioria –, o que o tornava, sob a ótica da colegialidade, um adversário formidável, mas, também, um membro oxigenador do debate e, por isso mesmo, um elevador do patamar de qualidade da decisão final. Era técnico, direto e infenso a vaidades.

Dissemos acima esperar ter logrado êxito em lançar um pouco do que o Min. Teori Zavascki foi para a improbidade administrativa. A tarefa é ingrata, porque muitas de suas contribuições seguirão produzindo frutos, o que nos impede de dimensionar a vastidão de sua obra; sem prejuízo, que sirva este registro de um pequeno reconhecimento, já até aqui, de sua envergadura.

Referências

BARBOZA, Márcia Noll (coord.). **Cem Perguntas e Respostas sobre Improbidade Administrativa Incidência e aplicação da Lei n. 8.429/1992**. 2ª ed. rev. e atual. Brasília: ESMPU, 2013;

BITTENCOURT NETO, Eurico. **Improbidade administrativa e violação de princípios**. Belo Horizonte: Del Rey, 2005, p. 115;

COMPARATO, Fábio Konder. **Lei Penal em Branco**: Inconstitucionalidade de sua Integração por Norma de Novel Infra-Legal – Os Crimes de Perigo são Crimes de Resultado. In: Direito Público, Estudos e Pareceres. São Paulo: Saraiva, 1996;

DIPP, Gilson; CARNEIRO, Rafael Araripe. **Banalização do conceito de improbidade administrativa é prejudicial a todos**. Disponível em https://www.conjur.com.br/2017- mar-19/banalizacao-conceito-improbidade-prejudicial-todos Acesso em 18.7.2019;

FREITAS, Juarez. Do princípio da probidade administrativa e sua máxima efetivação. In: **Revista de Direito Administrativo**, n. 204, abr./jun., 1996;

KELSEN, Hans. **Teoria Pura do Direito**. Porto Alegre: Martins Fontes, 1987;

LARENZ, Karl. **Metodologia da Ciência do Direito**. 6ª ed. Lisboa: Fundação Calouste Gulbenkian, 1991;

MATTOS, Mauro Roberto Gomes de. **O limite da improbidade administrativa**: o direito dos administrados dentro da Lei nº 8.429/92. Rio de Janeiro: América Jurídica, 2005;

MUDROVITSCH, Rodrigo de Bittencourt; Nóbrega, Guilherme Pupe. **(Im)prescritibilidade de ressarcimento ao erário por atos de improbidade**. Disponível em https://www.conjur.com.br/2019-abr-26/opiniao-imprescritibilidade--ressarcimento- ato-improbidade Acesso em 19.7.2019;

SILVA, JOSÉ AFONSO DA. **Comentário contextual à Constituição**. 2ª ed. São Paulo: Malheiros, 2006;

SIMÃO, Calil. **Improbidade administrativa**. Teoria e prática. 2ª ed. Leme: JH Mizuno, 2014;

ZAVASCKI, Teori Albino. Direitos políticos. Perda, suspensão e controle jurisdicional. In: **Revista de Informação Legislativa**, vol. 31, n. 123, jul./set/, 1994;

_____. Improbidade administrativa e prerrogativa de foro. In: MARQUES, Mauro Campbell (coord.). **Improbidade administrativa**. Temas atuais e controvertidos. Rio de Janeiro: Gen/Forense, 2016.

_____. Ministério Público, ação civil pública e defesa de direitos individuais homogêneos. In: **Revista forense**, v.92, n.333, p.123-137, jan./mar. 1996;

_____. **Processo Coletivo**: tutela de direitos coletivos e tutela coletiva de direitos. 7ª ed. São Paulo: RT, 2017.

PARTE II

ALTERAÇÕES TRAZIDAS PELA LEI 14.230/2021

1. A REFORMULAÇÃO LIMITADORA DO CONCEITO DE IMPROBIDADE ADMINISTRATIVA

RAFAEL DE A. ARARIPE CARNEIRO

Considerações iniciais

Um dos primeiros desafios encontrados no estudo da improbidade administrativa é a sua conceituação, óbice que – do ponto de vista analítico – está atrelado a *dois fatores*. O *primeiro* é o seu caráter *sui generis*: tal figura é uma inovação brasileira, de modo que a sua estrutura não se subsome ao ferramental próprio das tradicionais categorias do Direito Comparado[1]. O *segundo*, por sua vez, é a abstração semântica do seu conteúdo. Ainda que tenhamos uma noção intuitiva do que ela seja *(dado subjetivo)*, não somos capazes de especificar as formas concretas pelas quais ela se revela *(dado objetivo)*[2].

Diante disso, o que se nota é que – por detrás dessa dificuldade conceitual – há uma *dualidade fático-normativa* bastante problemática. *De um lado*, a improbidade administrativa é um dos *inputs* mais percebidos no "espírito do tempo" *(Zeitgeist)* que está a conformar o enfrentamento da corrupção

[1] BARBOZA, Marcia Noll. Reflexões conceituais e pragmáticas sobre a aplicação da Lei nº 8.429/1992 e do princípio da insignificância na esfera de discricionariedade do Ministério Público. In: Coletânea de artigos: avanços e desafios no combate à corrupção após 25 anos de vigência da Lei de Improbidade Administrativa. 5ª Câmara de Coordenação e Revisão, Criminal. Brasília: MPF, 2018, p. 96. Disponível em: <http://www.memorial.mpf.mp.br/nacional/vitrine-virtual/publicacoes/avancos-edesafios-no- combate-a-corrupcao-apos-25--anos-de-vigencia-da-lei-de-improbidadeadministrativa>

[2] Nesse sentido, cfr. TOURINHO, Rita A. R. A. A eficácia social da atuação do Ministério Público no combate à improbidade administrativa. Revista de Direito Administrativo. v. 227. Pp. 253-263. Rio de Janeiro. Jan/mar. 2002. p. 254.

e a busca por *accountability* (horizontal e vertical)[3] de agentes públicos. *De outro lado*, porém, o balanço dos (quase) 30 anos de vigência da Lei de Improbidade Administrativa deixa evidente que, ao longo desse período, tal marco legal ensejou uma conjuntura de incertezas e dificuldades. Em concreto, pela sua carência de parâmetros normativos que permitissem os seus destinatários constatar – *com segurança jurídica* – se determinado ato deveria estar, ou não, qualificado como ímprobo. Essa era a nódoa que estava a entravar a atuação do Poder Judiciário (na apreciação *ex post* de demandas sobre improbidade) e, principalmente, do agente público (na tomada *ex ante* das mais variadas decisões inerentes ao seu atuar funcional).

Permeando esse retrospecto, o que se propõe neste estudo é uma aproximação, ainda que panorâmica, a três aspectos do *conceito legal de improbidade administrativa*. Refiro-me, especificamente: (i) a *gênese de juridificação* e aos contextos de (ii) *expansão disruptiva* e (iii) *reformulação limitadora* do seu núcleo normativo. Com isso, permitir-se-á uma melhor compreensão das principais debilidades e excessos que, em conjunto, levaram o Poder Legislativo brasileiro a consolidar o enfrentamento da crise operativa da Lei nº 8.429/92 por meio do rearranjo conceitual da improbidade administrativa dado pela Lei nº 14.230/2021.

1. A gênese da juridificação do conceito de improbidade administrativa

Toda delimitação conceitual pressupõe um enfoque nuclear. Precisamente por isso, é fundamental compreender, de entrada, qual é a gênese da

[3] Na literatura política, há consenso acerca da sujeição de agentes públicos ao denominado «accountability horizontal», expressão que sinaliza o maior controle formal por parte de outros agentes com status hierárquico igual ou superior ao de quem toma determinadas decisões públicas. Nesse sentido: O'DONNELL, Guillermo. "Horizontal accountability and new polyarchies". In: SCHEDELER, Andreas; DIAMOND, Larry; PLATTNER, Marc F. The selfrestraining state: Power and accountability in new democracies. London: Lynne Rienner, 1999. p. 29-52. Por outro lado, a expressão «accountability societal vertical» sinaliza que determinados agentes públicos, principalmente os que exercem funções destacadas, estão sujeitos a uma maior "atenção pública" não só quanto ao seu atuar decisório, mas também, quanto aos seus pormenores de suas dinâmicas econômico-patrimoniais. Daí a maior probabilidade de que elas sejam alvo de fiscalizações conduzidas por movimentos de cidadania que monitoram suas condutas. Vide: SMULOVITZ, Catalina; PERUZZOTTI, Enrique. "Societal accountability in Latin America". Journal of Democracy, vol. 11, 14: 147-158.

juridificação daquilo que se convencionou denominar improbidade administrativa.

De acordo com Blichner e Molanders[4], o sentido de maior destaque da expressão "juridificação" (do inglês, "juridification") consiste na indicação de um processo pelo qual algo fica sujeito a uma regulação legal (ou a uma regulação legal mais detalhada). Por conseguinte, toda juridificação implica expansão normativa, já que, a partir dela, uma situação que outrora não estava dentro de uma área legalmente regulada passa a estar inserida num campo específico de regulação[5].

Sendo assim, urge indicar, de imediato, que a gênese da juridificação do conceito de improbidade administrativa está atrelada, especificamente, ao *enriquecimento ilícito por abuso do cargo ou função.* Isso se deve, em particular, pela configuração do art. 141, § 31, da Constituição de 1946, donde constava que o enfrentamento desse problema público dar-se-ia com a ulterior regulação – *por meio de lei* – do "sequestro" e do "perdimento" de bens obtidos por via da "influência" ou do "abuso" de cargo ou função pública[6].

Do ponto de vista político, tal previsão foi uma decorrência natural das transformações daquela época. Isso porque – como bem destacou Bonavides[7] – o tom liberal da Constituição de 1946 estava assentado na concessão de substancial autonomia aos Estados e, principalmente, aos Municípios. Com isso, foi devolvido a tais entes "a dignidade e as características de um regime democrático"[8]. Daí a necessidade de conter o colateral incremento do poder funcional (e do consequente risco de abuso) dos agentes públicos que atuavam nesses âmbitos federativos.

Apesar disso, não foi célere a regulamentação da mencionada regra constitucional (uma típica norma de eficácia limitada e aplicação mediata)[9]. Pelo contrário: a realização dessa "tarefa" postergou-se ao

[4] BLICHNER, Lars; MOLANDER, Anders. "What is juridification?" In: *Arena Center for European Studies,* Working Paper n. 14, março 2015. pp. 12-15.

[5] *Ibidem.*

[6] Disponível em: <http://www.planalto.gov.br/ccivil_03/Constituicao/Constituicao46.htm#art141%C2%A731>

[7] BONAVIDES, Paulo. História constitucional do Brasil. Rio de Janeiro: Paz e Terra, 1991, p. 409-410.

[8] *Ibidem.*

[9] Essa tipologia, originada da análise clássica de José Afonso da Silva, sinaliza que, em razão da configuração da norma constitucional, far-se-á necessária uma integração normativa, por

longo de dez anos, findando-se, apenas, com a edição da Lei nº 3.164/57 ("Lei Pitombo-Godói Ilha")[10], cujo teor juridificado merece ser destacado por *duas inovações*.

A *primeira* consistiu na instituição do *registro público obrigatório* dos valores e bens pertencentes ao patrimônio privado de algumas pessoas. Em específico, aquelas que exercessem cargos ou funções públicas – eletivas ou não – na (i) *União* ou (ii) em suas respectivas *entidades autárquicas*.

A *segunda*, por sua vez, fixou a "perda", em favor da Fazenda Pública, dos bens adquiridos pelo servidor público por *influência* ou *abuso* de cargo ou função pública, sem qualquer prejuízo de eventual responsabilidade penal pelo ilícito incorrido[11].

Sobre isso, é válido registrar que o próprio autor de tais inovações legislativas, o então Deputado Federal Ary Pitombo[12], reconheceu o "efeito generalizador" das mesmas. Afinal, tal regramento afetaria, também, o atuar daqueles administradores e parlamentares que desempenhavam a função pública "com zelo, probidade, honestidade e dando a ela o maior dos seus esforços"[13].

Não obstante a isso, esse mesmo parlamentar consignou que a regulação enérgica do art. 141, § 31, da Constituição de 1946 era uma medida necessária. *Sem ela*, não seria possível sujeitar o atuar daqueles que estavam a ocupar um cargo público ao efeito "altamente moralizador" desse dispositivo[14]. *Com ela*, entretanto, gerar-se-ia a satisfação de "separar o joio do trigo", pois a aplicação do regramento proposto permitiria:

meio da atuação do legislador ordinário. Do contrário, a produção dos efeitos idealizados pelo legislador constituinte estará prejudicada. SILVA, José Afonso da. Aplicabilidade das Normas Constitucionais. 3ª ed, São Paulo: Malheiros Editores, 1998, p. 126.

10 Esse "rótulo" está associado ao protagonismo e contribuições dos parlamentares Ari Boto Pitombo e Américo Godói Ilha, deputados federais respetivamente por Alagoas e Rio Grande do Sul.

11 Disponível em: <http://www.planalto.gov.br/ccivil_03/leis/1950-1969/l3164.htm>

12 Sobre isso, vale registrar que – inicialmente – o PL nº 670/51, que originou a mencionada lei, tratava, essencialmente, da criação da "Ficha de Declaração de Bens do Servidor Público". Cfr. Diário do Congresso Nacional, publicado em 19 de junho de 1951, pág. 4157-4158. Disponível em: <http://imagem.camara.gov.br/Imagem/d/pdf/DCD19JUN1951.pdf#page=23>

13 Cfr. Diário do Congresso Nacional, publicado em 19 de junho de 1951, pág. 4157-4158. Disponível em: <http://imagem.camara.gov.br/Imagem/d/pdf/DCD19JUN1951.pdf#page=23>

14 *Ibidem*.

> "[...] apontar os desonestos, aqueles que procuram o enriquecimento ilícito por influência, com abuso de cargo, deixando mal a reputação de toda uma classe. [...] Muitos são os que traindo a confiança que lhes foi depositada, fazem do cargo uma fonte de renda ilícita, e se transformam, do dia para a noite, em verdadeiros nababos, comprometendo o bom nome da administração e colocando mal os que a ela prestam serviços honestamente"[15].

Ainda que relevante, a aprovação dessa regulação não colocou um "ponto final" no assunto. Pelo contrário: o enfrentamento legislativo do *enriquecimento ilícito* foi reforçado no ano seguinte. Isso se deu, em concreto, por meio da Lei nº 3.502/58[16], também conhecida como "Lei Bilac Pinto"[17].

Em essência, a edição desse diploma legal foi alicerçada na percepção de que não havia – na ordem constitucional de 1946 – a previsão de "sistemas de controle democrático" que permitissem à opinião pública fiscalizar a ação de administradores e servidores públicos, incrementando-se, assim, o risco da prevalência ilícita de interesses privados[18]. Na ocasião, essa constatação foi de extrema relevância, já que o governo federal estava a concretar a política de *flexibilização administrativa* e a consequente *reestruturação do Estado brasileiro.*

Segundo se extrai dos anais do Congresso Nacional[19], o objetivo dessa "transformação" era assegurar aos agentes públicos ampla liberdade na gestão "eficiente" dos novos tipos de agências governamentais, visto que elas eram os instrumentos balizadores do desenvolvimento econômico do país.

Nas palavras do então deputado federal Bilac Pinto, criou-se – *em razão dessa visão* – "um clima de irresponsabilidade, propício à corrupção passiva

15 *Ibidem.*

16 Disponível em: <http://www.planalto.gov.br/ccivil_03/leis/1950-1969/L3502.htm>

17 Tal rótulo está associado ao protagonismo e contribuição desse parlamentar, que também foi Ministro do Supremo Tribunal Federal (1970-1978) e Professor Catedrático de Direito Administrativo da Faculdade Nacional de Direito, da Universidade do Brasil, atual Universidade Federal do Rio de Janeiro.

18 Cfr. Diário do Congresso Nacional, seção I, agosto de 1955, p. 4637-4638. Disponível em: <http://imagem.camara.gov.br/Imagem/d/pdf/DCD04AGO1955.pdf#page=27>

19 *Ibidem*

dos administradores e ao seu enriquecimento ilícito"[20], especialmente no âmbito de autarquias, entes paraestatais, sociedades de economia mista, empresas públicas, fundações de direito público e entidades mantidas por receitas parafiscais. Daí a sua pretensão expressa de que tal lei fosse aplicada com o "desígnio de opor barreiras legais a processos correntes de corrupção, em vários setores do governo"[21].

É interessante notar que, do ponto de vista normativo, a Lei nº 3.502/58 foi o primeiro marco legislativo que – numa expansão regulatória própria dos processos de "juridificação" – especificou distintas situações de enriquecimento ilícito. Isso se deu por meio de dois *núcleos elementares*.

O *primeiro núcleo* (delineado no art. 2º) tipificou um catálogo de hipóteses legais de enriquecimento ilícito, tais como: (i) a incorporação de bens públicos ao patrimônio privado sem a observância das formalidades previstas em lei; (ii) o recebimento de dinheiro, bens, ou qualquer outra vantagem econômica a título de comissão, percentagem, gratificação ou presente; (iii) a utilização – em obras ou serviços privados – de veículos máquinas e materiais de propriedade da União, Estado, Município, entidade autárquica, sociedade de economia mista, fundação de direito público ou empresa pública; (iv) a obtenção de vantagem econômica por meio da aquisição de bem por preço sensivelmente inferior ao de mercado.

Já o *segundo núcleo* (situado no art. 4º) estabeleceu a equiparação jurídica do enriquecimento ilícito aos crimes contra a administração e o patrimônio público. Com isso, a Lei Bilac Pinto não só fixou as hipóteses típicas de enriquecimento ilícito, como reforçou a significação e o tratamento (penais) de infrações essencialmente administrativas.

Três décadas depois, já no marco da Constituição de 1988, foi dada nova roupagem a esse problema público: pela primeira vez, a expressão "improbidade administrativa" foi formalmente juridificada – no art. 37, § 4º – como uma *etiqueta substitutiva* para identificar o já regulado *enriquecimento ilícito por abuso do cargo ou função públicos*.

Vale ressaltar, contudo, que essa "inovação" não veio acompanhada da delimitação – sequer mínima – do conteúdo normativo da improbidade. O seu teor limitou-se a juridificar as *consequências jurídicas* do ato ímprobo:

[20] *Ibidem*.

[21] *Ibidem*.

essa é a natureza jurídica das hipóteses de (i) suspensão dos direitos políticos, (ii) perda da função pública, (iii) indisponibilidade de bens e (iv) ressarcimento ao erário, situações que, por óbvio, não se confundem com a improbidade em si mesma. Para além disso, houve - apenas - a ressalva de que cada uma dessas consequências deveria ser concretizada na forma e gradação previstas em lei, sem qualquer prejuízo para a persecução penal do agente público.

Sobre esse arranjo, é importante explicitar que - apesar da paradoxal falta de especificação constitucional do *conteúdo*, *sentido* e *alcance* normativos do conceito de "improbidade administrativa" - há, nos registros taquigráficos da Assembleia Nacional Constituinte (1987-1988), elementos suficientes para concluir que tal expressão foi utilizada para designar, especificamente, o enriquecimento ilícito por abuso de função ou cargo públicos: nódoa que, já naquela ocasião, era considerada como uma "espécie menor" de corrupção.

Isso é o que se extrai, por exemplo, de *duas manifestações de constituintes*. A *primeira*, protagonizada por Hélio Costa - então deputado federal pelo PMDB-MG - envolve a Emenda à Constituição nº 559, que apresentava o seguinte teor:

> *SUGESTÃO DE TEXTO: Dê-se ao § 3º do art. 44 a seguinte redação: "Os atos de improbidade administrativa são crimes inafiançáveis, e importarão na suspensão dos direitos políticos, na perda da função pública, na indisponibilidade dos bens e no ressarcimento do erário, na forma e gradação previstas em lei. Sem prejuízo da ação penal correspondente."*
>
> *JUSTIFICATIVA: Lamentavelmente, nosso país tem uma tradição de corrupção no serviço público que atinge todos os níveis. Só um dispositivo constitucional, como este, será capaz de conter os que ainda utilizam o bem público para o seu próprio benefício*[22]

A *segunda* manifestação, por sua vez, foi formulada por Bernardo Cabral, então Deputado Federal pelo PMDB-AM, parlamentar que, na condição de relator do pleito de Hélio Costa, externou relevante (e embrionária) ponderação acerca gradação legislativa das consequências jurídicas do ato improbo. Vejamos:

[22] Disponível em: <https://www6g.senado.gov.br/apem/data/AVULSO/vol-254.pdf>

> *"[...] **a emenda anterior dá ao pequeno funcionário público uma penalidade muito grande, porque só ele é que vai ser o sacrificado.** O que diz o texto? O texto do Centrão e da Comissão de Sistematização é irretorquível, é um texto duro, porque diz: "Os atos de improbidade administrativos importarão: 1. A suspensão dos direitos políticos; 2. A perda da função pública; 3. A indisponibilidade dos bens; 4. Ressarcimento ao Erário na forma e gradação previstas em lei." E diz: "Sem prejuízo da ação penal cabível." **O Constituinte Hélio Costa, de forma elogiável, preocupado com a corrupção que grassa no Serviço Público – e rendo a S. Ex' as minhas homenagens –, tentou criar uma penalidade ainda maior.** Qual é a penalidade? Transformando em crime Inafiançável. Mas aí fica difícil, porque nem todo ato de improbidade poderia importar num crime para se tornar inafiançável. Por esta razão é que se diz no texto do Centrão: "sem prejuízo da ação penal cabível". Por esta razão, e só por esta, **não tenho como aplicar uma pena tão violenta num funcionário público que, eventualmente, possa praticar um ato mínimo de improbidade, qual seja, receber um presentinho para levar o processo de alguém e tachá-lo (sic) por crime inafiançável".** (grifos nossos)*

É importante registrar que, no contexto dessas manifestações, o tratamento jurídico dado a esse tipo de enriquecimento constava, exclusivamente, nas Leis "Pitombo- Godói Ilha" e "Bilac Pinto", então vigentes. Ambas foram revogadas apenas em 1992, pela Lei nº 8.429, diploma legislativo que – por força do art. 37, § 4º, da CRFB-88 – deu regulação especial às "sanções aplicáveis aos agentes públicos nos casos de enriquecimento ilícito no exercício de mandato, cargo, emprego ou função na administração pública direta, indireta ou fundacional"[23], num claro alinhamento com a lógica regulatória de antanho.

Disso se deflui que, apesar de "nova", a aparição da expressão improbidade administrativa na atual ordem jurídica se deu como expressão sinônima do já regulado enriquecimento ilícito. Daí a constatação de que – até a edição da Lei n. 8.429/92 – o problema público que determinava o sentido e alcance normativos desse conceito era, essencialmente, a corrupção. Em especial, aquela alicerçada no beneficiamento econômico-patrimonial em razão (i) de influência ou (ii) abuso da posição funcional própria de ocupantes de cargos públicos. Essa é a gênese da juridificação da improbidade no Direito brasileiro.

[23] Cfr. Lei nº 8.429/1992. Disponível em: <www.planalto.gov.br/ccivil_03/leis/l8429.htm>

2. A expansão disruptiva do conceito de improbidade pela Lei 8.429/92

Ainda que a Lei nº 8.429/92 seja o marco das discussões (e críticas) que gravitaram em torno *conceito legal de improbidade administrativa* que vigorou no Brasil por quase três décadas, é preciso ponderar que, originariamente, o Projeto de Lei[24] que ensejou a sua tramitação político-legislativa não tinha a pretensão de extrapolar o tradicional paradigma do enriquecimento ilícito. Pelo contrário: o escopo de tal iniciativa, de autoria do Poder Executivo, era a regulação estrita do art. 37, § 4º, da Constituição de 1988[25].

Sendo assim, o seu arranjo compreendia, apenas, a juridificação do procedimento necessário para a aplicação das consequências constitucionalmente previstas para o enfrentamento dessa nódoa. Noutras palavra: o núcleo essencial do conceito "projetado" de improbidade administrativa era, indiscutivelmente, uma continuidade do tratamento que as leis "Pitombo-Godói Ilha" e "Bilac Pinto" deram a esse tipo de enriquecimento ilícito.

Entretanto, é possível afirmar que – do ponto de vista normativo – havia uma sutil diferença, qual seja: a maior ênfase dada a fatores políticos e institucionais que circundavam essa regulação. Isso se nota, por exemplo, na exposição de motivos do mencionado *Projeto de Lei*[26], que foi apresentado ao Congresso Nacional como uma diretriz "da maior relevância política e administrativa" não só ao "processo de modernização do país",

[24] Projeto de Lei n. 1.446/91, processado na Câmara dos Deputados por meio da Mensagem 406/91, de 14/08/1991.

[25] Nos termos literais do Projeto de Lei, o seu objetivo era "estabelecer o procedimento para a suspensão dos direitos políticos, a perda da função pública, a indisponibilidade dos bens e o ressarcimento ao erário, nos casos de enriquecimento ilícito no exercício de cargo, emprego ou função na administração pública". Vide: Câmara dos Deputados. Dossiê da Lei 8.429/1992. Disponível em: <https://www.camara.leg.br/proposicoesWeb/prop_mostrarintegra?codteor=1141402&filename=Dossie+-PL+1446/1991>

[26] Apesar do tom persecutório de tais observações, foi enfatizado na exposição de motivos, delineada pelo então Ministro da Justiça, Jarbas Passarinho, que a legitimidade da repressão desse problema público dependeria de um "procedimento legal adequado" (o devido processo legal): fator que demandava a criação de "meios próprios (...) sem, no entanto, suprimir as garantias constitucionais pertinentes, caracterizadoras do Estado de Direito". Vide: Câmara dos Deputados. Dossiê da Lei 8.429/1992. Disponível em: <https://www.camara.leg.br/proposicoesWeb/prop_mostrarintegra?codteor=1141402&filename=Dossie+-PL+1446/1991>

mas também, ao enfrentamento da "prática desenfreada e impune de atos de corrupção no trato com os dinheiros públicos": situação que – já em 1991 – era tida como "uma das maiores mazelas que, infelizmente, afligem o País"[27].

Noutros termos, o problema público que estava por detrás do movimento que culminou em tal regulação legislativa era a *discrepância fática* entre a atuação imoral de [alguns] agentes públicos e os parâmetros ético-jurídicos que – enquanto *dever ser* – vinculam o atuar funcional de cada um deles.

Foi com base nessa tônica que o Poder Executivo estruturou tal proposta legislativa a partir de *três grandes objetivos*. São eles: (i) definir legalmente os casos de enriquecimento ilícito ("garantindo-se o respeito ao princípio da legalidade"); (ii) impor a todo agente público o dever de apresentar declaração de bens e valores ("como condição prévia indispensável à posse e ao exercício em cargo, emprego ou função pública"); e (iii) disciplinar o procedimento tendente a apurar os casos de enriquecimento ilícito ("não apenas para orientar os aplicadores da lei, como também para garantir ao Estado a certeza de sua correta e criteriosa observância, sem margem a desmandos e arbitrariedades")[28].

À luz de tais dados, é possível constatar – de imediato – que tais diretrizes convergiam com a linha regulatória que já estava em vigor. Isso muda, porém, no decurso do processo legislativo, já que – no Congresso Nacional – o objeto dessa proposição passou por substancial modificação.

Em concreto, as hipóteses de enriquecimento ilícito – até então previstas de modo uniforme na "Lei Bilac Pinto"[29] – passaram a estar

[27] *Ibidem*.

[28] Cfr., a respeito, o teor da "Exposição de motivos da Lei 8.429 de 1992". Disponível em: <https://www2.camara.leg.br/legin/fed/lei/1992/lei-8429-2-junho-1992-357452-exposicaodemotivos- 149644-pl.html>

[29] Em particular, tal previsão constava do art. 2º, cujo teor era: "Constituem casos de enriquecimento ilícito, para os fins desta lei: a) a incorporação ao patrimônio privado, sem as formalidades previstas em leis, regulamentos estatutos ou em normas gerais e sem a indenização correspondente, de bens ou valores do patrimônio de qualquer das entidades mencionadas no art. 1º e seus parágrafos; b) a doação de valores ou bens do patrimônio das entidades mencionadas no art. 1º e seus parágrafos a indivíduos ou instituições privadas, ainda que de fins assistenciais ou educativos, desde que feita sem publicidade e sem autorização prévia do órgão que tenha competência expressa para deliberar a êsse respeito;

diferenciadas em *dois grupos distintos*. Cada um deles foi identificado por uma *tipologia própria*, variável de acordo com a qualificação do beneficiário da "vantagem indevida". Vejamos.

As hipóteses de *benefício ilícito do próprio agente público* foram aglutinadas e rotuladas como "atos que importam em enriquecimento ilícito" (art. 9º). Já as situações que implicam o *beneficiamento de terceiros*, por sua vez, foram etiquetadas como "atos que causam prejuízo ao erário" (art. 10).

De imediato, é válido explicitar que, apesar de formalmente "nova", essa distinção seguia o mesmo padrão legislativo do final da década de 1950. Com efeito, a "Lei Bilac Pinto" também previa a punição tanto do agente público (art. 1º e 2º), como de terceiros (art. 3º), inexistindo "novidade" nesse assunto.

A real inovação nessa matéria, em verdade, veio com a aprovação – no Senado Federal – de substitutivo responsivo ao incremento da mobilização (e pressão) sociais para o enfrentamento com maior rigor da "corrupção" *lato sensu*: *input* que abriu a "janela de oportunidade" para que o Poder Legislativo concretasse – *sob o pretexto buscar a melhor tutela da moralidade administrativa* – a expansão legal não só do núcleo conceitual da improbidade (cujo teor é indeterminado), mas também, do gravoso ferramental punitivo que está associado a ele. Isso se deu, essencialmente, pela juridificação de um *terceiro grupo de improbidade administrativa*, rotulado como "atos que atentam contra os princípios da administração pública".

À luz dessa nova via – delineada no art. 11 do arranjo que se converteu na Lei nº 8.429/92 – a *tipicidade objetiva* da improbidade administrativa deixou de estar atrelada unicamente ao "enriquecimento ilícito" *(hipótese de desvalor do resultado)*. Isso porque o seu núcleo conceitual passou a

c) o recebimento de dinheiro, de bem móvel ou imóvel, ou de qualquer outra vantagem econômica, a título de comissão, percentagem, gratificação ou presente; d) a percepção de vantagem econômica por meio de alienação de bem móvel ou imóvel, por valor sensivelmente superior ao corrente no mercado ou ao seu valor real; e) a obtenção de vantagem econômica por meio da aquisição de bem móvel ou imóvel por preço sensivelmente inferior ao corrente no mercado ou ao seu valor real; f) a utilização em obras ou serviços de natureza privada de veículos máquinas e materiais de qualquer natureza de propriedade da União, Estado, Município, entidade autárquica, sociedade de economia, mista, fundação de direito público, empresa incorporada ao patrimônio da União ou entidade que receba e aplique contribuições parafiscais e, bem assim, a dos serviços de servidores públicos, ou de empregados e operários de qualquer dessas entidades".

alcançar, adicionalmente, a "infração dos deveres" de honestidade, imparcialidade, legalidade e lealdade às instituições *(hipótese de desvalor da conduta)*.

Nesse grupo também foi incluído um *catálogo exemplificativo* de "improbidades", tais como (i) praticar ato visando fim proibido em lei ou regulamento, ou diverso daquele previsto na regra de competência; (ii) retardar ou deixar de praticar, *indevidamente*, ato de ofício; (iii) revelar fato ou circunstância que devam permanecer em segredo institucional.

Do ponto de vista comunicativo, não há dúvidas de que tal expansão típica transmitia uma mensagem de maior proteção da probidade funcional e do patrimônio da União ou entidade que receba e aplique contribuições parafiscais e, bem assim, a dos serviços de servidores públicos, ou de empregados e operários de qualquer dessas entidades".público. Porém, é preciso reconhecer que ela foi consumada sem qualquer apego ao parâmetro da *materialidade lesiva*. Não se pode ignorar que – pela literalidade da lei – a configuração do atuar improbo se dava com independência da obtenção de "vantagem indevida", já que esse dado fático não estava previsto como requisito normativo para a consumação de tal ilegalidade.

Em comparação com as antecessoras leis "Pitombo-Godói Ilha" e "Bilac Pinto", essas inovações deram causa à expansão – *substancial e disruptiva* – da tutela da probidade administrativa. Sobre isso, é válido registrar que – já em 1991 – houve a constatação prévia, no próprio legislativo, dos deletérios riscos que se estaria a gerar a partir desse "novo" e expansivo arranjo legal. Essa foi a sinalização dada por Nelson Jobim – então Deputado Federal pelo PMDB-RS – ao solicitar aos parlamentares "muita cautela" na deliberação dessa matéria. Em suas palavras, havia "uma tendência muito grande, tendo em vista a situação de corrupção do País, de se criar instrumentos tipicamente policialescos na fiscalização da atividade pública"[30].

Tal alerta, contudo, não foi suficiente para evitar a consolidação dessas expansões, que, ao fim, foram majoritariamente aprovadas na via congressual e chanceladas pela Presidência da República.

Destarte, o redimensionamento dos parâmetros de operabilidade normativa do conceito legal de improbidade passou a ensejar a "maximização" do sentido e do alcance dos dispositivos sancionatórios previstos na

[30] Nesse sentido, cfr. Diário do Congresso Nacional de 3 de abril de 1992. p. 67. Disponível em: <http://imagem.camara.gov.br/Imagem/d/pdf/DCD03ABR1992.pdf#page=65.>

Lei nº 8.429/92: situação que, desde então, estava a propiciar a aplicação de punições desproporcionais e excessivas aos agentes públicos por fatos que – do ponto de vista substancial – não estavam a violar a probidade administrativa e tampouco a *ratio legis* que sustenta a sua proteção.

3. A reformulação limitadora do conceito de improbidade

Diante de tudo o que foi exposto nos tópicos anteriores, não surpreende a afirmação de que, ao longo dos seus quase 30 anos de vigência, a Lei nº 8.429/92 recebeu distintas (e duras) críticas da doutrina. Ainda assim, é válido indagar: por qual razão essa postura doutrinária perdurou por tanto tempo sem fomento de imediata reformulação legislativa?

Responder tal questionamento exige a ressalva prévia de que a *razão de ser* das análises de doutrina transcende – em muito – o domínio de um caso, de uma decisão e da própria literalidade do marco legal que está a viger[31]. Em verdade, a sua *causa finalis* é a redução das *imprevisibilidades* (legais e decisórias) que podem afetar a casuística e dinâmica de vida. Ao fim e ao cabo, as constatações, interpretações e proposições da doutrina buscam conter o risco de que a literalidade da lei dê causa a intervenções desproporcionais ou despidas de qualquer respaldo fático.

Sendo assim, é natural que provenha da doutrina grande parte dos *inputs* que permitem não só a aplicação correta e objetiva do "direito posto"[32], mas também, a própria reformulação política daquilo que já foi objeto de juridificação por parte do Poder Legislativo[33].

Por conseguinte, é basilar reconhecer que a postura crítica da doutrina foi fundamental a sensibilização legislativa em torno de uma constatação nevrálgica: no Brasil, a tutela da probidade administrativa estava constitucionalmente prejudicada por um conjunto de *incertezas* (quanto ao alcance do conceito legal de improbidade) e de *dificuldades* (pelo uso indiscriminado dos instrumentos sancionatórios previstos em lei),

[31] SAAVEDRA LÓPEZ, Modesto. "El juez entre la dogmática jurídica y la crítica del derecho". In: CRUZATT, Yuri Tornero; CHIRINOS, Ángel Gaspar. *Lecciones de filosofía del derecho: cartografía comparada de la crítica jurídica europea*, 2018, pp. 95-145.

[32] GRAU, Eros Roberto. O direito posto e o direito pressuposto. São Paulo: Malheiros, 1996, pp. 21 e ss.

[33] SAAVEDRA LÓPEZ, Modesto. "El juez entre la dogmática jurídica y la crítica del derecho". In: CRUZATT, Yuri Tornero; CHIRINOS, Ángel Gaspar. *Lecciones de filosofía del derecho: cartografía comparada de la crítica jurídica europea*, 2018, pp. 95-145.

situação que resultou não só da ruptura pouco cautelosa com o tradicional parâmetro do enriquecimento ilícito, mas, principalmente, da amplitude e falta de precisão da tipificação dos atos ímprobos.

Foi a partir dessa sinalização que o Poder Legislativo incluiu em sua agenda formal a *reformulação (limitadora) da Lei nº 8.429/92* como uma medida imprescindível para superar as debilidades e excessos que estavam a gerar dúvidas quanto a factibilidade, ou não, da tutela constitucionalmente adequada da probidade administrativa.

Assim, pois, é basilar entender que a edição da Lei nº 14.230, de 25 de outubro de 2021, se deu para responder aos problemas jurídicos que a doutrina já havia sinalizado nos distintos foros de discussão acadêmica. Vejamos.

3.1. Os fatores que ensejaram a reformulação legislativa

Há dois fatores essenciais que ensejaram a reformulação do conceito legal da nova lei de improbidade administrativa.

Primeiro fator: em sua versão original, a Lei nº 8.429/92 não ofertava os elementos necessários para que os seus destinatários assimilassem – *de imediato e com certeza* – se determinados atos estavam dentro *(certeza positiva)* ou fora *(certeza negativa)* do campo semântico da improbidade[34]. Em verdade, essa análise só era possível nos núcleos típicos dos artigos 9º ("atos que importam em enriquecimento ilícito") e 10 ("atos que causam prejuízo ao erário"), já que ambos permitiam a visualização prévia de potenciais situações fáticas que poderiam ser *incluídas (situações positivas)* ou *excluídas (situações negativas)* em algumas das [poucas] hipóteses legais de improbidade administrativa.

Segundo fator: o alcance normativo do art. 11 da Lei nº 8.429/1992, que tipifica os "atos que atentam contra os princípios da administração pública", não estava delimitado com precisão. Por isso, não era possível afirmar, de forma taxativa, quais fatos poderiam, ou não, estar compreendidos no conceito legal de improbidade: situação que, na prática, aumentava a probabilidade de que, *ex ante,* eles fossem assimilados pelos agentes públicos como *situações neutras,* ou seja, despidas de significância lesiva para os fins punitivos da lei.

[34] GARCÍA SALVADO, "Determinar lo indeterminado: sobre cláusulas generales y los problemas que plantean", Anuario de Filosofía del Derecho, 2003, pp. 107 e ss

Em conjunto, esses dois fatores eram sintomáticos: a dificuldade para delimitar os parâmetros de tutela do art. 11 era resultado da [problemática] falta de *taxatividade* da Lei nº 8.429/1992. Ora, os princípios não "fecham", mas sim, "abrem" o campo interpretativo dos tomadores de decisões públicas[35]. Por isso, eles são inadequados para operarem como *hipóteses de incidência punitiva*, visto que a abstração que lhes é inerente prejudica (em muito) a capacidade dos mesmos para parametrizar, *por si só*, a orientação, a prevenção e a consequente repressão dos atos ímprobos.

Para facilitar a compreensão dessa inadequação, basta recordar que a estrutura normativa dos princípios é caracterizada pela mescla entre a *generalidade* e a *abstração*: aspectos que, *de um lado*, ampliam as margens de interpretação judicial *(ex post)* e, *de outro*, geram insegurança jurídica aos agentes públicos, que tomam *(ex ante)* decisões fundamentais (e presumidamente legais) para conformação de atos administrativos que viabilizam as mais variadas políticas públicas.

Destarte, existia um claro paradoxo no bojo da Lei nº 8.429/92. O art. 11 exigia que o atuar funcional e os atos decisórios de agentes públicos estivessem dentro de uma *legalidade estrita*. Entretanto, a lei, em sua estrita configuração, carecia de balizas legais para reduzir as incertezas (positivas e negativas) geradas pela amplitude desse dispositivo[36]: fator que obstava o domínio certeiro dos limites capazes de sinalizar se determinado ato ensejaria, ou não, a caracterização da improbidade. Daí a crítica enfática[37] no sentido de que – diante da porosidade do conceito legal de improbidade administrativa – não havia, e nem poderia haver, uma definição teórica precisa sobre o que é o ato ímprobo[38].

Nesse ponto, contudo, é relevante reconhecer que – ao longo desses anos – nem mesmo a doutrina dominante logrou ofertar balizadores dogmáticos precisos capazes de reduzir as dificuldades derivadas da Lei nº 8.429/1992. Pelo contrário: preponderava a convergência teórica que, numa espécie de assimilação ampla daquilo que é o antônimo do objeto de

[35] ÁVILA, Humberto. Teoria dos princípios. 4ª ed. São Paulo: Malheiros, 2008, p. 27 e ss.

[36] SUNDFIELD, Carlos Ari. Um direito mais que administrativo. In: MARRARA, Thiago. Direito Administrativo: Transformações e tendências. São Paulo: Almedina, 2014. p. 58.

[37] FIGUEIREDO, Marcelo. Ação de improbidade administrativa, suas peculiaridades e inovações *in* Improbidade Administrativa: questões polêmicas e atuais. São Paulo: Malheiros, 2001. p. 285-299.

[38] *Ibidem.*

conceituação, concebe a improbidade como resultado da *infração do dever funcional de moralidade*[39].

O fundamento desse entendimento é bastante intuitivo: se a probidade administrativa é compreendida como a *honestidade no trato da coisa pública*, a (im)probidade, contrariamente, deveria significar *a (in)observância desse valor moral.* Desse modo, o ato ímprobo estaria referido ao atuar "desonesto", "despido de integridade"[40], já que – em tais comportamentos – prepondera a "má-fé do agente público", que viola o dever de probidade administrativa atuando: (i) isoladamente ou com a participação de terceiro; (ii) com ou sem proveito econômico; (iii) produzindo, ou não, lesão ao patrimônio público[41].

Por essa ótica, então, a contrariedade entre o atuar do agente público e o parâmetro jurídico-administrativo da moralidade não implica, *por si só*, a configuração da pecha da improbidade. Para tanto, é necessário um "plus", qual seja: *a desonestidade.* Esse é o atributo que não só distingue a *improbidade* ("espécie") da *imoralidade* ("gênero")[42], como denota que a configuração do ato ímprobo exige a demonstração de *má-fé* e *deslealdade* por parte do agente público: dado que – do ponto de vista normativo – é indicativo da figura do *dolo,* em seus aspectos *cognitivo* e *volitivo.*

Por conseguinte, a doutrina tinha razão ao enfatizar o quão aberrante era o uso da culpa – *em seu sentido estrito de inobservância de um cuidado devido* – para adjetivar como "desonesto" o atuar de agentes públicos[43]. Essa foi a crítica doutrinária que contribuiu – de modo determinante – com as discussões acadêmicas em torno da necessária readequação interpretativa do sentido atribuído ao art. 11 da Lei nº 8.429/92.

Tal esforço, porém, não foi suficiente para evitar a responsabilização judicial de agentes públicos a título de *culpa,* já que a amplitude desse dispositivo legal permitia esse tipo de imputação. Ademais, essa ótica

[39] FAZZIO JR., Waldo. Improbidade Administrativa. 4 ed. São Paulo: Atlas, 2016. p. 129 e 130

[40] SILVA, José Afonso da. Improbidade Administrativa: prescrição e outros prazos extintivos. 3ed. São Paulo: Atlas, 2019. p. 96.

[41] FAZZIO JR, Waldo. Atos de Improbidade Administrativa. São Paulo: Atlas, 2007. p. 74.

[42] *Ibidem.*

[43] Em sentido contrário, Fábio Medina Osório defende a existência de um conceito administrativo de culpa, que diferiria do conceito penal de culpa. Vide: MEDINA OSÓRIO, Fábio. "Uma reflexão sobre a improbidade culposa". *Revista do Ministério Público do Rio Grande do Sul*, v. 46

teórica tampouco bastou para responder a uma pergunta essencial: o que é – para fins punitivos – a (des)honestidade no trato da coisa pública?

A magnitude desse questionamento – e das prováveis respostas ao mesmo – sinalizam uma contradição. Ora, esse entendimento doutrinário não estaria a buscar a superação da abstração do conceito legal de improbidade administrativa por meio da absorção de parâmetros de igual ou maior indeterminação?

A resposta, ao nosso sentir, é *afirmativa*, e isso, por conseguinte, já representava um entrave substancial para a redução da imprevisibilidade acerca da caracterização, ou não, de um ato ímprobo. Talvez por isso, propôs-se que o núcleo conceitual da improbidade fosse delimitado a partir da sua compreensão como uma *injuridicidade agravada*, num claro contraponto ao que era proposto pela visão anterior. Desse modo, o sentido e o alcance de tal ilícito deveriam ser determinados pela constatação da discrepância entre o atuar do agente público *(âmbito do ser)* e a normativa que dirige o exercício de sua função *(âmbito do dever ser)*[44].

Essa "pretensão formalista", contudo, esbarra em outro aspecto: do ponto de vista material, quais comportamentos possuiriam a *lesividade (ou significância)* necessárias para legitimar *a subsunção adequada* dos atos praticados pelos agentes públicos aos dispositivos legais que tutelam a probidade administrativa?

Sem a oferta de parâmetros para responder tal questionamento, o sentido judicial atribuído ao conceito legal de improbidade administrativa excedia (em duas vias) o objeto material do art. 37, § 4º da CF/88. *Numa*, o seu arranjo normativo permitia – e de fato permitiu – a aplicação judicial da Lei nº 8.429/92 para alcançar o atuar *doloso* e *culposo* nas hipóteses de (i) *má gestão* e (ii) de *atuação com ineficiência*[45]. *Noutra*, a peculiar redação dada ao art. 11 viabilizava a equiparação punitiva entre *ato ilegal* e *ato improbo*[46],

[44] MEDINA OSÓRIO, Fábio. Improbidade administrativa: reflexões sobre laudos periciais ilegais e desvio de poder em face da lei federal 8.429/92. Revista Eletrônica sobre a Reforma do Estado, n. 8, dez 2006, pp. 2-4.

[45] *Ibidem*. Teoria da Improbidade Administrativa. São Paulo: RT, 2013. p. 381.

[46] Por todos, cfr. FIGUEIREDO, Isabela Giglio. Improbidade administrativa: dolo e culpa. São Paulo: Quartier Latin, 2010, p. 89.

ignorando-se – *ex ante* – que nem toda infração dos deveres de legalidade, honestidade ou lealdade implica, por si só, a prática de um ato ímprobo.

Nesse sentido, parte da doutrina[47] diagnosticou com acerto que, no plano fático, a literalidade do mencionado dispositivo legal permitia o uso instrumental da Lei nº 8.429/92 para chancelar o entendimento persecutório de que "todo ato de agente público contrário a legislação vigente enquadrar-se-ia na categoria de ato de improbidade administrativa"[48], numa clara desconsideração da vinculação da tutela da probidade aos paradigmas [constitucionais] que balizam o direito sancionador, como, por exemplo, a *necessidade* e *proporcionalidade* da intervenção punitiva.

Assim, pois, faz-se necessário reconhecer que, *mesmo com os esforços doutrinários*, prevaleceu a problemática sujeição da operabilidade fática da Lei nº 8.429/1992 ao uso judicial de elementos interpretativos incapazes de fechar os campos de indeterminação legal que gravitavam em torno do núcleo conceitual da improbidade administrativa. Isso porque – à luz da textura aberta inicialmente dada ao dispositivo legal – qualquer conduta *(ainda que despida de lesividade concreta)* poderia configurar, em abstrato, a infração dos princípios da moralidade e honestidade administrativas. E isso, como bem ponderou Marcelo Figueiredo[49], não era um achismo teórico, mas sim, a realidade legal.

Na prática, tal situação franqueou o uso excessivo (e desproporcional) dos instrumentos sancionatórios da lei de improbidade, de modo a inibir a atuação administrativa dos agentes públicos. É preciso reconhecer, sem meias palavras, que grande parte das "crises" de gestão que afetam a população brasileira são intensificadas pelo fato de que a altivez necessária para a realização mais abrangente do interesse público foi ofuscada, em alguma medida, pelo risco (alto) de subsunção objetiva dos atos administrativos ao teor (amplo) das hipóteses proibitivas do art. 11.

[47] MELLO, Cláudio Ari. Improbidade administrativa *in* DI PIETRO, Maria Sylvia Zanella; SUNDFELD, Carlos Ari (Org.). Doutrinas essenciais: direito administrativo – vol. VII – agentes públicos e improbidade. São Paulo: Revista dos Tribunais, 2013, p. 795.

[48] *Ibidem.*

[49] FIGUEIREDO, Marcelo. Ação de improbidade administrativa, suas peculiaridades e inovações *in* Improbidade Administrativa: questões polêmicas e atuais. São Paulo: Malheiros, 2001. p. 285-299.

3.2. Os três eixos estruturantes da Lei nº 14.230/2021

Em geral, a assimilação gradual dos *inputs* delineados no tópico anterior impulsionou o Poder Legislativo a arquitetar e consumar a oportuna reformulação da Lei nº 8.429/92. Isso se deu com a edição da Lei nº 14.230/ 2021: marco que restringiu o alcance do conceito legal de improbidade administrativa por meio da juridificação de *três eixos estruturantes*. São eles: (i) a melhor explicitação da teleologia da lei de improbidade administrativa; (ii) a avocação dos princípios que limitam o poder sancionador do Estado; e (iii) o aperfeiçoamento da tipicidade (objetiva e subjetiva) do ato ímprobo.

Embora distintos, tais eixos convergem para a busca da taxatividade necessária para reduzir as imprevisibilidades que, ao longo de (quase) três décadas, comprometeram a higidez constitucional do sistema de tutela da probidade administrativa. Vejamos.

3.2.1. A melhor explicitação da teleologia da Lei de Improbidade

Umas das grandes debilidades da Lei nº 8.429/92 era a vagueza e a falta de rigor do seu pretérito art. 1º, cujo teor se limitava a fixar a *punibilidade dos atos de improbidade*. Em razão disso, o que estava a viger era um *sistema de responsabilização ampla* dos agentes públicos, pois tal dispositivo não continha qualquer indicação clara sobre as diretrizes teleológicas que deveriam balizar (e legitimar) a aplicação judicial *estrita* das severas sanções cominadas ao ato ímprobo.

Esse cenário muda substancialmente com o rearranjo dado pela Lei nº 14.230/2021. O art. 1º passa a sinalizar expressamente que os instrumentos punitivos contemplados no bojo da lei de improbidade não devem ser utilizados de forma indiscriminada. Pelo contrário: a novel redação legal se afasta de qualquer ímpeto de "tutela ampla". Seu enfoque, desde então, é a proteção específica da *probidade necessária à organização e ao exercício das funções do Estado*, de modo a assegurar "a integridade do patrimônio público e social" dos Poderes instituídos. Esse enfoque teleológico também consta do § 5º do art. 1º, que reforça, nos mesmos termos do *caput*, a substancial vinculação da mácula da improbidade ao abalo dessa "tríada" orgânico-funcional- patrimonial.

Por conseguinte, a melhor explicitação da teleologia da lei de improbidade ensejou um giro normativo: passou-se de um *sistema de responsabilização ampla* a um *sistema de responsabilização estrita dos agentes públicos*, já que, desde a entrada em vigor da Lei nº 14.230/2021, o sentido operativo da Lei nº 8.429/92 está adequadamente delimitado, havendo o claro resgate do enfoque patrimonial na aferição da configuração, ou não, da improbidade administrativa.

3.2.2. A avocação dos princípios que limitam o poder sancionador do Estado

Outro aspecto de destaque na Lei nº 14.230/2021 é a juridificação de uma *cláusula dialógica* entre a lei de improbidade e os parâmetros constitucionais que limitam o uso do poder sancionador do Estado. Refiro-me, especificamente, ao ato de inclusão do § 4º ao art. 1º da Lei nº 8.429/92: inovação que sujeitou todo o sistema de tutela da probidade administrativa aos *princípios constitucionais do direito administrativo sancionador.*

Entretanto, urge indagar: de quais princípios estamos a falar? Nesse ponto, não houve, por parte do legislador, qualquer especificação que permita a imediata e taxativa delimitação dos limites principiológicos que foram avocados na lei. Na doutrina, porém, já era sólida a invocação – por distintas vozes – da incidência imediata de um conjunto de princípios explícitos e implícitos da CF/88.

Ainda que o escopo desse estudo não seja o detalhamento de cada um desses princípios, é válida a indicação dos referentes que, usualmente, são elencados como imprescindíveis ao marco de princípios do direito administrativo sancionador. São eles:

(i) *devido processo legal* (art. 5º, LIV); (ii) *contraditório* (art. 5º, LV); (iii) *ampla defesa* (art. 5º, LV); (iv) *legalidade sob o viés da tipicidade e necessidade* (art. 5º, II, XXXIX e art. 37, *caput*); (v) *segurança jurídica* (art. 5º, XXXXIX); (vi) *culpabilidade* (art. 5º, LVII); (vii) *pessoalidade* (art. 5, XLV), (viii) *individualização pena e proporcionalidade* (art. 5, XLVI); (ix) *razoabilidade e proporcionalidade* (art. 1º e art. 5º, LIV), (x) *ne bis idem*, (xi) *retroatividade da lei mais benéfica* (art. 5º, XL) e (xii) *presunção de inocência* (art. 5º, LVII)[50].

[50] BINENBOJM, Gustavo. *O Direito Administrativo Sancionador e o estatuto constitucional do poder punitivo estatal: possibilidades, limites e aspectos controvertidos da regulação do setor de revenda de combustíveis*, Revista de Direito da Procuradoria Geral, Rio de Janeiro (Edição Especial): Administração Pública, Risco e Segurança Jurídica, 2014, pp. 469-491. Com outra ótica, cfr. GOMES JÚNIOR, Luiz Manoel; LIMA, Diogo de Araújo; FAVRETO, Rogério. *O Direito Intertemporal e a nova Lei de Improbidade Administrativa*, Consultor Jurídico, 18 de outubro de 2021, disponível em: <https://www.conjur.com.br/2021-out18/

Sobre isso, já há, no Direito Comparado[51], vozes de peso no sentido de que se tratam de verdadeiros *princípios gerais de direito* que transcendem a matéria penal. No âmbito dos tribunais superiores, por sua vez, já há precedentes que avocam ao campo do direito administrativo sancionador não só a *presunção de inocência*[52], mas também a *retroatividade da norma mais benéfica*[53] como uma diretriz própria de todo o direito sancionatório.

Logo, caberá ao Poder Judiciário, na via jurisprudencial, atribuir sentido ao núcleo dessa cláusula dialógica "aberta": tarefa que passa, obrigatoriamente, pela adesão ao mencionado conjunto de princípios que a doutrina invoca como vetores que *limitam, dirigem* e *legitimam* o uso do poder sancionador em matéria de improbidade administrativa.

3.2.3. O aperfeiçoamento da tipicidade (objetiva e subjetiva) do ato ímprobo

Por fim, o último – e mais importante – eixo da reformulação limitadora da LIA está contido no âmbito da tipicidade do ato ímprobo. Nesse ponto, a Lei nº 14.230/2021 juridificou um conjunto de balizadores que, no seu todo, reduziu drasticamente as imprevisibilidades que pairavam sobre a tipicidade (subjetiva e objetiva) da improbidade.

Em concreto, houve – por parte do legislativo – a adesão ao núcleo de uma (longeva) crítica da doutrina, qual seja: a configuração do ato improbo requer a demonstração – como *conditio sine qua non* – da exigência legal de demonstração do *dolo específico* (consubstanciado na vontade livre e consciente). Com essa reconfiguração tipológica, foi abolida do direito

opiniao-direito-intertemporal-lei-improbidade>. Acesso em: 25 nov. 2021); GONÇALVES, Benedito; GRILO, Renato César Guedes. *Os princípios constitucionais do direito administrativo sancionador no regime democrático da Constituição de 1988*, Revista de Estudos Institucionais, v. 7, n. 2, mai./ago. 2021, pp. 467-478; MELLO, Cláudio Ari. *Improbidade administrativa, in* DI PIETRO, Maria Sylvia Zanella; SUNDFELD, Carlos Ari (Org.). Doutrinas essenciais: direito administrativo – vol. VII – agentes públicos e improbidade. São Paulo: Revista dos Tribunais, 2013, p. 795.

[54] ENTERRÍA, Eduardo García de; FERNÁNDEZ, Tomás-Ramón. Curso de Direito Administrativo, vol. II. São Paulo: RT, 2014, p. 189 e ss.

[51] ENTERRÍA, Eduardo García de; FERNÁNDEZ, Tomás-Ramón. Curso de Direito Administrativo, vol. II. São Paulo: RT, 2014, p. 189 e ss

[52] Cfr. Supremo Tribunal Federal (STF): MS nº 23.262/DF.

[53] Cfr. Superior Tribunal de Justiça (STJ): RMS 37.031/SP; REsp. nº 1.153.083/MT

brasileiro a hipótese problemática de *improbidade administrativa na modalidade culposa* (consumada pela mera infração de um dever de cuidado).

Precisamente por isso, houve a fixação lógico-jurídica de dois relevantes (e óbvios) núcleos de deveres persecutórios ao Ministério Público. Um compreende a individualização da conduta supostamente infratora da Lei nº 8.429/92 (e o correspondente apontamento dos elementos probatórios da ocorrência do ato ímprobo). O outro, por sua vez, está referido ao ônus ministerial de instruir a sua exordial acusatória com os documentos ou justificação que contenham indícios suficientes não só da veracidade dos fatos alegados, mas também, do *dolo* imputado (art. 17 §6º, incisos I e II).

Nessa linha, o novel o §3º do art. 1º da Lei nº 8.429/92trouxe importante garantia aos agentes públicos, qual seja: o mero exercício da função ou o desempenho de competências públicas *sem comprovação de ato doloso com fim ilícito* afasta, por si só, a responsabilidade por ato de improbidade administrativa.

Em sentido corolário, o art. 11, §1º, destaca – ainda mais – a exigência do *especial fim de agir* no marco típico da improbidade derivada de atos que atentem contra os princípios da Administração Pública. Com isso, passa a ser imprescindível a demonstração de que a conduta – supostamente improba – foi realizada para obter proveito ou benefício indevido (para si ou para outra pessoa ou entidade): aspecto que já era consagrado no art. 15 da Convenção das Nações Unidas contra a Corrução (promulgada pelo Brasil em 31 de janeiro de 2006.

No todo, tais previsões foram coerentes com o propósito constitucional de tutela da probidade. Afinal, elas reforçam, ainda mais, que o enfoque punitivo da Lei nº 8.429/92 recai, exclusivamente, no atuar doloso, conforme se depreende dos artigos 1º, §§ 1º e 2º; 3º; 9º; 10; 11, §1º; 17-C, § 1º e 21, §2º. Noutras palavras: fora desse marco legal, não há que se falar em relevância administrativo-sancionadora de qualquer fato ou ato imputado aos agentes públicos.

Já no campo da *tipicidade objetiva*, intensificou-se a tônica da *intervenção mínima*. Isso porque, nos §§1º, 3º, 4º e 5º do art. 11, foram incluídas distintas barreiras de contenção que, desde então, possuem a capacidade normativa de evitar a prevalência de ilegalidades causadas pelo uso desenfreado de presunções como fundamento de aplicação da lei em desfavor dos agentes públicos.

Desde a sua reformulação, a lei de improbidade propicia clarividência aos intérpretes do marco de atos ímprobos ocasionados pela ofensa aos princípios da administração pública (parâmetro abstrato de tutela). Isso porque, do ponto de vista normativo, a caracterização da tipicidade objetiva de tais atos depende, obrigatoriamente, da *demonstração objetiva da prática de ilegalidade no exercício da função pública,* demandando-se, inclusive, *a indicação das normas constitucionais, legais ou infralegais violadas* (art. 11, §3º).

Além disso, não há mais espaço para a aplicação indiscriminada da lei em toda e qualquer infração normativa. Pelo contrário: a partir dos contornos dados pela Lei nº 14.230/2021, houve o oferecimento de parâmetros que distinguem (i) o *ato ímprobo,* (ii) a *ilegalidade* e (iii) a *má política pública.* Isso tudo para realçar que a tutela da probidade só sucede na ocorrência de *lesividade relevante aos bens jurídicos tutelados.*

Por conseguinte, resta aos intérpretes da nova lei reconhecer que há integral incidência das premissas e consequências do *princípio da insignificância* (amplamente discutido e aplicado no âmbito penal)[54], pois, em termos normativos, a exigência de relevância na lesão (art. 11, §4º) exclui do campo sancionador por improbidade todas as condutas que – embora formalmente típicas – não geram qualquer repercussão material ao objeto de tutela, sendo, portanto, atípicas. Com isso, impõe-se também o fim das tensões – administrativas, políticas e judiciais – em torno da assombrosa hipótese de "improbidade por hermenêutica"[55] baseada em "ignorância" ou "cegueira" deliberadas"[56]. Isso porque, pelo arranjo do novel art. 1º, § 8º, o legislador brasileiro afastou, enfim, o risco de que as tomadas de decisões públicas que estejam legitimamente alicerçadas em pontos de divergência interpretativa da lei venham a ensejar a configuração de improbidade. Nesse ponto, o legislador foi enfático: ainda que não pacificada, e mesmo que não venha a ser posteriormente prevalecente nas decisões dos órgãos de controle ou dos tribunais do Poder Judiciário, não há que se falar de ato improbo. Do contrário, neutralizar-se-ia o

[54] ROXIN, Claus. **Política criminal e sistema jurídico-penal.** Rio de Janeiro: Renovar, 2002, p. 47-48.

[55] Sobre essa tensão, merece destaque o julgado Recurso Eleitoral (RE) n. 510-03.2012.6.24.0006, do Tribunal Regional Eleitoral de Santa Catarina, acórdão publicado em 22/08/2012, rel. Marcelo Ramos Peregrino Ferreira.

[56] SANTOS, Rodrigo Valgas dos. **Direito Administrativo do Medo: risco e fuga da responsabilização dos agentes públicos.** São Paulo: Thomson Reuters Brasil, 2021, pp. 102-103.

senso crítico que é característico das posições funcionais alcançadas pelo desenho normativo da Lei n. 8.429/92.

Por fim, merece destaque a juridificação, na ordem jurídica brasileira, do conceito de nepotismo. Tal medida, concretizada no art. 11, inciso XI, da Lei nº 8.429/92, se dá num claro alinhamento com a Súmula Vinculante nº 13 do Supremo Tribunal Federal[57].

O que se nota, contudo, é que Lei nº 14.230/2021 inovou ao incluir a ressalva de que a *mera nomeação ou indicação política* (por parte dos detentores de mandatos eletivos) não configura, por si só, ato de improbidade (Art. 11, § 5º). Nesse ponto, fez bem a legislação reformadora ao fixar a necessidade de que, para além disso, impõe-se a demonstração da finalidade ilícita dessa nomeação: dado que, do ponto de vista normativo, deve ser auferido da demonstração do dolo – em seus elementos cognitivos e volitivos – no atuar do agente acusado da prática do ato ímprobo.

Conclusões

Ainda que a Lei nº 8.429/92 tenha significado um incremento qualitativo ao procedimento de apreciação da ocorrência – ou não – de um ato ímprobo, não houve, por parte do Poder Legislativo, a cautela necessária para delimitar os contornos do núcleo conceitual da *improbidade administrativa*. Pelo contrário: a partir do arranjo original do art. 11 da lei, o próprio conceito de improbidade passou por uma *expansão disruptiva* que transcendeu, em muito, o tradicional paradigma de enriquecimento ilícito. Após quase três décadas, a reformulação dada pela Lei nº 14.230/2021 minimiza a indeterminação do conceito. Agora, os agentes públicos e demais intérpretes da lei possuem parâmetros normativos precisos para constatar se determinado ato deve estar, ou não, qualificado como

[57] A edição de tal súmula em 21/08/2008 resultou do julgamento da Ação Declaratória de Constitucionalidade nº 12, que ao fim, declarou constitucional a Resolução nº 7 do Conselho Nacional de Justiça (CNJ), que proibia a contratação de parentes no Poder Judiciário. O teor desse enunciado é o seguinte: "A nomeação de cônjuge, companheiro ou parente em linha reta, colateral ou por afinidade, até o terceiro grau, inclusive, da autoridade nomeante ou de servidor da mesma pessoa jurídica investido em cargo de direção, chefia ou assessoramento, para o exercício de cargo em comissão ou de confiança ou, ainda, de função gratificada na administração pública direta e indireta em qualquer dos Poderes da União, dos Estados, do Distrito Federal e dos Municípios, compreendido o ajuste mediante designações recíprocas, viola a Constituição Federal".

ímprobo. E isso, por certo, inaugura um novo marco ao conceito de improbidade administrativa.

Referências

ALVARENGA, Aristides Junqueira. Reflexões sobre Improbidade Administrativa no Direito brasileiro. In: **Improbidade Administrativa: questões polêmicas e atuais.** São Paulo: Malheiros, 2001.

BARBOZA, Marcia Noll. Reflexões conceituais e pragmáticas sobre a aplicação da Lei nº 8.429/1992 e do princípio da insignificância na esfera de discricionaridade do Ministério Público. In: **Coletânea de artigos: avanços e desafios no combate à corrupção após 25 anos de vigência da Lei de Improbidade Administrativa.**

BONAVIDES, Paulo. **História constitucional do Brasil.** Rio de Janeiro: Paz e Terra, 1991, p. 409-410.

BLICHNER, Lars; MOLANDER, Anders. What is juridification? In: **Arena Center for European Studies, Working Paper n. 14,** marzo 2015.

CAPEZ, Fernando. **Improbidade Administrativa: limites constitucionais.** 2 ed. São Paulo: Saraiva, 2015.

CARNEIRO, Rafael Araripe. **STJ em números: improbidade administrativa. Parte I.** Disponível em: <https://www.jota.info/paywall?redirect_to=//www.jota.info/opiniao-e- analise/artigos/stj-em-numeros-improbidade-administrativa-06062020>.

CEREZZO, Benedito. As improbidades da Lei de Improbidade. **Revista do Superior Tribunal de Justiça,** Brasília, v. 241, n. 28, p. 431-454, jan/fev/mar. 2016.

DI PIETRO, Maria Sylvia Zanella. **Direito Administrativo.** 32 ed. Rio de Janeiro: Forense, 2019.

DIPP, Gilson. A dosimetria das sanções por improbidade administrativa, **Revista do Superior Tribunal de Justiça – Edição comemorativa: 30 anos do STJ,** 2019. p. 291- 300.

CARNEIRO, Rafael Araripe. **A dosimetria das sanções por improbidade administrativa.** Disponível em: <https://www.conjur.com.br/2019-jan-19/opiniao- dosimetria-sancoes-improbidade-administrativa>.

FAZZIO JR., Waldo. **Improbidade Administrativa.** 4 ed. São Paulo: Atlas, 2016.

FIGUEIREDO, Isabela Giglio. **Improbidade administrativa: dolo e culpa.** São Paulo: Quartier Latin, 2010.

FIGUEIREDO, Marcelo. Ação de improbidade administrativa, suas peculiaridades e inovações. In: SCARPINELLA BUENO, Cassio; PORTO FILHO, Pedro Paulo. **Improbidade Administrativa – Questões Polêmicas e Atuais.** São Paulo: Malheiros, 2001.

GARCIA, Emerson. ALVES, Rogério Pacheco. **Improbidade administrativa.** 8 ed. São Paulo: Saraiva, 2014.

GARCÍA SALVADO, Determinar lo indeterminado: sobre cláusulas generales y los problemas que plantean, **Anuario de Filosofía del Derecho**, 2003.

JUSTEN FILHO, Marçal. Desconsideração da personalidade societária e responsabilização de terceiros na lei de improbidade administra e na lei anticorrupção, **Revista do Superior Tribunal de Justiça. Brasília**, v. 241, n. 28, p. 558-575, jan/fev/mar. 2016.

MAIA FILHO, Napoleão Nunes. MAIA, Mário Henrique G. **O poder administrativo sancionador: origem e controle jurídico**. Fortaleza: Imprece, 2012.

MATTOS, MAURO R. G. de. Do excessivo caráter aberto da lei de improbidade administrativa, **Revista da EMERJ**, v.9, n. 35, p. 297-303. Rio de Janeiro, 2006.

MATTOS, Mauro Roberto Gomes. **O limite da improbidade administrativa: comentários à lei nº 8.429/92**. 5 ed. Rio de Janeiro: Forense, 2010.

MENDES, Gilmar F.; WALD, Arnoldo. Competência para julgar ação de improbidade administrativa, **Revista de Informação Legislativa,** Brasília, v. 35. n. 138. abril/jun. 1998.pp.213-216.Disponível em <https://www2.senado.leg.br/bdsf/bitstream/handle/id/378/r138-17.pdf?sequence=4>.

MORAES, Alexandre de. A necessidade de ajuizamento ou de prosseguimento de ação civil de improbidade administrativa para fins de ressarcimento ao erário público, mesmo nos casos de prescrição das demais sanções previstas na Lei 8.429/1992. In: MARQUES, Mauro Campbell. (coord) **Improbidade Administrativa: temas atuais e controvertidos**. Rio de Janeiro: Forense, 2016.

NEVES, Daniel Amorim A.; OLIVEIRA, Rafael Carvalho R. **Improbidade administrativa: direito material e processual**. 8. ed. Rio de Janeiro: Forense, 2020.

MEDINA OSÓRIO, Fábio. **Direito Administrativo Sancionador**. São Paulo: RT, 2000.

____. **Improbidade administrativa**: Observações sobre a Lei 8.429/92. Porto Alegre: Síntese, 1997.

____. **Teoria da improbidade administrativa.** São Paulo: RT, 2007

____. **Teoria da improbidade administrativa.** São Paulo: RT, 2013

____. Observações acerca dos sujeitos do ato de improbidade administrativa, **Revista do Ministério Público do Rio Grande do Sul.** Disponível em https://www.amprs.com.br/public/arquivos/revista_artigo/arquivo_1285252622.pdf.

____. Improbidade administrativa: reflexões sobre laudos periciais ilegais e desvio de poder em face da lei federal 8.429/92. **Revista Eletrônica sobre a Reforma do Estado**, n. 8, dez 2006, pp. 2-4.

O'DONNELL, Guillermo. Horizontal accountability and new polyarchies. In: SCHEDELER, Andreas; DIAMOND, Larry; PLATTNER, Marc F. **The selfrestraining state: Power and accountability in new democracies**. London: Lynne Rienner, 1999. p. 29-52.

PRADO, Francisco Octávio de Almeida. **Improbidade Administrativa.** São Paulo: Malheiros, 2001.

ROCHA, Cármen Lúcia Antunes. Improbidade administrativa e finanças públicas, **Boletim de Direito Administrativo**, dez. 2000.

SARTI, A. J. F., SARTI, L. SIMON, Cauê. Natureza jurídica da ação de improbidade administrativa, **Revista da Faculdade de Direito da FMP**, Rio Grande de Sul, n. 8, p. 156-173, 2013.

SAAVEDRA LÓPEZ, Modesto. El juez entre la dogmática jurídica y la crítica del derecho. In: TORNERO CRUZATT, Yuri; GASPAR CHIRINOS, Ángel. **Lecciones de filosofía del derecho: cartografía comparada de la crítica jurídica europea.** Lima (Perú): IDEMSA, 2018.

SILVA, José Afonso da. **Improbidade Administrativa: prescrição e outros prazos extintivos.** 3ed. São Paulo: Atlas, 2019.

____. **Aplicabilidade das Normas Constitucionais.** 3ª ed, São Paulo: Malheiros Editores, 1998.

SMULOVITZ, Catalina; PERUZZOTTI, Enrique. Societal accountability in Latin America, **Journal of Democracy**, v. 11, 2000, pp.147-158.

SOUZA, Motauri Ciocchetti. **Interesses Difusos em Espécie: direito ambiental, direito do consumidos, probidade administrativa.** 3 ed. rev. E atual. São Paulo: Saraiva, 2013.

SUNDFIELD, Carlos Ari. Um direito mais que administrativo. In: MARRARA, Thiago. **Direito Administrativo: Transformações e tendências.** São Paulo: Almedina, 2014.

TOURINHO, Rita A. R. A. A eficácia social da atuação do Ministério Público no combate à improbidade administrativa, **Revista de Direito Administrativo**, v. 227, jan/mar, 2002, pp. 253-263.

2. FUNDAMENTOS DA RETROATIVIDADE DA LEI SANCIONADORA MAIS BENIGNA: ESTUDO DA PRESCRIÇÃO INTERCORRENTE NA AÇÃO DE IMPROBIDADE ADMINISTRATIVA

Napoleão Nunes Maia Filho

A prescrição é um instituto jurídico que deve ser sempre apreendido e interpretado em favor do imputado ou réu, ou seja, é um instituto pro reo, seja a pretensão estatal sancionadora penal ou cível. Não se deve esquecer, porém, que essa expressão – pro reo – provoca arrepios nos juristas punitivistas, pois o pensamento geral, dominante entre eles, é o de que os direitos subjetivos e as garantias jurídicas e processuais servem apenas para empecer a atividade estatal repressora, favorecer a impunidade dos infratores e retardar – ou mesmo eliminar, como se apregoa, em certos casos – a eficiência do sistema impositivo de sanções.

A persecução referente à improbidade administrativa se insere no âmbito do Direito Sancionador e, por coerência sistêmica, a exemplo do que ocorre com os mecanismos de persecução criminal, deve nortear-se pelo postulado da retroatividade da norma mais favorável ao réu, nos termos do art. 5º., XL da CF

(Parecer do Procurador da República Professor NICOLAO DINO. REsp 1.966.002/SP, em curso do STJ).

Com a entrada em vigor, em 25 de outubro de 2021, das alterações à Lei de Improbidade Administrativa (Lei 8.429/92), efetivadas pela

Lei 14.230/2021, surgiu, *inesperadamente,* a discussão jurídica sobre a sua possível eficácia retroativa. Na realidade, muitos tinham a segura convicção que a retroação da *lex mitior* fosse algo que se achasse isento de dúvidas, porque se trata de *garantia jurídica clássica,* posta em circulação há mais de 250 anos, *a cujo respeito só se imaginava que houvesse reverências e exaltações e nunca resistências e apupos.*

A benignidade de uma lei afluente *não se revela somente quando promove, por exemplo, a abolição da figura típica, a eliminação ou a redução da pena,* embora esses sejam talvez os casos mais frisantes, *mas também quando implanta qualquer modalidade de benefício.* Na hipótese em estudo, o benefício que advém da lei nova é a *prescrição intercorrente,* a que incide sobre a relação jurídica de Direito Sancionador, quando esta se acha em trâmite no curso de procedimento judicial ou administrativo.

O principal fundamento e escopo da prescrição intercorrente reside no princípio da *duração razoável do processo* (art. 5o., LXXVIII da Constituição). Subjaz nesse item constitucional que a submissão da pessoa às agruras de um processo sancionador é fator poderoso que lhe compromete a reputação, o bom nome, a imagem e o conceito social. O processo que se distende no tempo gera, inevitavelmente, situações de *rematada injustiça.* A prescrição – *e aqui se inclui a intercorrente* – não é uma pena ou um castigo, nem uma repreensão ou um indício de ineficiência. A prescrição é o efeito deletério que o tempo faz incidir sobre todas as coisas.

Entre os institutos jurídicos criados para instrumentar a *função limitadora dos poderes estatais punitivos* o da prescrição de suas iniciativas é um dos mais relevantes. A eficácia da prescrição paralisa definitivamente o poder administrativo de atuar em adversidade às pretensões dos indivíduos. Já se vê que se trata de um instituto de complexa e difícil aceitação, *sobretudo quando se considera o subjacente pensamento jurídico que se esmera em dar, sempre, preponderância ao indefinível interesse público, nas relações de confronto que se realizam no processo judicial sancionador.*

Sobre a prescrição, pode-se dizer que traz no seu âmago uma das mais antigas e persistentes ambições do ser humano, que é a de *manter a salvo de ataques, restrições ou destruição o que o correr inevitável do tempo lhe outorgou para afago dos seus desejos ou conforto de sua alma.* O instituto da prescrição atua conservando uma conquista ou uma benesse, um direito ou uma relação pessoal, *imunizando-a ou blindando-a contra adversidades supervenientes ou pretensões emergentes opostas.* Assim é que se enfrenta o tempo devorador das coisas – *tempus edax rerum,* no dizer do poeta romano OVÍDIO NASO (43-17 a.C.).

O tempo não é apenas o mais importante, mas na verdade *o único problema metafísico do Homem,* como estima o escritor argentino JORGE LUÍS BORGES (1899-1986) no seu livro *História da Eternidade* (tradução de Carmen Cirne Lima. São Paulo: Globo, 2001). O tempo passa e cria coisas, cria direitos em favor de uns e extingue direitos de outrem. Na sequência dos atos de um processo, o tempo vai fechando portas sucessivas, umas depois das outras *e não regressa a fases pretéritas.*

Do ponto de vista jurídico, a causa provocadora da prescrição intercorrente se conecta à paralisação do curso do processo sancionador *durante o tempo estabelecido para oportunizar a incidência daquela figura.* Em tese, não importa o motivo da paralisação da marcha processual, *sendo importante, apenas, que não se trate de algo que tenha sido implementado, astuciado ou provocado pelo acusado ou réu.* Na verdade, se assim não fosse, poder-se-ia dizer que ele – ou acusado ou réu – estaria a colher benefício de sua própria condenável atitude paralisadora.

Nos processos que instrumentam as ações sancionadoras de qualquer natureza, têm lugar de alta proeminência as causas interruptivas da prescrição fulminadora do poder estatal de punir. A lei sancionadora traz, de modo expresso, os *eventos intraprocessuais* que têm a eficácia de suspender ou interromper a fluência da prescrição *e isso que dizer que, a partir dessa suspensão ou interrupção, o prazo volta a cursar normalmente, ora se reiniciando, ora apenas completando o tempo sobejante, ora pelo tempo que a lei assinalar.*

Dentre as diversas modificações feitas à Lei da Improbidade Administrativa pela Lei 14.230/2021, aprimorando o sistema defensivo dos acusados ou réus a ela submetidos, merece amplo destaque a explicitação da *prescrição intercorrente,* que se acha regulada no seu art. 23, §§ 4º. 5º., com as seguintes dicções:

> Art. 23. A ação para a aplicação das sanções previstas nesta Lei prescreve em 8 (oito) anos, contados a partir da ocorrência do fato ou, no caso de infrações permanentes, do dia em que cessou a permanência.
>
> § 4º. O prazo da prescrição referido no caput deste artigo interrompe-se:
>
> - pelo ajuizamento da ação de improbidade administrativa;
> - pela publicação da sentença condenatória;

- pela publicação de decisão ou acórdão de Tribunal de Justiça ou Tribunal Regional Federal que confirma sentença condenatória ou que reforma sentença de improcedência;
- pela publicação de decisão ou acórdão do Superior Tribunal de Justiça que confirma acórdão condenatório ou que reforma acórdão de improcedência;
- pela publicação de decisão ou acórdão do Supremo Tribunal Federal que confirma acórdão condenatório ou que reforma acórdão de improcedência.

§ 5º. Interrompida a prescrição, o prazo recomeça a correr do dia da interrupção, pela metade do prazo previsto no caput deste artigo.

Além da benvinda implantação da *prescrição intercorrente* no processo judicial da ação sancionadora da improbidade administrativa, este artigo da Lei 14.230/2021, trouxe, também, a demarcação do início do lapso temporal da prescrição da punibilidade de atos infracionais ímprobos. Foi fixado o seu termo inicial *a partir da ocorrência do fato ou, no caso de infrações permanentes, do dia em que cessou a permanência.* Essa é a regra que, há muito tempo, já prevalecia no Direito Penal, que é – como se sabe – a grande matriz do Direito Sancionador.

Esse contexto deveria levar à conclusão que todos os institutos garantísticos do processo penal contemporâneo *deveriam ser aplicados de logo e imediatamente no processo sancionar administrativo e judicial.* Tanto é assim, que o eminente Ministro LUIZ FUX, quando ainda judicava no egrégio STJ, teve ensejo de firmar esta orientação:

> (...).
> 4. É uníssona a doutrina no sentido de que, quanto aos aspectos sancionatórios da Lei de Improbidade, impõe-se exegese idêntica a que se empreende com relação às figuras típicas penais, quanto à necessidade de a improbidade colorir-se de atuar imoral com feição de corrupção de natureza econômica.
> (...).
> No âmbito da improbidade, a atipicidade da conduta que no processo penal conduz à rejeição da denúncia, autoriza o indeferimento da inicial por impossibilidade jurídica do pedido.

(...), considerada a improbidade ilícito de resultado, ressoa evidente a falta de interesse superveniente, sem prejuízo da atipicidade apontada.

Ademais, a aferição da improbidade nas hipóteses em que a conduta é inferida e não descrita, notadamente naquelas infrações contra os princípios da Administração Pública, impõe- se a análise do fato ao ângulo da razoabilidade, por isso que, não obstante a indeterminação do conceito, assentou-se em notável sede clássica, que se não se sabe o que é razoável, é certo o que não é razoável, o bizarro, o desproporcional.

(...).

Tratando-se de ação cível com cunho penal, a atipicidade da conduta assemelha-se à impossibilidade jurídica do pedido, mercê da falta notória do interesse de agir quer por repressão quer por inibição, impondo o indeferimento da inicial e a consequente extinção do processo sem análise do mérito, por isso que ausente a violação do art. 267 do CPC.

Deveras, o atual § 8º. do art. 17 da Lei 8.429/92 permite ao magistrado indeferir a inicial julgando improcedente a ação se se convencer da inexistência do ato de improbidade. Consequentemente, se assim o faz, não há violação da lei, senão seu cumprimento (REsp 190.721-CE. Rel. Min. LUIZ FUX. DJe 13.02.2006).

Apenas para relembrar, anote-se que, antes, se dizia, *numa visão mais punitiva e menos garantista das coisas,* que o prazo prescricional das sanções administrativas – ímprobas ou não – se iniciava quando o fato se tornava conhecido da autoridade *que detinha competência para instaurar o processo punitivo.* Veja-se que tal entendimento, como é fácil de compreender, fazia o termo inicial da prescrição cair num largo oceano de insondáveis incertezas, *o que produzia efeitos somente contra a pessoa acoimada da prática de algum ilícito administrativo.* Os poderes sancionadores ficavama salvo de increpações e podiam se escudar *na sempre prestante alegação de desconhecimento do fato, o que postergava para as kalendas gregas o início do prazo da respectiva prescrição.*

Além disso, os casos de dúvida quanto à identificação dessa autoridade e, sobretudo, a comprovação da sua ciência pessoal da ocorrência do ilícito tendiam a ser resolvidos *contra a pessoa a quem se imputava a infração.* Por conta desse pensamento punitivista, inclusive acolhido nas instâncias judiciais, tornaram-se inumeráveis os casos reais em que a demonstração da prescrição se convertia numa *coisa impossível.* Dessa maneira, muitos foram os indivíduos sancionados, *mesmo quando o fato contava com muito tempo de ocorrido, pois, pelo menos a defesa sob a alegação de prescrição era afastada sem remédio.*

Será preciso sempre relembrar que a prescrição é um instituto que deve ser apreendido em *favor do imputado ou réu,* ou seja, é um instituto *pro reo.* Não se deve esquecer, porém, que essa expressão – *pro reo* – provoca arrepios nos juristas punitivistas, pois o pensamento geral, dominante entre eles, é o de que os direitos subjetivos e as garantias jurídicas e processuais servem apenas para empecer a atividade estatal sancionadora, favorecer a impunidade dos infratores e retardar – ou mesmo eliminar, em certos casos – a eficiência do sistema repressivo.

Esse discurso eficientista ou gerencialista da função punitiva é sempre carregado de valores anti-democráticos, de autoritarismos e mesmo de sentimentos excludentistas ou vinditas institucionais. Isso se pode facilmente ver, por exemplo, no livro do jurista alemão Professor GÜNTHER JAKOBS, que em 1985 iniciou o desenvolvimento da técnica punitivista que sustenta que o Direito Penal – e o Direito Sancionador em geral – *serve a propósitos somente repressivos.* No seu livro, o Professor JAKOBS sustenta que

> o Direito Penal do inimigo é direito em outro sentido, pois o Estado tem o direito de procurar segurança frente a indivíduos que reincidem persistentemente na comissão de delitos, porquanto, afinal de contas, a custódia de segurança é uma instituição jurídica e, mais ainda, os cidadãos têm direito de exigir do Estado que tome medidas adequadas, isto é, têm direito à segurança (Direito Penal do Inimigo. Tradução de André Luís Callegari e Nereu José Giacomolli. Porto Alegre: Lael, 2012, p. 28).

Entretanto, nunca será demasiado pontuar e repontuar que não é lícito às autoridades incumbidas da repressão estatal – *sejam elas policiais ou judiciais* – atuar com as mesmas armas que os agentes das ilicitudes geralmente empregam. Essa é a advertência de outro jurista alemão, o Professor WINFRIED HASSEMER (1940-2014) que se manifesta dizendo que,

> também nos tempos da ameaça flagrante à segurança interna, nós precisamos de esferas rígidas, de ponderação e indisponíveis da liberdade dos cidadãos. Uma cultura jurídica se demonstra nos princípios, cuja lesão ela não quer

> permitir, mesmo quando essa violação prometa um ganho inestimável. (...). Não existe igualdade de armas entre a criminalidade e o Estado que combate a criminalidade, no sentido de que ao Estado deveria se permitida a utilização daqueles meios aos quais a criminalidade possui acesso. O Estado precisa, também em face da população, possuir uma superioridade moral sobre o crime, a qual não se fundamenta normativamente, mas se revela na forma prática-simbólica (Direito Penal Libertário. Tradução de Regina Greve. Belo Horizonte: DelRey, 2007, p. 144).

O jurista italiano Professor FRANCESCO CARNELUTTI (1879--1965) descreveu com fortes tintas a situação das pessoas processadas ou condenadas e a sensação que delas se apodera, *de que o mundo inteiro está contra elas.* A origem dessa sensação é precisamente o *estardalhaço da acusação.* É da comum observação das coisas que a *mera existência* de um procedimento sancionador, ainda que seja preliminar, já provoca, por si só, *grande reboliço na opinião pública e a curiosidade geral se alastra como um rastilho de pólvora seca ao qual se atira um fósforo aceso.*

Esse estardalhaço da acusação degenera quase sempre a acusação em iniciativas exaltadoras dos acusadores, identificando neles os salvadores da eficácia do sistema repressivo e os grandes lutadores nos renhidos combates à impunidade. Com essa matriz, o objetivo do poder estatal punitivo se perde nos meandros de sua própria divulgação e tende a criar um padrão de tal visibilidade, que os discordantes de suas premissas e técnicas *passam a ser vistos como inimigos perigosos.*

Como o Professor CARNELUTTI consignou em livro editado em 1957, o processo penal, na Itália, estava se afastando do seu rumo ético e se encaminhando por vielas tortuosas ameaçadoras da segurança das pessoas processadas, em face do desrespeito que então se instala. Na sua pertinente análise, a acusação faustosa representa a *punição antecipada* do alegado autor do ilícito, sem reparação possível à sua inocência, ainda que acaso o acusado venha a ser absolvido da imputação. Disse ele que

> esta degeneração do processo penal é um dos sintomas mais graves da civilização em crise. (...). Não o mais grave, mas certamente o mais visível é aquele que resguarda o respeito ao acusado. A Constituição italiana proclamou solenemente a necessidade de tal respeito, declarando que o acusado não deve ser considerado culpado até que não seja condenado com

uma sentença definitiva. Esta é, porém, uma daquelas normas as quais servem somente para demonstrar a boa fé daqueles que a elaboraram; ou, em outras palavras, a incrível capacidade de iludir-se de que são dotadas as revoluções. Infelizmente, a justiça humana é feita assim, que nem tanto faz sofrer os homens porque são culpados, quanto para saber se são culpados ou inocentes (As Misérias do Processo Penal. Tradução de José Antônio Cardinalli. Campinas: BookSeller, 2005, p. 47).

Faz-se todo mundo crer no mito de que *as sanções fortalecem o poder e que as absolvições, ao revés, o enfraquecem.* A voz *prescrição,* além de assustar, provoca reações tão adversas que chegam ao paroxismo. Também se cultiva que as sanções, *quanto mais longevas, tanto mais eficientes,* sendo estratégicas para reprimir as infrações, como para intimidar os que intentam cometer ilícitos. Essas duas ilusórias proposições fazem aumentar, nos julgadores, a exaltação incontrolável do ânimo punitivista, vindo daí o expansionismo penalista e o recrudescimento de que *os infratores das leis são inimigos que devem ser imobilizados ou até mesmo prontamente eliminados.*

No entanto, o ilustre mestre argentino Professor EUGÊNIO RAÚL ZAFFARONI, hoje integrante da Corte Interamericana de Direitos Humanos, *discorda frontalmente das propostas do Direito Penal do Inimigo.* Ele levanta a voz para dizer que a cisão entre *cidadãos e inimigos* serve ao propósito de criar, artificialmente, a condição primária que justificaria a tendência para radicalizar a supressão de direitos aos inimigos. A supressão de direitos parece ser o *grande objetivo do punitivismo,* de modo que os agentes da repressão possam atuar sem peias e sem controles. Na opinião do acatado doutrinador argentino, *não é só ilusória a afirmação de que o direito penal do inimigo afetará unicamente as garantias deste, como também é ilusória a sua suposta eficácia contra os inimigos. Quando são postos de lado as considerações teóricas e se admite que os direitos de todos os cidadãos sejam afetados, imediatamente invoca-se o eficientismo penal próprio do Estado autoritário e de sua razão de Estado, recolocando a opção tão reiterada quanto falsa entre eficácia e garantias, mediante a qual a única coisa que se quer dizer é que, dessa forma, serão obtidas mais sentenças condenatórias ou mais prisões cautelares* (O Inimigo no Direito Penal. Tradução de Sérgio Lamerão. Rio de Janeiro: Revan, 2007, p. 19).

E explica didaticamente o Professor ZAFFARONI o seu ponto de vista, observando o seguinte, a propósito deste tema:

> Este conceito bem preciso de inimigo remonta à distinção romana entre o inimicus e o hostis, mediante o qual o inimicus era o inimigo pessoal, ao passo que o verdadeiro inimigo político seria o hostis, em relação ao qual é sempre colocada a possibilidade de guerra como negação absoluta do outro ser ou realização extrema da hostilidade. O estrangeiro, o estranho, o inimigo, o hostis era quem carecia de direitos em termos absolutos, quem estava fora da comunidade (op. cit., p. 21).

Pode-se identificar na *ideologia sancionadora eficientista* a mesma concepção que orienta as escolas jurídicas agrupadas sob o rótulo de *funcionalistas,* cujos integrantes costumam apontar o *contraste,* que imaginam existente, entre a eficiência do sistema de repressão dos ilícitos e o sistema assegurador de garantias subjetivas. Esses escolásticos parecem acreditar que há um autêntico dilema entre a necessidade de efetivar o combate aos ilícitos e a preservação dos direitos subjetivos das pessoas. Esse dilema é falso, mas se afigura muito forte à percepção dos ideólogos do punitivismo.

O jurista espanhol Professor JESÚS MARÍA SILVA SÁNCHEZ expõe os aspectos controvertidos desse *contraste,* focando, principalmente, a questão da *proporção entre a gravidade da infração e a sanção que lhe deve corresponder.* Essa proporção é uma das mais importantes garantias da pessoa submetida a processo sancionador (Eficiência e Direito Penal. Tradução de Maurício Antônio Ribeiro Lopes. Barueri: Manole, 2004, p. 55). A eficiência do sistema sancionador, por conseguinte, diz respeito à justiça dos mecanismos de investigação, julgamento e imposição das sanções, bem como da respectiva dosimetria, *e não à redução dos direitos dos acusados ou de qualquer de suas garantias processuais.*

Este é o cenário em que medrou e se desenvolveu a adversidade ao instituto da *retroatividade da lei mais benigna,* que atua na mente dos julgadores como se fosse um sinal - ou mesmo uma prova - de que sistema repressivo não funcionou a contento, porque *funcionar a contento significaria condenar.* É a mesma coisa que se passa com a acusação, quando se admite que *a toda acusação deve corresponder um processo.* E a prescrição parece realmente caminhar, segundo essa visão punitivista do Direito Sancionador, *na contra-mão da ideologia garantística.*

O *mavontadismo* militante e as posturas *mavontadosas* de muitos julgadores contra as garantias das pessoas acusadas ou rés de improbidade administrativa podem até sugerir que estas reflexões *seriam próprias apenas para o campo juspenalista estrito,* não sendo aplicáveis, portanto, ao domínio administrativo. Se isso for dito, então se poderá redarguir que, *mesmo antes da Lei 14.230/2021,* já se desenhara no horizonte jurisprudencial a tendência de aplicar na seara administrativista o princípio da retroação da lei sancionadora mais benigna, consoante se pratica,

Aponta-se, em primeiro lugar, a paradigmática decisão do colendo STF, no julgamento do MS 23.262/DF, sob a relatoria do eminente Ministro DIAS TOFFOLI, no qual o seu Plenário consagrou que *os princípios da presunção de inocência (art. 5º., LVII da Constituição) e o da retroatividade da lei mais benéfica (art. 5o., XL da Constituição), apesar de se referirem à sentença penal e à lei penal, se aplicam igualmente aos processos administrativos sancionadores.* Esse precedente é de elevada significação doutrinária e jurisprudencial e pode ser referido como exemplar.

Outro não é o entendimento do egrégio STJ, como se constata nos julgamentos seguintes:

> (...).
>
> III – Tratando-se de diploma legal mais favorável ao acusado, de rigor a aplicação da Lei Municipal 13.530/03, porquanto o princípio da retroatividade da lei penal mais benéfica, insculpido no art. 5º, XL, da Constituição da República, alcança as leis que disciplinam o Direito Administrativo Sancionador. Precedente (RMS 37.031, Rel. Min. REGINA HELENA COSTA, Primeira Turma, DJe 20/02/2018).
>
> ooo///ooo
>
> (...).
>
> O art. 5º., XL, da Constituição da República prevê a possibilidade de retroatividade da lei penal, sendo cabível extrair-se do dispositivo constitucional princípio implícito do Direito Sancionatório, segundo o qual a lei mais benéfica retroage. Precedente. (REsp 1.153.083/MT, Rel. Min. SÉRGIO KUKINA, Primeira Turma).
>
> ooo///ooo
>
> (...).
>
> 1. De acordo com a expressa disposição do art. 462 do CPC, pode o julgador, de ofício, tomar em consideração a existência de alteração legislativa superveniente que afaste a ilicitude da conduta questionada na ação.
>
> (...).

3. Recurso especial provido (REsp 813.626/MG, Rel. Min. ELIANA CALMON, Segunda Turma, DJe 04/11/2009).

No egrégio TRF 2, o eminente Desembargador Federal SÉRGIO SCHWAITZER teve ensejo de expressar, no julgamento da Apelação 0103067- 55.2013.4.02.5101, que

> a jurisprudência vem entendendo que o princípio da retroatividade da norma penal mais benéfica, insculpido no artigo 5º., XL, da CF/88, poderá ser aplicado ao Direito Administrativo Sancionador, bem como que tal conclusão privilegia o princípio da igualdade entre os administrados e, igualmente, busca evitar situações desarrazoadas e incoerentes.

Deve ser posto em *alto destaque* que a retroatividade – como também a ultratividade – da lei mais benigna *nasceram efetivamente na seara penal,* mas ambas se acham estabelecidas *como princípios de Direito,* nos sistemas jurídicos do Ocidente. No Brasil, estão elevadas à dignidade de regra constitucional explícita (art. 5º, XL), que expressamente repercutiu no campo tributário (art. 106 do CTN), por exemplo, mas também em todos os outros em que há obrigações legais. Pode-se dizer, aliás, que os princípios jurídicos na pertencem à exclusividade de alguma seara do Direito, *mas podem ser aplicados em todas elas, sempre em atenção às suas peculiaridades.*

A aplicação da lei mais benigna, *independentemente do tempo,* é um corolário incidente onde quer que se instale uma pretensão sancionadora. Esse corolário repousa sobre firme básica ética, que rejeita – e isso é um movimento espontâneo – que alguém venha a sofrer qualquer tipo de restrição da sua liberdade ou de livre disposição de seus bens, *em virtude uma ação que, cometida no passado, não tem mais a repulsa jurídica que tinha na altura de sua prática.* É este princípio geral de Direito o que dá consistência moral e jurídica à retroatividade e à ultratividade da lei mais benigna.

Convém relembrar a sempre atual lição do Professor MIGUEL REALE (1910-2006) a propósito dos princípios gerais do Direito, quando ele afirma que

> são enunciações normativas de valor genérico, que condicionam e orientam a compreensão do ordenamento jurídico, quer para sua aplicação e integração,

quer para a elaboração de novas normas. (...) que se revestem de tamanha importância que o legislador lhes confere força de lei, com a estrutura de modelos jurídicos, inclusive no plano constitucional, consoante dispõe a nossa Constituição sobre os princípios de isonomia (igualdade de todos perante a lei), de irretroatividade da lei para a proteção dos direitos adquiridos etc. (Lições Preliminares de Direito. São Paulo: Saraiva, 2002, p. 305).

O Professor JOSÉ AFONSO DA SILVA também ensina a respeito dessa matéria este magistério precioso, lecionando que

> *se o Estado reconhece, pela lei nova, não mais necessária à defesa social a definição penal do fato, não seria justo nem jurídico alguém ser punido e continuar executando a pena cominada em relação a alguém, só por haver praticado o fato anteriormente* (Comentários Contextuais à Constituição, São Paulo: Malheiros, 2005, p. 138).

A outra face da retroatividade da lei mais benigna, tão relevante quanto a da retroação, é a *ultratividade da regra mais favorável,* ou seja, a sua plena eficácia, mesmo depois de revogada, *se dela resulta situação mais favorável ao imputado ou réu.* A esse respeito o Ministro CELSO DE MELLO elaborou esta lapidar conceituação:

> O sistema constitucional brasileiro impede que se apliquem leis penais supervenientes mais gravosas, como aquelas que afastam a incidência de causas extintivas da punibilidade sobre fatos delituosos cometidos em momento anterior ao da edição da lex gravior. A eficácia ultrativa da norma penal mais benéfica – sob cuja égide foi praticado o fato delituoso – deve prevalecer por efeito do que prescreve o art. 5o., XL, da Constituição, sempre que, ocorrendo sucessão de leis penais no tempo, constatar-se que o diploma legislativo anterior qualificava-se como estatuto legal mais favorável ao agente. Doutrina. Precedentes do Supremo Tribunal Federal.
>
> A derrogação do inciso VII do art. 107 do Código Penal não tem – nem pode ter – o efeito de prejudicar, em tema de extinção da punibilidade, aqueles a quem se atribuiu a prática de crime cometido no período abrangido pela norma penal benéfica. A cláusula de extinção da punibilidade, por afetar a pretensão punitiva do Estado, qualifica-se como norma penal de caráter material, aplicando-se, em consequência, quando mais favorável, aos delitos

cometidos sob o domínio de sua vigência temporal, ainda que já tenha sido revogada pela superveniente edição de uma lex gravior, a Lei 11.106/2005, no caso. (HC 90.140/GO. DJe 16.10.2008).

A leitura do art. 5º., XL da Constituição, segundo o qual *a lei penal não retroagirá, salvo para beneficiar o réu*, deve levar à inevitável conclusão de que o termo *penal* abrange todas as regras sancionadoras, seja qual for a sua natureza, e que o benefício que proporciona *também pode ser de qualquer espécie, seja material ou processual.* Representa uma acintosa fraude à Constituição dizer que *lei penal,* no contexto desse item normativo da Constituição, *significaria somente a lei penal incriminadora.*

De igual maneira, seria uma *fraude ao sentimento constitucional* afirmar que os benefícios da *lex mitior* poderiam sofrer mitigação, indicação exaustiva ou qualquer outra forma de limitação ou de alcance. O que se deve prestigiar, neste caso, é a *máxima efetividade da Constituição.* No caso, vem a calhar a lição do jurista mineiro Professor RAUL MACHADO HORTA, quando pondera que

> É de verificação corriqueira a afirmação de que o sentimento constitucional, exprimindo a adesão popular à Constituição, não é generalizado, nem constante. (...). Assegurar a permanência da Constituição não se resolve exclusivamente no mundo das normas jurídicas (...), mas decorre também da adesão à Constituição, que se espraia na alma coletiva da Nação, gerando formas difusas de obediência constitucional, assim se conjurando os colapsos paralisadores do acatamento ao texto fundamental (Direito Constitucional. Belo Horizonte: DelRey, 1999, p. 99).

Na precisa linguagem do Professor RAUL MACHADO HORTA, esse *colapso paralisador do acatamento ao texto fundamental* também pode se originar no âmago de postulações judiciais formuladas por exímios juristas defensores do Poder Público e dos seus atos. Nesses casos, o colapso se manifesta quando o jurista, quiçá sem ter consciência de assim agir, acosta-se à eficácia de uma regra inferior ou de um precedente jurisprudencial, em detrimento de uma regra constitucional expressa ou de um preceito principiológico ou, sobretudo, de um valor consagrado na Constituição.

Mas a Constituição, como adverte o jurista alemão Professor KONRAD HESSE (1919-2005), *não se efetiva por si só, pois sempre exige que juristas de mentalidade desenvolvida tenham por ela apreço e consideração e não transijam com infrações aos seus comandos.* É lamentavelmente muito comum a atitude intelectual de *fraudar a Constituição,* seja deixando de efetivar o que nela se prevê, seja impedindo de realizar o que ela dispõe. Tal efeito também se faz presente *quando se dá prioridade à aplicação de uma lei, ainda que assim se deixe de assegurar a plena eficácia de um princípio.*

Deixar de assegurar a plena eficácia de um princípio é o modo mais ardiloso de impedir a plenitude constitucional. Assim, quando se diz que a palavra *penal,* no contexto do art. 5º, LX da Constituição, se refere apenas e somente só à esfera sancionadora criminal, se está obstando a fruição de uma garantia magna, *excluindo as situações reguladas por leis não penais.* Os termos da Constituição devem ser compreendidos como vetores de amplíssimo alcance, de forma a não se fraudar, *mesmo involuntariamente,* a garantia jurídica a que o item se reporta.

O eminente jurista Professor CELSO ANTÔNIO BANDEIRA DE MELLO, considerando a ocorrência de *fraude à lei,* elaborou este conceito do fenômeno, *que também pode ocorrer no nível constitucional.* Isso se dá quando o jurista se acosta à dicção de uma regra legal inferior, para negar, restringir ou encurtar o sentido de uma garantia ou de um direito subjetivo. O Professor CELSO ANTÔNIO diz que a fraude indica

> aquele procedimento que, por meios indiretos, viola norma jurídica cogente, permitindo que se obtenha resultado por ela proibido (norma jurídica cogente proibitiva) ou impedindo que fim por ela imposto se realize (norma jurídica cogente impositiva) (Curso de Direito Administrativo. São Paulo: Malheiros, 1999, p. 82).

A douta jurista Professora ELAYNE CANTUÁRIA KORESSAWA analisou percucientemente esse tema e a seu respeito fez observações da mais alta importância, advogando em favor da ampliação da estima constitucional, com o objetivo de atribuir a todos os que lidam com os seus preceitos o dever de preservar a supremidade da Constituição. Veja-se o que disse a escritora:

> Outrora, não se admitia que pudesse a Administração reportar-se autônoma e diretamente à Constituição. Todavia, tendo-se nesta inserido um capítulo específico da Administração Pública, parece indiscutível tal abertura

ao agente administrativo, dentro de sua esfera de competência, e não apenas ao juiz. Visto sob todos esses aspectos, o princípio da legalidade vem adquirindo, ao longo do tempo, a versão de princípio da legitimidade (Diogo de Figueiredo Moreira Neto), princípio da juridicidade (Cármem Lúcia Antunes Rocha), princípio da constitucionalidade (Juarez Freitas) ou da supremacia constitucional, de modo a fazer prevalecer o fim do Direito – a justiça – sobre a literalidade da lei (Controle Jurisdicional da Atividade Administrativa. Porto Alegre: Fabris, 2009, p. 42).

A Constituição demarca a fundação e a fundamentação do sistema jurídico vigente no País. Por essa razão, as suas regras são ornadas de supremacia, quer dizer, de eficácia que as torna juridicamente insuperáveis. Também por essa razão, a sua compreensão somente se pode fazer a partir dos seus próprios enunciados, e nunca, jamais, a partir de regras subalternas a ela. A interpretação da Constituição sob as diretrizes da legislação comum é uma solerte maneira de fraudar as suas disposições *e um modo dissimulado ou de disfarce de desapreço ou de desestima constitucional.*

Referências

BORGES, Jorge Luís. **História da Eternidade**. Tradução de Carmen Cirne Lima. São Paulo: Globo, 2001.

CALMON, Eliana. REsp 813.626/MG.

CARNELUTTI, Francesco. **As Misérias do Processo Penal**. Tradução de José Antônio Cardinalli. Campinas: BookSeller, 2005.

COSTA, Regina Helena. RMS 37.031.

FUX, Luiz. REsp 190.721-CE.

HASSEMER, Winfried. **Direito Penal Libertário**. Tradução de Regina Greve. Belo Horizonte: DelRey, 2007.

HORTA, Raul Machado. **Direito Constitucional**. Belo Horizonte: DelRey, 1999.

JAKOBS, Günther. **Direito Penal do Inimigo**. Tradução de André Luís Callegari. e Nereu José Giacomolli. Porto Alegre: Lael, 2012.

KORESSAWA, Elayne Cantuária. **Controle Jurisdicional da Atividade Administrativa**. Porto Alegre: Fabris, 2009.

KUKINA, Sérgio. REsp 1.153.083/MT.

MELLO, Celso Antônio B. de. **Curso de Direito Administrativo**. São Paulo: Malheiros, 1999.

MELLO, Celso de. HC 90.140/GO.

REALE, Miguel. **Lições Preliminares de Direito**. São Paulo: Saraiva, 2002, p. 305).
SÁNCHEZ, Jesús Maria Silva. **Eficiência e Direito Penal**. Tradução de Maurício Antônio R. Lopes. Barueri: Manole, 2004.
SCHWAITZER, Sérgio. Apelação 0103067-55.2013.4.02.5101.
SILVA, José Afonso da. **Comentários Contextuais à Constituição**, São Paulo: Malheiros, 2005.
TOFFOLI, Dias. MS 23.262/DF.
ZAFFARONI, Eugênio Raúl. **O Inimigo no Direito Penal**. Tradução de Tradução de Sérgio Lamerão. Rio de Janeiro: Revan, 2007.

3. PRESCRIÇÃO, IMPROBIDADE E RETROATIVIDADE DA *NOVATIO LEGIS IN MELLIUS*

Atalá Correia

Rafael de A. Araripe Carneiro

Considerações iniciais

A recém promulgada Lei n. 14.230/2021 modificou substancialmente as regras de direito material e processual da improbidade administrativa e, como consequência, surgiu uma série de complexos desafios para aplicação intertemporal da lei. A (ir)retroatividade da novel lei não foi especificamente disposta na legislação modificadora e é hoje um dos temas fulcrais da discussão na "nova" improbidade. Já são conhecidos julgados de tribunais tanto a favor como contra a aplicação retroativa da nova lei e a relevância da questão fez com que o Supremo Tribunal Federal suspendesse o trâmite de todos os processos em fase de recurso especial até o julgamento do ARE n. 843989/PR (Tema de Repercussão Geral n. 1199). Nesse contexto, esse artigo busca analisar mais de perto as mudanças que envolvem as regras de prescrição na improbidade.

1. Retroatividade da lei no direito civil e no direito penal

Em princípio, a lei nova não retroage para que sejam respeitados o ato jurídico perfeito e a coisa julgada. O ordenamento jurídico brasileiro dispõe sobre isso na Constituição Federal (art. 5º, XXXVI[1]) e na Lei de

[1] Art. 5º Todos são iguais perante a lei, sem distinção de qualquer natureza, garantindo-se aos brasileiros e aos estrangeiros residentes no País a inviolabilidade do direito à vida, à liberdade, à igualdade, à segurança e à propriedade, nos termos seguintes:
XXXVI – a lei não prejudicará o direito adquirido, o ato jurídico perfeito e a coisa julgada;

Introdução às Normas do Direito Brasileiro (art. 6º[2]). O que se espera das leis é que elas venham a disciplinar os fatos subsumidos após a sua vigência, não regendo situações anteriores. Desse modo, a irretroatividade da lei nova visa a garantir que o Estado não altere situações já consolidadas. Com efeito, bem antes do brocardo *tempus regit actum* estar assegurado nas constituições modernas[3], esse princípio já era enunciado por juristas da antiguidade[4].

No âmbito do direito privado, o professor italiano Carlo Francesco Gabba se dedicou longamente ao tema, cujas lições ainda são importantes no cenário atual. Para ele, a noção de irretroatividade não lhe parecia fundamental e a premissa essencial residia na regra segundo a qual lei nova não pode retroagir para afetar direito adquirido[5]. Sob influência dessa ideia, a doutrina geralmente distingue três tipos de retroação da lei nova: (i) a retroatividade máxima, que ocorre quando se prejudicam atos e fatos já consumados no passado; (ii) a retroatividade mínima, ocasionalmente confundida com eficácia imediata da lei, que atinge os efeitos pendentes de negócio jurídico passado, como, por exemplo, os juros a vencer de um empréstimo; e (iii) a retroatividade média, de mais difícil constatação prática, que atinge atos pretéritos, mas não consolidados, como os juros vencidos, porém não pagos, em um contrato de mútuo[6].

Para o jurista francês Paul Roubier, a lei nova tem efeitos imediatos, mas não alcança situações já consumadas no passado[7]. Assim, a legislação recém promulgada não pode tornar nulo um contrato que foi validamente celebrado no passado. No entanto, quando há pontos que se prolongam

[2] *Art. 6º A Lei em vigor terá efeito imediato e geral, respeitados o ato jurídico perfeito, o direito adquirido e a coisa julgada.*

[3] A Constituição Federal reservou, em seu art. 5º, dois incisos para enfatizar a importância do tema: XXXVI – a lei não prejudicará o direito adquirido, o ato jurídico perfeito e a coisa julgada; XL – a lei penal não retroagirá, salvo para beneficiar o réu.

[4] *Omnia constituta non praeteritis calumniam faciunt, sed futuris regulam ponunt* (C.Th, 1, 3).

[5] GABBA, Carlo Francesco. *Teoria della retroattivita delle leggi*. v. I. 3. ed. Torino: Unione Tipografico, 1891, p. 182-183.

[6] Cf. lição de Matos Peixoto com base em Roubier (MATOS PEIXOTO, Jose Carlos. *Curso de Direito Romano*. Tomo I. Rio de Janeiro: Editorial Peixoto, 1943, p. 212-213). O tema repercutiu no voto daquele que décadas antes havia sido seu aluno, José Carlos Moreira Alves (Conf. STF, ADI 493, Rel. Min. Moreira Alves, Pleno, j. 25/06/1992).

[7] ROUBIER, Paul. *Les conflits de lois dans le temps*: theorie dite de la non-rétroactivité des lois. Tomo I. Paris: Recueil Sirey, 1929, p. 72.

no tempo, os efeitos pendentes do negócio jurídico podem ser atingidos. De forma condizente com essas premissas, os prazos prescricionais consumados não poderiam ser flexibilizados por leis posteriores, mas a lei nova poderia ter efeito imediato para reger o prazo prescricional não consumado, aumentando ou diminuindo esse lapso. Além disso, a novel legislação pode impor imprescritibilidade ou prescritibilidade, contrariamente ao que se via anteriormente. No caso de ter ocorrido uma interrupção do prazo prescricional, a lei nova não modifica esse efeito. Já na situação de suspensão da prescrição, há a produção de efeitos contínuos, de modo que a lei nova pode suprimi-los[8].

Por sua vez, o direito penal possui regras bastante claras sobre a retroatividade da nova lei. Há tanto previsão constitucional, quanto previsão legal acerca do tema. Na Constituição Federal, os incisos XXXIX e XL do art. 5º, preveem, respectivamente, que não há crime, nem pena sem previsão legal e que a lei penal não retroage, salvo para beneficiar o réu. No âmbito infraconstitucional, tais princípios estão expressos no art. 1º e 2º do Código Penal[9]. Nesse sentido, vale dizer que, cessado o interesse do Estado em punir certas condutas, nada justifica que cidadãos anteriormente punidos permaneçam a sofrer as sanções que lhe foram impostas sobre a vigência da lei anterior. Assim, **no campo penal tem-se a retroatividade máxima da lei mais benéfica**, de modo que se admite a revisão de atos pretéritos nos casos de *reformatio legis in mellius*, mas rejeição quando há *reformatio legis in pejus*. Logo, no caso de extinção de um crime (*abolitio criminis*), há a extinção da pena daquele condenado por lei revogada[10].

Posto o tema nesses termos, duas questões centrais surgem a respeito da improbidade administrativa: (i) saber se as novas regras na prescrição

[8] Para maior aprofundamento, vide CORREIA, Atalá. *Prescrição: entre o passado e o futuro*. São Paulo: Almedina, 2021.

[9] Art. 1º – Não há crime sem lei anterior que o defina. Não há pena sem prévia cominação legal.

Art. 2º – Ninguém pode ser punido por fato que lei posterior deixa de considerar crime, cessando em virtude dela a execução e os efeitos penais da sentença condenatória.

Parágrafo único – A lei posterior, que de qualquer modo favorecer o agente, aplica-se aos fatos anteriores, ainda que decididos por sentença condenatória transitada em julgado.

[10] Art. 107, Código Penal. "Extingue-se a punibilidade: (...) III – pela retroatividade de lei que não mais considera o fato como criminoso"

são normas civis ou penais e (ii) saber se elas beneficiam os réus ou se os desfavorecem.

2. Pontos de identidade da improbidade com o direito penal

Há incontáveis dilemas que cercam a separação entre o direito penal e o direito civil. Existem aqueles que defendem que o direito penal trabalha essencialmente com a ideia de punir o infrator, enquanto o direito civil se volta à reparação da vítima. Há ainda quem advogue que a distinção desses sistemas deve levar em conta o interesse protegido: o direito penal buscaria alcançar a segurança pública da coletividade, ao passo que o direito civil focaria no interesse privado da vítima de obter a indenização pelo dano sofrido. Contudo, essas tradicionais fronteiras não são estáticas e muitas delas estão mal resolvidas pelas legislações modernas. Os *punitive damages* norte-americanos, por exemplo, objetivam essencialmente punir civilmente o ofensor de forma a evitar novas práticas da ação indesejada. Ademais, o hodierno ordenamento jurídico permite a responsabilização civil por danos a interesses difusos e direitos transindividuais, cujos titulares não se pode determinar.

Independentemente da complexidade do tema e por qualquer das perspectivas apresentadas acima, não há dúvidas de que a improbidade administrativa está mais próxima do direito penal do que do direito civil. Nesse sentido, Teori Zavascki ressaltava que as sanções de improbidade têm, do ponto de vista substancial, *inúmeros pontos de identidade* e *fortes laços* com as reprimendas por ilícitos penais, seja quanto à sua função punitiva, seja quanto ao conteúdo das penas.[11] Como consequência da concepção da **unidade da pretensão punitiva estatal**, baseada na ideia da identidade substancial das penas, ele defendia que as garantias individuais comumente aplicáveis ao direito penal devem incidir no âmbito do direito administrativo sancionador:

> Ora, é justamente essa identidade substancial das penas que dá suporte à doutrina da unidade da pretensão punitiva (ius puniendi) do Estado, cuja principal consequência "é a aplicação de princípios comuns ao direito penal e ao Direito Administrativo Sancionador, reforçando-se, nesse passo, as

[11] ZAVASCKI, Teori Albino. *Processo coletivo*: tutela de direitos coletivos e tutela coletiva de direitos. 7. ed. São Paulo: RT, 2017. p. 104/105.

> garantias individuais". Realmente, não parece lógico, do ponto de vista dos direitos fundamentais e dos postulados da dignidade da pessoa humana, que se invista o acusado das mais amplas garantias até mesmo quando deva responder por infração penal que produz simples pena de multa pecuniária e se lhe negue garantias semelhantes quando a infração, conquanto administrativa, pode resultar em pena muito mais severa, como a perda de função pública ou a suspensão de direitos políticos. Por isso, embora não se possa traçar uma absoluta unidade de regime jurídico, não há dúvida de que alguns princípios são comuns a qualquer sistema sancionatório, seja nos ilícitos penais, seja nos administrativos, entre eles o da legalidade, o da tipicidade, o da responsabilidade subjetiva, o do non bis in idem, o da presunção de inocência e o da individualização da pena, aqui enfatizados pela importância que têm para a adequada compreensão da Lei de Improbidade Administrativa.[12]

Teori afirmava ainda que "à identidade material das penas veio juntar-se a identidade formal dos mecanismos de sua aplicação. Foi no Código de Processo Penal, com efeito, que o legislador civil se inspirou para formatar o novo instrumento".[13] Não por outra razão, dizia, "o procedimento adotado para a ação de improbidade foi moldado em formato semelhante ao da ação penal para os crimes praticados por funcionário público contra a Administração, prevista nos artigos 513 a 518 do CPP".[14] Na mesma toada, Gilmar Mendes e Arnoldo Wald sustentam que a ação de improbidade é uma peculiar ação civil de forte conteúdo penal e que a sentença condenatória é dotada de efeitos que, em alguns aspectos, superam aqueles atribuídos à condenação penal.[15] Em sentido similar, Gregório Guardia constata que as sanções relacionadas aos atos de improbidade têm carga intimidatória frequentemente superior ao próprio ilícito penal, embora não possuam natureza formalmente penal. Argumenta, assim,

[12] ZAVASCKI, Teori Albino. *Processo coletivo*: tutela de direitos coletivos e tutela coletiva de direitos. 7. ed. São Paulo: RT, 2017. p. 105/106.

[13] REsp nº 1.163.643/SP, Rel. Min. Teori Albino Zavascki, Primeira Seção. *DJe*, 30 mar. 2010.

[14] REsp nº 928.725/DF, Rel. Min. Denise Arruda, Rel. p/ Acórdão Min. Teori Albino Zavascki, Primeira Turma, *DJe* 5 ago. 2009.

[15] MENDES, Gilmar F.; WALD, Arnoldo. Competência para julgar ação de improbidade administrativa. *Revista de Informação Legislativa*, Brasília, v. 35, n. 138, abr./jun. 1998. p. 213-216. Disponível em: https://www2.senado.leg.br/bdsf/bitstream/handle/id/378/r138-17.pdf?sequence=4.

que as infrações por improbidade impõem, na essência, os mesmos ônus e constrangimento das sanções penais.[16]

É bem verdade que, diante das características mistas entre os sistemas civil e penal, as regras de improbidade, numa espécie de *tertium genus*, vinham dando uma enorme flexibilidade ao manejo processual e material do instituto, ao tempo em que possibilitava o cumprimento de obrigações internacionais assumidas pelo Brasil no que diz respeito ao combate à corrupção[17]. Após a recente reforma, contudo, a regulação da improbidade aproximou-se definitivamente do direito sancionador, com características penais ainda mais acentuadas. De maneira geral, a reforma trouxe modificações que beneficiam os réus em ações em curso.

De fato, a nova lei impôs, logo no art. 1º, § 4º, a observância dos parâmetros constitucionais que limitam o uso do poder sancionador do Estado e determinou expressamente que "aplicam-se ao sistema da improbidade disciplinado nesta Lei os princípios constitucionais do direito administrativo sancionador". Ainda dispôs que "a ação por improbidade administrativa é repressiva, de caráter sancionatório, destinada à aplicação de sanções de caráter pessoal e não constitui ação civil". Aperfeiçoou-se, ademais, a tipicidade (objetiva e subjetiva) do ato ímprobo em atenção ao princípio da legalidade estrita, tão caro no direito penal, além de abandonar o antigo sistema de *responsabilização ampla* em prol de um sistema

[16] GUARDIA, Gregório E. R. Selingardi. Princípios processuais no direito administrativo sancionador: um estudo à luz das garantias constitucionais. *Revista da Faculdade de Direito da Universidade de São Paulo*, São Paulo, v. 109, p. 773-795, jan./dez. 2014. p. 786.

[17] O art. 20, da Convenção das Nações Unidas contra a Corrupção, estipula que "com sujeição a sua constituição e aos princípios fundamentais de seu ordenamento jurídico, cada Estado Parte considerará a possibilidade de adotar as medidas legislativas e de outras índoles que sejam necessárias para qualificar como delito, quando cometido intencionalmente, o enriquecimento ilícito, ou seja, o incremento significativo do patrimônio de um funcionário público relativos aos seus ingressos legítimos que não podem ser razoavelmente justificados por ele". Assim, embora não tipifique criminalmente o enriquecimento ilícito, tal como ocorre em outros países, a Lei de Improbidade Administrativa atende aos ditames das obrigações internacionais assumidas pelo Brasil. É curioso, entretanto, lançar olhos sobre a pesquisa "STJ em Números: Improbidade Administrativa, realizada por Grupo de Pesquisa do IDP, em que se constatou que "menos de 10% das ações de improbidade tratam de enriquecimento ilícito, enquanto mais de 50% das acusações são de ofensa a princípios" (Disponível em https://www.jota.info/opiniao-e-analise/artigos/stj-em-numeros-acoes-de-improbidade-o-que-se-condena-04012022)

de *responsabilização estrita* dos agentes públicos. Como um dos principais exemplos, a nova legislação deixou de sancionar as condutas culposas, de modo que atualmente somente os atos praticados com dolo são considerados improbidade administrativa. Ademais, no art. 11, as hipóteses de violação aos princípios da administração pública passaram a ser restritas, pois agora se trata de um rol taxativo de condutas, substituindo o antigo rol exemplificativo. Desse modo, o que se nota de uma perspectiva do direito material[18] é que o cerne da lei passou a estar mais centrado na *injustiça da conduta*, com reprovação da má-fé, do que na isolada *injustiça do resultado*. Nesse sentido, escapa ao campo da improbidade a reprovabilidade do dano ao erário que venha desacompanhada de má intenção do agente. Como já foi dito, "incompetência não pode ser tratada como improbidade"[19]. Além disso, foram reforçados os deveres persecutórios ao Ministério Público com a exigência da individualização da conduta supostamente infratora e a imposição de maior ônus de instruir a exordial acusatória. Por fim, foram previstas a vedação do julgamento antecipado da lide para condenar o réu e a obrigatoriedade de respeito ao *non bis in idem*. Em suma, se o legislador da improbidade no texto legal de 1992 teve forte inspiração no direito penal, mas optou por ser econômico nos termos e apostar no senso de razoabilidade dos julgadores, agora com a nova lei preferiu disciplinar de forma detalhada e minuciosa as matérias importadas.

3. As regras antigas e novas de prescrição na Lei de Improbidade

Para ir além na investigação sobre a prescrição na improbidade, confrontemos as regras antigas e novas. A Lei de Improbidade Administrativa trata da prescrição em seu capítulo VII. Inicialmente, este trecho da lei abrangia um único artigo (art. 23), que estabelecia um prazo prescricional que, em regra, era quinquenal[20], contando-se do fim do exercício da função pública

[18] Para uma perspectiva também processual, vide a opinião de Flávio Luiz Yarshell e de Heitor Vitor Mendonça Sica (https://www.conjur.com.br/2022-jan-26/yarshell-sica-reposicionamento-acao-improbidade).

[19] Declaração do Ministro Bruno Dantas ao Consultor Jurídico (https://www.conjur.com.br/2019-mai-30/incompetencia-nao-improbidade-ministro-tcu).

[20] Art. 23, da Lei n. 8.429, de 2.6.1992."As ações destinadas a levar a efeitos as sanções previstas nesta lei podem ser propostas: I – até cinco anos após o término do exercício de mandato, de cargo em comissão ou de função de confiança; II – dentro do prazo prescricional previsto em lei específica para faltas disciplinares puníveis com demissão a bem do serviço

ou do fim do prazo para a prestação de contas. Não se existia, então, a figura da prescrição intercorrente[21]. Tal como ocorre na esfera cível, a prescrição interrompida só recomeçaria a ser contada do último ato do processo para a interromper (art. 202, par. único, CC). Com a reforma produzida pela Lei n. 14.230/2021, este quadro foi alterado. O prazo prescricional passou a ser invariavelmente de oito anos, contado a partir da ocorrência do fato ou, no caso de infrações permanentes, do dia em que esta cessou[22]; e sua ocorrência é cognoscível de ofício[23].

Além disso, as hipóteses de suspensão[24] e de prescrição intercorrente foram reguladas de forma específica. A lei estabeleceu as seguintes

público, nos casos de exercício de cargo efetivo ou emprego. III – até cinco anos da data da apresentação à administração pública da prestação de contas final pelas entidades referidas no parágrafo único do art. 1º desta Lei.".

[21] "(...) 5. O STJ firmou entendimento de inaplicabilidade da prescrição intercorrente às ações de improbidade administrativa, na medida em que o art. 23 da LIA refere-se apenas à prescrição quinquenal para a propositura da ação contados do término do exercício do mandato, cargo em comissão ou função de confiança. Nesse sentido: REsp 1.721.025/SE, Rel. Min. Herman Benjamin, Segunda Turma, DJe 2/8/2018; AgInt no AREsp 962.059/PI, Rel. Min. Benedito Gonçalves, Primeira Turma, DJe 29/5/2017; EDcl no AREsp 156.071/ES, Rel. Min. Olindo Menezes (Desembargador Convocado do TRF 1ª Região), Primeira Turma, DJe 25/2/2016 (...)" (STJ, AgInt no REsp 1872310/PR, Rel. Ministro BENEDITO GONÇALVES, PRIMEIRA TURMA, DJe 08/10/2021)

[22] Art. 23, da Lei n. 8.429, de 2.6.1992, com a redação da Lei nº 14.230, de 2021. A ação para a aplicação das sanções previstas nesta Lei prescreve em 8 (oito) anos, contados a partir da ocorrência do fato ou, no caso de infrações permanentes, do dia em que cessou a permanência.

[23] Art. 23, § 8º, da Lei n. 8.429, de 2.6.1992, com a redação da Lei nº 14.230, de 2021. O juiz ou o tribunal, depois de ouvido o Ministério Público, deverá, de ofício ou a requerimento da parte interessada, reconhecer a prescrição intercorrente da pretensão sancionadora e decretá-la de imediato, caso, entre os marcos interruptivos referidos no § 4º, transcorra o prazo previsto no § 5º deste artigo.

[24] § 1º A instauração de inquérito civil ou de processo administrativo para apuração dos ilícitos referidos nesta Lei suspende o curso do prazo prescricional por, no máximo, 180 (cento e oitenta) dias corridos, recomeçando a correr após a sua conclusão ou, caso não concluído o processo, esgotado o prazo de suspensão.

§ 2º O inquérito civil para apuração do ato de improbidade será concluído no prazo de 365 (trezentos e sessenta e cinco) dias corridos, prorrogável uma única vez por igual período, mediante ato fundamentado submetido à revisão da instância competente do órgão ministerial, conforme dispuser a respectiva lei orgânica.

§ 3º Encerrado o prazo previsto no § 2º deste artigo, a ação deverá ser proposta no prazo de 30 (trinta) dias, se não for caso de arquivamento do inquérito civil.

hipóteses de interrupção do prazo prescricional: (i) pelo ajuizamento da ação de improbidade administrativa, (ii) pela publicação da sentença condenatória, (iii) pela publicação de decisão ou acórdão de Tribunal de Justiça ou Tribunal Regional Federal que confirma sentença condenatória ou que reforma sentença de improcedência, (iv) pela publicação de decisão ou acórdão do Superior Tribunal de Justiça que confirma acórdão condenatório ou que reforma acórdão de improcedência; (v) pela publicação de decisão ou acórdão do Supremo Tribunal Federal que confirma acórdão condenatório ou que reforma acórdão de improcedência. De modo ainda mais relevante, a reforma indicou que, uma vez interrompida a prescrição, o prazo "recomeça a correr do dia da interrupção, pela metade do prazo de oito anos" (art. 23, §5º). O legislador ainda teve o cuidado de afastar, nas hipóteses de suspensão e interrupção, a pessoalidade de seus efeitos, de modo que, quando beneficiam ou prejudicam um dos requeridos, os efeitos se estendem aos demais (art. 23, §§6º e 7º).

O confronto abstrato dessas regras não permite afirmar que a lei nova garantiu, sempre e invariavelmente, um tratamento mais benéfico aos acusados. As regras de prescrição constituem um conjunto de interdependentes soluções e só podem ser entendidas com uma visão ampla do problema. É certo que um prazo de oito anos é maior que o quinquênio. Assim, tomada sob essa perspectiva isolada, a inovação é prejudicial aos acusados, porque dilatou o prazo. No entanto, havia acusados sujeitos a prazos maiores que oito anos, pois não se submetiam ao quinquênio, mas a prazos maiores, vigentes para a punição de demissão do serviço. Desse modo, só é possível afirmar que os oito anos são piores se tivermos em consideração, em cada caso, o termo inicial do qual o prazo flui. A regra anterior estabelecia que o prazo se conta do final do exercício da função ou da prestação de contas mas, agora, tem-se um prazo objetivo, que flui independentemente de conhecimento da autoria do ilícito e já a partir da ocorrência do fato ou, no caso de infrações permanentes, do dia em que cessou a permanência. Por outro lado, a prescrição não era reconhecida no curso do processo, enquanto agora aplica-se de modo intercorrente.

Assim, embora a lei nova apresente um conjunto de regras mais favoráveis aos acusados, não se pode excluir a possibilidade de que, em casos específicos, a aplicação da regra nova tenha o efeito de permitir a manutenção de persecução que, de outro modo, estaria extinta em cinco anos. Logo, é necessário perceber que a complexidade do tema exigirá do judiciário avaliações de caso por caso. Não nos parece possível, entretanto, que os interessados pleiteiem a combinação de leis, para construir a regra mais benéfica possível, aproveitando-se daquilo que lhe for mais favorável entre regras antigas e novas. Vale dizer, aquele que é processado não pode, ao mesmo tempo, postular a aplicação do prazo quinquenal e da prescrição intercorrente. Com isso em mente, as novas regras de prescrição devem retroagir no âmbito da improbidade administrativa?

4. Retroatividade da lei quando mais benéfica ao réu

Uma visão demasiadamente rígida da irretroatividade da lei nova exigiria que os processos já iniciados continuassem a tramitar sob a égide das regras antigas. Se assim fosse, estaríamos diante do impedimento de se reconhecer a prescrição intercorrente nos processos em curso. Essa solução não é adequada sequer sob a ótica do direito privado, pois a lei nova pode excluir do ordenamento uma causa suspensiva da prescrição. O outro problema reside em saber como aplicar a lei nova aos processos em curso. A prevalência do *tempus regit actum* indicaria que os processos em curso somente são regidos pela lei nova a partir de sua vigência. Com isso, teríamos que a prescrição intercorrente lhe atinge. Mas sob qual prazo? Não há dúvidas que, se desde a entrada em vigor da lei nova até a sentença transcorrer quatro anos, a pretensão punitiva encontrará seu limite temporal. Nos casos intermediários, o tema é mais delicado, porque envolve saber se os processos iniciados há mais de 4 anos sem sentença estão atingidos pela prescrição intercorrente (ou se sentenciados há mais de 4 anos sem acórdão). A solução que caminhe por esta linha está a admitir a retroatividade do marco inicial da interrupção, vale dizer, aplica a prescrição intercorrente aos processos em curso, com retroação de seu termo inicial. Como visto, essa solução é justificada sob a ótica do direito penal, porque não se justifica um tratamento diferenciado aos cidadãos, que poderiam ser punidos ou não, a depender do tempo em que seu processo se iniciou e foi julgado.

A defender apenas efeitos imediatos para a lei nova, Alexandre Jorge Carneiro Cunha Filho aduz que "a Lei de Improbidade não é uma lei penal" e que, sem regra expressa, "os dispositivos em comento devam valer somente a partir da entrada em vigor da nova lei; sem alcançar, portanto, processos que já estejam em curso", para que não se imponham "aos atores do processo ônus que não existia antes do advento da Lei 14.230/2021", sempre que não tenham agido com inércia[25]. A 5ª Câmara de Coordenação e Revisão da Procuradoria Geral da República segue linhas ligeiramente diversas, mas caminha para a mesma conclusão. Afirma que a prescrição, na lei de improbidade, atinge a ação, mas não a pretensão punitiva, diferentemente do que ocorre no direito penal. Com caráter puramente processual, a lei nova não poderia retroagir. Mais que isso, defende que "o artigo 23, caput, alterado pela Lei nº 14.230, não retroage para atingir ações regularmente propostas dentro do prazo previsto na legislação anterior", pois isso violaria "os princípios da vedação da proteção deficiente do bem jurídico (artigo 37, §4º), do acesso à justiça (artigo 5º, XXXV, 37, §4º e artigo 129, inciso III, da CF), da *actio nata* e da boa-fé objetiva como corolários do devido processo legal (artigo 5º, inciso LIV)"[26]. Com fundamentos diversos, Frederico Augusto Leopoldino Koehler e Silvano José Gomes Flumignan indicam que não pode haver retroatividade. No entender deles, o aumento do prazo prescricional revela-se norma punitiva mais gravosa, não passível de retroação. Também visualizam na regra de interrupção da prescrição uma norma puramente processual, que só tem vigência de sua publicação em diante[27].

Por outro lado, o Subprocurador-Geral da República, Nicolao Dino, ao manifestar-se nos autos do Recurso Especial n. 1.966.002/SP, Rel. Min. Mauro Campbell Marques, Parecer n. 12.187, apontou a retroatividade da lei, reconhecendo a prescrição intercorrente retroativa, sob o argumento de que "os princípios gerais devem orientar a aplicação do direito de forma horizontal, em suas diversas searas. Se a própria Constituição assegura a retroatividade da lei mais benéfica no Direito Penal – ramo mais rigoroso do ordenamento jurídico –, não é razoável limitá-la e deixar de aplicá-la quanto aos instrumentos de persecução por atos de improbidade, os quais

[25] CUNHA FILHO, Alexandre Jorge Carneiro. Prescrição na Lei de Improbidade Administrativa. In Lei de Improbidade Administrativa Reformada. Augusto Neves dal Pozzo e José Roberto PimentaOliveira (org). São Paulo: RT, 2022.

[26] Nota Técnica nº 01/2021 – 5ª CCR - Nota Técnica da 5ª CCR, elaborada pela Comissão Permanente de Assessoramento para Acordos de Leniência e Colaboração Premiada (CPAALCP), referente à aplicação da Lei nº 8.429/1992, com as alterações da Lei nº 14.230/2021, disponível em http://www.mpf.mp.br/atuacao-tematica/ccr5/notas-tecnicas.

[27] Disponível em https://www.conjur.com.br/2022-fev-09/koehler-flumignan-regime-prescricao-lei-improbidade

se também encartam no Direito Sancionador"[28]. O Tribunal de Justiça do Estado de São Paulo, em ponto ligeiramente diverso, reconheceu que no caso que analisava não havia prova de dolo, "elemento subjetivo essencial para a configuração da improbidade administrativa, conforme dispõe a Lei 8.429/92, com a redação dada pela Lei 14.230/2021, que comporta aplicação retroativa por seu caráter sancionatório e por beneficiar o réu"[29]. Aquela mesma Corte, ao apreciar a acusação de improbidade por violação ao princípio da impessoalidade concluiu não estar presente a improbidade "já que não se encontra descrito na abrangência do rol taxativo do art. 11, da LF nº 8.429/92", cuja aplicação fez retroativamente "por se tratar de legislação superveniente própria do direito material sancionador (art. 1º, §4º, da LF nº 8.429/92, com a redação atribuída pela LF nº 14.230/2021), (...) desde que para beneficiar o réu (art. 5º, inciso XL, da CF/88)"[30]. O Tribunal de Justiça do Distrito Federal e Territórios, em acórdão que profundamente analisou o tema, também destaca que "o art. 5º, XL, da Constituição da República prevê a possibilidade de retroatividade da lei penal, sendo cabível extrair-se do dispositivo constitucional princípio implícito do Direito Sancionatório, segundo o qual a lei mais benéfica retroage"[31].

[28] A defender a retroatividade da lei mais benéfica no âmbito do direito administrativo sancionador, vide VERZOLA, Maysa Abrahão Tavares. *Sanção no Direito Administrativo*. São Paulo: Saraiva, 2011, p. 154-155. Fábio Medina Osório, tratando de modo geral sobre o direito administrativo sancionador, aponta que não há uma perfeita equiparação no ponto entre o direito penal e o direito administrativo. Assim, admite que, sem que haja desproporcionalidade, o legislador vede a retroatividade da lei administrativa sancionadora mais benéfica. De todo modo, no silêncio da lei nova, entende que a retroatividade prevalece (OSÓRIO, Fábio Medina. *Direito Administrativo Sancionador*. 4ª ed. São Paulo: RT, 2011, p. 277-280).

[29] TJSP; Apelação Cível 1009601-46.2019.8.26.0099; Relator (a): Teresa Ramos Marques; Órgão Julgador: 10ª Câmara de Direito Público; Foro de Bragança Paulista – 4ª Vara Cível; Data do Julgamento: 16/11/2021; Data de Registro: 16/11/2021. No mesmo sentido, vide TJSP; Apelação Cível 1001594-31.2019.8.26.0369; Relator (a): Oswaldo Luiz Palu; Órgão Julgador: 9ª Câmara de Direito Público; Foro de Monte Aprazível – 2ª Vara; Data do Julgamento: 10/11/2021; Data de Registro: 10/11/2021.

[30] TJSP, Apelação Cível 1000554-80.2019.8.26.0638; Relator (a): Paulo Barcellos Gatti; Órgão Julgador: 4ª Câmara de Direito Público; N/A – N/A; Data do Julgamento: 03/12/2021; Data de Registro: 03/12/2021.

[31] TJDFT, Acórdão 1397473, 07001346220208070018, Rel. Diaulas Costa Ribeiro, 8ª Turma Cível, data de julgamento: 9/2/2022, publicado no DJE: 16/2/2022

Nesse mesmo sentido já decidiu a Suprema Corte dos Estados Unidos no caso *Boyd v. United States*, em 1885, em que se reconheceu que existem momentos que as regras cíveis ou sancionatórias estão muito próximas do direito penal, de modo que a sua baliza deve ser feita com base nos princípios desse sistema como, por exemplo, a não obrigatoriedade de produzir provas contra si mesmo e direito a um julgamento justo por um tribunal imparcial. No mesmo caminho, o Tribunal Europeu de Direitos Humanos estabeleceu um conceito amplo de Direito Penal, no qual se insere o Direito Administrativo sancionador. Foi no caso *Öztürk v. Germany*, em que um cidadão turco residente na Alemanha teve reconhecido, em processo administrativo contra a aplicação de multa de trânsito, os mesmos direitos dos acusados criminalmente. Essa concepção única do direito sancionador foi reafirmada pela Corte europeia mais recentemente no caso Grande Stevens, quando o tribunal anulou sanções aplicadas pela justiça criminal italiana porque os mesmos fatos já haviam sido apenados na seara administrativa, impedindo a ocorrência do bis in idem.

Conclusões

Nota-se que haverá muitos debates sobre a retroatividade da nova lei da improbidade administrativa nos próximos anos, inclusive, com uma possibilidade de modulação de efeitos pelo Supremo Tribunal Federal para a criação de um regime híbrido dos casos que já estão em curso. A nossa ver, a retroatividade das novas regras de prescrição por improbidade, se favorável ao réu, deve ocorrer diante dos fortes laços dessa esfera sancionadora com o direito penal, diante da função punitiva e identidade das pena que marcam ambos os sistemas. Com efeito, não parece lógico aplicar o princípio da aplicação retroativa da norma mais benéfica a qualquer infração penal, inclusive àquelas que produzem reprimendas mais brandas, e negá-lo quando a infração, conquanto civil-administrativa, pode resultar em pena mais severa.

4. A CONSENSUALIDADE E OS ACORDOS DE NÃO PERSECUÇÃO CIVIL NAS AÇÕES DE IMPROBIDADE ADMINISTRATIVA

VIVIAN FERREIRA
BETO VASCONCELOS

Introdução

Nos debates jurídicos mais recentes sobre o combate à corrupção sistêmica no país, o avanço de instrumentos de justiça negocial ganhou clara centralidade, admitindo-se, por exemplo, a celebração de acordos de leniência e de colaboração premiada. A possibilidade de negociar sanções mesmo nas infrações criminais, frequentemente tidas como as mais graves do sistema jurídico, evidencia o anacronismo da Lei de Improbidade Administrativa que, em seu artigo 17, §1º, até muito recentemente, vedava qualquer transação, acordo ou conciliação nas ações que visassem responsabilizar os agentes públicos pelos atos de improbidade que tenham praticado.

Sancionada em 1992 em meio a um notório escândalo de corrupção, a Lei nº 8.429/92 (Lei de Improbidade Administrativa – LIA) é um diploma legal de inegável singularidade. Cuida-se de norma bastante abrangente, com base na qual quaisquer pessoas que mantenham contato com dinheiros públicos, inclusive empresários e agentes políticos detentores de mandatos eletivos, podem não só ser obrigados a ressarcir os danos eventualmente causados ao erário como também ser condenados a gravosas sanções, que incluem a suspensão de direitos políticos e a proibição de contratar com o Poder Público.

Conforme se depreende da exposição de motivos da LIA,[1] bem como dos debates legislativos que precederam a sua aprovação, a lei foi idealizada como um mecanismo de moralização da política e de combate à corrupção (NEISSER, 2018, p. 58). Cuida-se, no entanto, de modalidade de ilícito civil, cujas sanções são aplicadas independentemente das sanções penais, civis e administrativas previstas na legislação específica. Isso significa que a responsabilização prevista na LIA coexiste com as demais esferas de responsabilização penal, administrativa, civil e política, previstas de maneira esparsa na legislação brasileira.

A vedação à consensualidade nas ações de improbidade administrativa criava evidentes dificuldades para a formalização de acordos de colaboração nos casos envolvendo condutas que poderiam ser enquadradas, ao mesmo tempo, tanto como crimes quanto como improbidade administrativa. A questão tornava-se ainda mais aguda ao se considerar a possibilidade de incidência, a um só caso, também da Lei nº 12.846/13 (Lei Anticorrupção) e da Lei nº 12.529/11 (Lei de Defesa da Concorrência), as quais preveem a possibilidade de acordos de leniência.

Diante dessa realidade, desde 2015 diversas propostas de alteração normativa buscaram mitigar ou eliminar o impedimento à resolução consensual das ações de improbidade administrativa. Esse processo culminou com a alteração do artigo 17 da LIA que, em 2019, passou a expressamente admitir a realização de acordos de não persecução civil. Mais recentemente, a Lei nº 14.230/21 inseriu na LIA o artigo 17-B, regulando de maneira mais detalhada tais acordos.

O presente artigo esmiuça as recentes alterações normativas, situando-as em um debate mais amplo sobre a consensualidade no direito sancionador. Busca-se, assim, apresentar algumas questões dogmáticas que devem ser consideradas na interpretação e aplicação das recentes alterações normativas, em vista da necessidade de constante aprimoramento normativo que garanta a mais ampla e eficiente proteção da probidade administrativa e do bem agir da Administração Pública.

[1] A íntegra da exposição de motivos está disponível no *site* da Câmara dos Deputados, através do *link* <http://www2.camara.leg.br/legin/fed/lei/1992/lei-8429-2-junho-1992--357452-exposicaodemotivos- 149644-pl.html>, último acesso em 22.12.2021.

1. A composição no direito sancionador

A proibição inicialmente estabelecida em lei de realizar transação, acordo ou conciliação nas ações de improbidade administrativa remonta ao afastamento legal de qualquer possibilidade de transigir com interesses públicos considerados indisponíveis.

A indisponibilidade do interesse público, como bem esclarece Bandeira de Mello (2005, p. 62-63), significa que, sendo interesses qualificados como próprios da coletividade, não se encontram à livre disposição de quem quer que seja, por serem inapropriáveis. Nesse sentido, o próprio órgão administrativo que os representa não poderia dispor sobre eles, pois lhe incumbiria apenas curá-los, nos termos estritos da autorização legal. No mesmo sentido, afirma Carvalho Filho (2006, p. 25-26),

> "Os bens e interesses públicos não pertencem à Administração nem a seus agentes. Cabe-lhes apenas geri-los, conservá-los e por eles velar em prol da coletividade, esta sim a verdadeira titular dos direitos e interesses públicos. A Administração não tem a livre disposição dos bens e interesses públicos, porque atua em nome de terceiros. Por essa razão é que os bens públicos só podem ser alienados na forma em que a lei dispuser. Da mesma forma, os contratos administrativos reclamam, como regra, que se realize licitação para encontrar quem possa executar obras e serviços de modo mais vantajoso para a Administração. O princípio parte, afinal, da premissa de que todos os cuidados exigidos para os bens e interesses públicos trazem benefícios para a própria coletividade".

De fato, no âmbito do direito sancionador, o Estado deve zelar pelos bens jurídicos tutelados pelo ordenamento, marcados pela indisponibilidade do interesse público. De outro lado, o infrator pode sofrer sanções que restrinjam aspectos da sua esfera jurídica insuscetíveis de plena disposição. Por suas características estruturais, portanto, o direito sancionador não permite a plena transação entre pactuantes em total liberdade e igualdade formal e material.

Fato é que, no entanto, a consensualidade vem se impondo como mecanismo de recomposição da ordem jurídica. Os institutos da colaboração premiada e acordos de leniência podem ser considerados mecanismos bastante eficientes na detecção de práticas irregulares. Ao conceder vantagens sancionatórias ao delator de um determinado esquema de corrupção, por exemplo, viabiliza-se a investigação e a elucidação de práticas de difícil ou impossível detecção. Além disso, cria-se um estímulo ao infrator para que retorne ao plano da legalidade e um risco que, preventivamente, desestimula a prática de ilícitos em grupo. Nos mais, há um evidente impacto positivo para todo o sistema de justiça, hoje altamente sobrecarregado, em abreviar longos processos sancionatórios.

Nesse sentido, sustenta-se que a consensualidade pode se desenvolver em situações de desequilíbrio de forças e de indisponibilidade de interesses, desde que haja uma norma-quadro que limite o universo do acordo, indicando quais aspectos do acordo admitem transação plena e o que é estranho ao poder de disposição dos pactuantes (GARCIA, 2019, p. 1-2).

Como esclarece FARIA (2019, p. 67-68),

> "A ideia não é nova. Nos Estados Unidos, a delação premiada já é conhecida desde as discussões da teoria dos jogos sobre o dilema do prisioneiro, entre os anos 1950 e 1960, que enfatizava a indecisão entre cooperar ou trair com base na suposição de que cada acusado de um crime almeja aumentar ao máximo sua vantagem, não lhe importando o destino do seu cúmplice. (...) Entre as suas implicações, a delação premiada destaca-se pelo pragmatismo como instrumento de combate à criminalidade complexa".

A leniência e a colaboração pressupõem uma análise de custo-benefício de modo que, em troca de medidas que podem assegurar o bom funcionamento das instituições jurídicas – como a identificação de coautores, o desvendamento da estrutura hierárquica de uma organização ou a obtenção de provas –, abre-se para o delator o benefício do abrandamento da sanção, entre outras vantagens processuais.

Os novos institutos jurídicos de leniência devem também ser analisados sob os aspectos dos desafios de sua implementação, tais como, (i) multiplicidade institucional em competências e missões públicas; (ii) ausência de coordenação e sincronização entre as instituições; (iii) ampliação de poderes discricionários e sobreposições de atribuições institucionais; (iv) insuficiente definição e reduzida transparência sobre procedimentos administrativos, metodologia e dosimetria de sanções; (iv) reduzida *accountability* dos agentes públicos controladores, em um ambiente de autonomia e independência dos órgãos; e (v) conflito por protagonismo institucional de uma agenda atrativa aos olhos da sociedade.

Inspirado no direito americano, por sua vez, o acordo de colaboração premiada previsto na Lei nº 12.850/13 teve forte impacto em um "universo jurídico-penal tão ritualizado e de cariz romano-germânico como o brasileiro" (FARIA, 2019, p. 70). Com efeito, sua aplicação também é complexa e deve ser estruturada com cuidado para garantir a eficiência investigativa, evitar que infratores em potencial a utilizem como variável no cálculo das vantagens e desvantagens de suas ações (GARCIA, 2019, p. 6), e, ainda, respeitar as garantias fundamentais dos acusados, evitando-se o abuso de prisões preventivas ou discricionariedade muito ampliada dos órgãos de acusação na negociação dos termos dos acordos.

A questão tem ocupado posição de destaque no atual contexto político-econômico do Brasil, dando fôlego, inclusive à edição de novas leis sobre o tema.

1.1. O acordo de leniência e a defesa da concorrência

Pioneiro nos acordos de leniência foi o programa do Conselho Administrativo de Defesa Econômica (CADE), que entrou em vigor em 2011, com a edição da Lei nº 12.529/2011 (Lei de Defesa da Concorrência).

Nos termos do procedimento previsto nos artigos 86 e 87 da Lei nº 12.529/2011, nos artigos 237 a 251 do Regimento Interno do CADE e orientado, ainda, pelo Guia do Programa de Leniência Antitruste do CADE,[2] a Superintendência Geral do CADE pode celebrar acordos de leniência com pessoas físicas e jurídicas que forem autoras de infração à ordem econômica, desde que haja efetiva colaboração com as investigações.

Podem ser objeto de acordo as infrações contra a ordem econômica, assim entendidas as condutas que limitem, falseiem ou de qualquer forma prejudiquem a livre concorrência ou a livre iniciativa; condutas que criem condições de domínio de mercado relevante de bens ou serviços, que aumentem arbitrariamente os lucros, ou, ainda, que visem viabilizar o exercício abusivo de posição dominante. Podem ainda, ser objeto de negociação os crimes contra a ordem econômica, conforme tipificados na Lei nº 8.137/1990, os demais crimes diretamente relacionados à prática de cartel, tais como os tipificados na Lei de Licitações e o crime de Associação Criminosa, conforme tipificado no art. 288 do Código Penal.

[2] Disponível em <http://www.cade.gov.br/acesso-a-informacao/publicacoes- institucionais/guias_do_Cade/guia_programa-de-leniencia-do-cade-final.pdf>, acesso em 20/09/2019.

Da colaboração deve decorrer a identificação dos demais envolvidos na infração e a obtenção de informações e documentos que comprovem a infração noticiada ou sob investigação. Nesse sentido, o acordo só é viabilizado caso o CADE ainda não disponha de provas suficientes para assegurar a condenação dos investigados. O proponente do acordo deve ser o primeiro a se apresentar à autoridade em relação à conduta denunciada. Deve, ainda, confessar a sua participação na infração, bem como já ter cessado completamente seu envolvimento nela. O próprio acordo estipulará as condições necessárias para assegurar a efetividade da colaboração e o resultado útil do processo.

O acordo de leniência poderá prever, na esfera administrativa, a extinção da ação punitiva da administração pública caso a infração noticiada ainda não estivesse sendo investigada pelo CADE, ou a redução de 1 (um) a 2/3 (dois terços) da penalidade aplicável, se a Administração já estivesse investigando a infração. Tais benefícios independem de homologação judicial, bastando a declaração de cumprimento do acordo pelo Tribunal do CADE. Além disso, do ponto de vista criminal, a celebração do acordo determina a suspensão do curso do prazo prescricional e impede o oferecimento da denúncia penal com relação ao agente beneficiário da leniência. Já o cumprimento integral do acordo acarreta a extinção de punibilidade.

Diante das repercussões criminais decorrentes da leniência, o Ministério Público Estadual ou Federal pode ser chamado a intervir no processo, com vistas a conferir maior segurança aos signatários.

As negociações do acordo de leniência são sigilosas e a identidade dos signatários é mantida em sigilo até decisão final do Tribunal do CADE. Além disso, via de regra, o conteúdo da leniência é de acesso restrito, de modo que, caso instaurado um inquérito ou um processo administrativo, apenas as pessoas físicas e jurídicas investigadas terão acesso às informações, documentos e à identidade do delator-colaborador, a fim de que possam exercer o direito de ampla defesa e o direito ao contraditório.

O proponente pode desistir do acordo a qualquer tempo, antes da assinatura, hipótese na qual todos os documentos apresentados ao CADE serão devolvidos, bem como todas as informações prestadas serão mantidas sob sigilo e não poderão ser divulgadas ou utilizadas pelo Estado, nem mesmo para fins investigatórios. A desistência ou a rejeição da proposta não importa reconhecimento da ilicitude da conduta ou confissão.

Podem celebrar o acordo mesmo as empresas ou indivíduos que tenham liderado a conduta ilegal e, caso o acordo seja celebrado pela pessoa jurídica, os seus benefícios são extensíveis a pessoas físicas – dirigentes, administradores e empregados – e às empresas do mesmo grupo econômico, desde que cooperem com as investigações, segundo critério de conveniência e oportunidade da autoridade administrativa. O contrário, no entanto, não é verdadeiro, de modo que o acordo celebrado por pessoa física não é extensível à pessoa jurídica da qual o delator-colaborador faz parte.

1.2. Leniência anticorrupção

Em linha com a mudança ocorrida no âmbito da defesa da concorrência, a Lei nº 12.846/2013 (Lei Anticorrupção) passou a prever a possibilidade de celebração de acordos de leniência. Proposta pelo Poder Executivo em resposta aos compromissos internacionais assumidos pelo Brasil, a norma dispõe sobre o enfrentamento da corrupção e cria mecanismos de responsabilização civil e administrativa de pessoas jurídicas pela prática de atos contra a Administração Pública nacional ou estrangeira.

São infrações previstas na Lei Anticorrupção: (i) prometer, oferecer ou dar, direta ou indiretamente, vantagem indevida a agente público, ou a terceira pessoa a ele relacionada; (ii) utilizar-se de interposta pessoa física ou jurídica para ocultar ou dissimular seus reais interesses ou a identidade dos beneficiários dos atos praticados; (iii) frustrar o caráter competitivo de processo licitatório público, obter benefício indevido, de modo fraudulento, de modificações ou prorrogações de contratos celebrados com a administração pública ou fraudar o equilíbrio econômico-financeiro dos contratos celebrados com a administração pública; (iv) dificultar atividade de investigação ou fiscalização pública; e (v) financiar, custear, patrocinar ou subvencionar a prática dos atos ilícitos anteriormente mencionados.

Tais infrações, praticadas por pessoas jurídicas, podem ser objeto de acordo de leniência, celebrado com a Controladoria-Geral da União – CGU, órgão competente no âmbito do Poder Executivo Federal, bem como no caso de atos lesivos praticados contra a administração pública estrangeira.

A celebração do acordo de leniência não exime o celebrante do dever de reparar integralmente o dano eventualmente causado ao erário. Todavia, o valor da multa aplicável – que pode variar de 0,1% a 20% do faturamento bruto da pessoa jurídica no exercício anterior – pode ser reduzida em até 2/3 (dois terços), desde que não seja menor à vantagem auferida. Além disso, o acordo também isenta a pessoa jurídica da obrigação de publicar a decisão condenatória em jornais de grande circulação, bem como da proibição de receber incentivos, subsídios, subvenções, doações ou empréstimos de órgãos ou entidades públicas ou de instituições financeiras públicas ou controladas pelo Poder Público. Pode, ademais, atenuar as sanções administrativas previstas na Lei nº 8.666/1993.

Os efeitos do acordo de leniência podem ser estendidos às pessoas jurídicas que integram o mesmo grupo econômico, desde que firmem o acordo em conjunto, respeitadas as condições nele estabelecidas. Em caso de descumprimento do acordo, a pessoa jurídica fica impedida de celebrar novo acordo com a Administração pelo prazo de 3 (três) anos.

O acordo somente poderá ser celebrado com a efetiva colaboração com as investigações, desde que permita a identificação de outros participantes ou sejam apresentadas informações e documentos que comprovem o ilícito investigado. Cuida-se, nesse sentido, de elemento que tem por objetivo ampliar a detecção e a sanção dos atos que atentem contra a Administração, bem como a possibilidade de reparação dos danos causados ao erário, com a recuperação de valores.

A pessoa jurídica deve ser a primeira a manifestar seu interesse em cooperar para a apuração do ato ilícito, admitindo a sua participação, mas cessando, por completo, seu envolvimento na infração. Além disso, o signatário vincula-se a padrões de integridade e *compliance*, com vistas à criação de um ambiente negocial mais saudável e à prevenção de futuros atos de corrupção. O acordo de leniência poderá, ainda, estipular outras condições necessárias para assegurar sua efetividade e o resultado útil do processo. Destaque-se que a Lei Anticorrupção foi regulamentada pelo Decreto nº 8.420/2015 e pela Portaria Interministerial nº 2.278/2016, das quais se extrai o procedimento detalhado para a celebração dos acordos de leniência no âmbito do Poder Executivo.

A proposta de acordo pode ser feita até conclusão do relatório no Processo Administrativo de Responsabilização e recebe tratamento sigiloso, somente se tornando pública após a efetivação do acordo, a menos que o sigilo se imponha em razão de interesse das investigações. A Advocacia Geral da União – AGU participa em todas as fases do acordo, indicando um integrante dos seus quadros para compor a Comissão de Negociação, podendo rejeitar a proposta de acordo de leniência. A proposta de acordo rejeitada, contudo, não implica reconhecimento da prática do ato ilícito investigado.

Não há previsão legal de participação do Ministério Público nos acordos de leniência da Lei Anticorrupção e nem do Tribunal de Contas da União, os quais, todavia, tem se imiscuído nessa seara seja pela atuação direta ou pela fiscalização desses acordos com base na Instrução Normativa nº 74/2015, respectivamente.

1.3. O acordo administrativo em processos de supervisão

Os acordos de leniência também estão previstos no âmbito do Banco Central da Comissão de Valores Mobiliários – CVM. Inicialmente, foram regulados na Medida Provisória nº 784/2017, cujas disposições foram, posteriormente e com alguns ajustes, inseridas na Lei nº 13.506/2017.

O acordo em processo de supervisão pode ser celebrado pelo Banco Central ou pela CVM com pessoas físicas ou jurídicas que confessarem a prática de infração às normas legais ou regulamentares cujo cumprimento caiba a estes órgãos fiscalizar, nos casos em que a autoridade administrativa não dispuser de provas suficientes para assegurar a condenação dos investigados.

O acordo depende da efetiva cooperação do celebrante para apuração dos fatos, com a identificação dos demais envolvidos na infração ou a obtenção de informações e documentos que comprovem a infração noticiada ou sob investigação. O celebrante deve, ainda, cessar a infração a partir da data da propositura do acordo. A proposta de acordo é mantida sob sigilo até que seja ele seja celebrado, conduzindo à extinção da punibilidade ou à redução da pena de 1/3 (um terço) a 2/3 (dois terços). Caso a pessoa jurídica não seja a primeira a se qualificar com respeito à infração noticiada ou sob investigação somente poderá se beneficiar da redução de 1/3 (um terço) da penalidade aplicável.

A celebração do acordo suspende o prazo prescricional no âmbito administrativo com relação ao signatário, mas não afeta a atuação do Ministério Público e demais órgãos públicos no âmbito das suas respectivas competências.

1.4. O acordo de colaboração premiada do direito penal

No âmbito penal, a colaboração foi introduzida no ordenamento com a Lei nº 8.072/1990 ("Lei dos Crimes Hediondos"), a qual previu a possibilidade de redução da pena do participante ou associado que, em casos de crimes de extorsão mediante sequestro, quadrilha ou bando, crimes hediondos ou, ainda, crimes de tortura, de tráfico ilícito de entorpecentes ou de terrorismo, denunciasse os coautores, permitindo o seu desmantelamento.

Um dos instrumentos criados para assegurar condições materiais de segurança ao delator foi inserido no ordenamento jurídico pela Lei nº 9.807/99 (Lei de Proteção a Testemunhas). A Lei previu a aplicação de medidas especiais de segurança ao colaborador, dentro ou fora da prisão, como a custódia em dependência prisional diversa dos delatados.

A mesma lei previu, ademais, a possibilidade de redução da pena ou, ainda, de concessão de perdão judicial e consequente extinção de punibilidade ao acusado primário que colabora efetiva e voluntariamente com a investigação e o processo criminal de modo a viabilizar a identificação de coautores e partícipes, a localização da vítima com integridade física preservada ou a recuperação do produto do crime.

Mas foi a partir de 2013, com a edição da Lei nº 12.850/13 ("Nova Lei das Organizações Criminosas"), que o instituto da colaboração premiada passou a ser disciplinado com maior detalhamento. Nos termos da lei, é possível a concessão de perdão judicial ou, ainda, da redução da pena restritiva de liberdade ou da sua substituição por pena alternativa, desde que o indivíduo colabore, efetiva e voluntariamente, com a investigação e o processo criminal.

O acordo de colaboração é celebrado apenas com membro de uma organização criminosa investigada, desde que não se trate do seu líder. A concessão de benefícios está, ainda, condicionada a determinados resultados, não cumulativos: a identificação de coautores e partícipes da infração, a revelação da estrutura hierárquica e da divisão de tarefas da organização criminosa, a prevenção de infrações das atividades da organização, a recuperação total ou parcial do produto do crime, ou a localização de eventual vítima com a sua integridade física preservada. Nenhuma condenação, no entanto, pode fundar-se exclusivamente nas declarações de um agente colaborador, razão pela qual o instituto da colaboração premiada é considerado um meio de obtenção de prova.

As negociações são realizadas entre o delegado de polícia, o investigado e o defensor ou, ainda, entre o Ministério Público, o investigado ou acusado e o seu defensor e, uma vez finalizado, o termo é submetido à homologação judicial. Caberá ao juiz, portanto, atestar a sua regularidade, legalidade e voluntariedade, podendo eventualmente recusar ou adequar a proposta de acordo, embora não participe da sua negociação. Até o recebimento da denúncia relativa aos crimes investigados, a proposta de acordo deve ser mantida em sigilo, como forma de garantir o êxito das investigações.

Nas negociações, o colaborador submete-se ao compromisso legal de dizer a verdade e deve estar, a todo tempo, assistido por defensor. Ao final do procedimento, o delator pode optar por se retratar e, neste caso, as provas autoincriminatórias produzidas não podem ser utilizadas exclusivamente em seu desfavor. Ao delator também são garantidos os direitos de usufruir de medidas de proteção, extensíveis a sua família, de ter seu nome e informações pessoais preservados e de ser conduzido em juízo separadamente dos demais coautores e partícipes, além de cumprir pena em estabelecimento diverso daqueles.

Não há previsão legal de participação de outras instituições ou autoridades administrativas nas negociações e celebração de acordos de colaboração premiada, ainda que elas investiguem infrações associadas à organização criminosa, tais como a improbidade administrativa, o cartel e a corrupção.

As Resoluções nº 181/2017 e 183/2018 do Conselho Superior do Ministério Público disciplinam a celebração de acordo de não persecução penal com investigados que tenham confessado formal e circunstanciadamente a prática de crimes não hediondos e cometidos sem violência ou grave ameaça a pessoa cuja pena mínima seja inferior a quatro anos. Tais acordos são submetidos a homologação judicial e podem impor aos investigados condições como a reparação do dano, a renúncia a bens e direitos provenientes do crime, a prestação de serviços à comunidade ou a entidades públicas, o pagamento de prestação pecuniária a entidade pública ou de interesse social que tenham como função, preferencialmente, proteger os bens jurídicos ofendidos pelo delito, entre outras. Caso sejam descumpridas as condições, caberá ao Ministério Público oferecer denúncia ou, ainda, deixar de oferecer a suspensão condicional do processo.

2. O acordo de não persecução civil na Lei de Improbidade Administrativa

Como se viu, os instrumentos de justiça negocial vêm avançando tanto no âmbito do direito penal como no campo do direito administrativo sancionador, por facilitarem a obtenção de provas, acelerarem o processo de detecção e sancionamento de condutas ilícitas, bem como por viabilizarem uma mais célere recuperação de ativos ao erário. Embora permanecesse em vigor a vedação a qualquer espécie de transação nos casos de ilícito previstos na Lei de Improbidade Administrativa – LIA, alterações legais mais recentes já apontavam no sentido de alteração da norma.

De fato, a Lei nº 13.140/15 (Lei de Mediação) previu expressamente a possibilidade de autocomposição nos conflitos envolvendo pessoa jurídica de direito público, mesmo quando a matéria objeto de litígio esteja sendo discutida em ação de improbidade administrativa.[3] Por sua vez, a Lei nº 13.655/2018, que alterou a Lei de Introdução às Normas do Direito Brasileiro, criou a possibilidade de celebração de compromisso em prol do serviço público, para eliminar situações de incerteza, irregularidade ou situação contenciosa na aplicação do direito público.[4] A tendência a positivar instrumentos de consensualidade levou, ainda, o Conselho Superior do Ministério Público a editar norma com vistas a explicitar o cabimento dos termos de ajustamento de conduta em casos envolvendo ações de improbidade administrativa.[5]

[3] Art. 36. No caso de conflitos que envolvam controvérsia jurídica entre órgãos ou entidades de direito público que integram a administração pública federal, a Advocacia-Geral da União deverá realizar composição extrajudicial do conflito, observados os procedimentos previstos em ato do Advogado-Geral da União (...) § 4º Nas hipóteses em que a matéria objeto do litígio esteja sendo discutida em ação de improbidade administrativa ou sobre ela haja decisão do Tribunal de Contas da União, a conciliação de que trata o caput dependerá da anuência expressa do juiz da causa ou do Ministro Relator.

[4] Decreto-Lei nº 4.657/1942, com a redação dada pela Lei nº 13.655/2018: Art. 26. Para eliminar irregularidade, incerteza jurídica ou situação contenciosa na aplicação do direito público, inclusive no caso de expedição de licença, a autoridade administrativa poderá, após oitiva do órgão jurídico e, quando for o caso, após realização de consulta pública, e presentes razões de relevante interesse geral, celebrar compromisso com os interessados, observada a legislação aplicável, o qual só produzirá efeitos a partir de sua publicação oficial.

[5] Resolução CNMP nº 179/2017: Art. 1º O compromisso de ajustamento de conduta é instrumento de garantia dos direitos e interesses difusos e coletivos, individuais homogêneos e outros direitos de cuja defesa está incumbido o Ministério Público, com natureza de negócio

Além de anacrônica, a disposição que vedava a celebração de acordos em casos de improbidade administrativa (art. 17 da LIA) dificultava a formalização de acordos naqueles casos em que as condutas poderiam ser enquadradas, ao mesmo tempo, tanto como improbidade administrativa quanto como outros ilícitos que poderiam ser alvo de acordos de leniência ou colaboração premiada. O dispositivo chegou a ser revogado pela Medida Provisória nº 703/2015, a qual dispunha sobre os acordos de leniência, mas ela perdeu a sua eficácia por não ter sido convertida em lei.

Apenas em dezembro de 2019, com a edição da Lei nº 13.964/2019, é que o dispositivo foi alterado e passou a admitir expressamente a solução consensual das ações de improbidade administrativa. A alteração do artigo 17 da LIA permitiu a celebração de acordos de não persecução civil, prevendo a possibilidade de as partes requerem ao juiz a suspensão do prazo de contestação por até noventa dias para as tratativas.

Naquele momento, já tramitava na Câmara dos Deputados um Projeto de Lei voltado à revisão integral da LIA que, após mais de 25 anos de vigência, precisava de ajustes para se adequar às mudanças ocorridas na sociedade e se adaptar às construções hermenêuticas da doutrina e da jurisprudência. Criada pela Presidência da Câmara dos Deputados, uma Comissão de Juristas elaborou o PL nº 10.887/2018, cujas propostas avançavam no sentido de admitir a consensualidade também nas ações de improbidade. Em 2019, tais propostas foram integralmente assimiladas ao PL nº 10.372/2018, o qual visava ao aperfeiçoamento da legislação penal – o chamado de "pacote anticrime".

O "pacote anticrime", na redação aprovada pelo Poder Legislativo, assimilava as normativas propostas pela Comissão de Juristas responsáveis pelo PL nº 10.887/2018. Todavia, a Lei nº 13.964/19, resultante, foi alvo de vetos presidenciais substanciais, os quais eliminaram os dispositivos normativos que estabeleciam regras mais detalhadas acerca das circunstâncias e procedimentos que deveriam pautar tais acordos.

jurídico que tem por finalidade a adequação da conduta às exigências legais e constitucionais, com eficácia de título executivo extrajudicial a partir da celebração. (...) § 2º É cabível o compromisso de ajustamento de conduta nas hipóteses configuradoras de improbidade administrativa, sem prejuízo do ressarcimento ao erário e da aplicação de uma ou algumas das sanções previstas em lei, de acordo com a conduta ou o ato praticado.

Conforme se depreende da Mensagem de Veto nº 726, de 24 de dezembro de 2019,[6] as razões para os vetos foram, essencialmente, duas. Quanto ao artigo 17, §2º, que estabelecia que o acordo poderia ser celebrado não apenas na fase investigatória, mas também no curso da ação de improbidade, o veto justificou-se por entender que o dispositivo estimularia o agente infrator a "continuar no trâmite da ação judicial, visto que disporia, por lei, de um instrumento futuro com possibilidade de transação". Já os demais dispositivos foram vetados, nos termos do parecer da Advocacia Geral da União, por prever que o acordo fosse celebrado exclusivamente pelo Ministério Público, excluindo, portanto, o ente público lesado pelo ato ímprobo, legitimado ativo para a propositura da ação de improbidade administrativa e interessado no resultado da demanda.

O resultado é que a norma foi sancionada sem nenhum dispositivo que estabelecesse as condições, circunstâncias e limites que tais acordos deveriam observar. O silêncio normativo acerca de aspectos cruciais dos acordos de não persecução civil na improbidade inevitavelmente suscitou dúvidas, criando um ambiente de incerteza que tendia a desestimular o sucesso do instrumento negocial, além de abrir espaço para soluções *ad hoc*, tomadas de maneira casuísta, em prejuízo da isonomia e da segurança jurídica.

A continuidade do debate doutrinário e legislativo em torno do tema, no entanto, resultou em alterações normativas complementares. No final de 2021, a Lei nº 14.230/21 promoveu ampla reforma da LIA e, finalmente, criou contornos mais claros para os acordos de não persecução civil nessas ações. O novo artigo 17-B da LIA delimita quem são os atores legitimados para celebrar o acordo, como deve se dar a participação de outros órgãos de controle, quais são as condições e obrigações para a celebração do acordo e, também, as consequências em caso de descumprimento. O quadro I, anexo, sumariza o histórico das recentes alterações normativas quanto aos acordos de não persecução civil nas ações de improbidade administrativa.

[6] Disponível em <http://www.planalto.gov.br/ccivil_03/_ato2019-2022/2019/Msg/VEP/VEP-726.htm>, acesso em 14.02.2020.

2.1. Legitimados para celebrar o acordo e participação de outros órgãos de controle

As previsões normativas dos dois projetos de lei que propunham a alteração da LIA atribuíam exclusivamente ao Ministério Público a legitimidade para negociar o acordo, nos mesmos moldes da colaboração premiada do âmbito penal. De fato, a atuação do Ministério Público é essencial, sobretudo tendo em vista que, em alguns casos, é possível que haja notícia de atos de corrupção de agentes políticos ou, ainda, que a eficácia probatória do acordo fique vinculada à celebração de acordo de colaboração premiada.

A exclusão da possibilidade de o acordo ser firmado com a pessoa jurídica de direito público, no entanto, sofreu resistência e deu causa ao veto presidencial ao dispositivo em 2019, conforme se adiantou. Com a alteração promovida na LIA pela Lei nº 14.230/21, no entanto, eliminou-se definitivamente a legitimação plural para a propositura da ação de improbidade administrativa. Atualmente, apenas o Ministério Público – e não mais a pessoa jurídica de direito público lesada – é competente para ajuizar a demanda. Com isso, os acordos de não persecução civil também passaram a ser celebrados exclusivamente com o Ministério Público.

Não obstante, tendo em vista que o ato de improbidade ofende diretamente um ente administrativo, a quem serão revertidos eventuais valores subtraídos do erário (art. 17-B, inc. II, LIA), é fundamental que tal pessoa jurídica de direito público possa intervir no processo de negociação, em especial, para opinar quanto ao recebimento de tais valores. Cuida-se de medida similar ao procedimento que vem sendo adotado no âmbito dos acordos de leniência anticorrupção, nos quais a AGU participa diretamente. Nesse sentido, a legislação passou a exigir a oitiva do ente federativo lesado, em momento anterior ou posterior à propositura da ação.

Ademais, o acordo deve ser submetido à apreciação do Conselho Superior do Ministério Público e, ainda, à homologação judicial, de modo a garantir que seja avaliada e confirmada a sua vinculação ao interesse público. Por fim, existe previsão de manifestação do Tribunal de Contas competente acerca da apuração do valor do dano a ser ressarcido. A fiscalização do ajuste pela Corte de Contas tem prazo de 90 dias para ocorrer e deve indicar, necessariamente, os parâmetros utilizados pelo órgão de controle. Não há previsão, no entanto, de participação de outros órgãos de controle que, porventura, possam estar investigando os mesmos atos e que detenham legitimidade para a celebração de acordos de leniência, como o Banco Central, a CVM, o CADE. Cuida-se, é certo, de ponto de tensão institucional que, na prática e na ausência de disposição normativa expressa, tenderá a se verificar.

2.2. Condições e obrigações para a celebração do acordo

Ambas as proposições de alteração da LIA ora analisadas trabalhavam com a possibilidade de que o acordo fosse firmado tanto na fase investigatória quanto no curso da ação de improbidade. A sugestão foi inicialmente rejeitada pela Presidência da República, ao argumento de que a possibilidade de acordo posterior estimularia que o réu desse continuidade à demanda, contrariando a eficiência e o interesse público.

O entendimento, no entanto, não prevaleceu e, na esteira da tendência doutrinária e jurisprudencial, a Lei nº 14.230/21 ampliou ainda mais as hipóteses de cabimento de celebração do acordo, que passou a poder ser celebrado no curso da investigação de apuração do ilícito, no curso da ação de improbidade ou, ainda, no momento da execução da sentença condenatória. De fato, o interesse público e a eficiência também são prestigiados com a solução mais breve do conflito (Mello Porto, 2020). Nesse sentido, o acordo se torna uma alternativa mais econômica do que a formação de título executivo judicial definitivo.

Ao que tudo indica, o legislador buscou balancear o possível estímulo à continuidade das demandas de improbidade decorrente da possibilidade permanente de celebração de acordos com a previsão do §2º do artigo 17-B, nos termos do qual a celebração do acordo deverá considerar, entre outras questões, as vantagens, para o interesse público, da rápida solução do caso.

É certo, no entanto, que teria sido possível imaginar outros mecanismos de estímulo à celebração de acordos, como a ampliação expressa das potenciais vantagens de um acordo conforme ele seja celebrado nas etapas mais iniciais de uma demanda judicial, por exemplo, ou a limitação da possibilidade de acordo ao primeiro agente infrator, em casos de litisconsórcio passivo. É possível que um debate público mais extensivo sobre o tema pudesse ter resultado em um desenho normativo mais robusto e maduro.

Note-se ainda que, diferentemente dos diplomas normativos já existentes e que disciplinam os acordos de colaboração e leniência, as alterações promovidas na LIA não detalham o tipo ou grau de colaboração esperada do signatário com as investigações ou com o processo administrativo ou judicial.

Assim, não há menção à necessidade de identificação de outros envolvidos na infração ou ao fornecimento de informações e documentos comprobatórios. Também não foram mencionadas a necessidade de fazer cessar a atividade ímproba alvo da investigação ou do processo, de admitir a participação no ilícito e de cooperar, plena e permanentemente, com as investigações e o processo administrativo e judicial, apresentando documento e comparecendo, sempre que solicitado, aos atos processuais necessários.

A única disposição nesse sentido foi o §6º do artigo 17-B da LIA, que expressamente permite que os acordos firmados contemplem medidas saneadoras no âmbito de pessoas jurídicas, como a adoção de mecanismos e procedimentos internos de integridade, de auditoria e de incentivo à denúncia de irregularidades e a aplicação de códigos de ética e de conduta, além de medidas de boas práticas administrativas.

Por se tratar de dispositivos vinculados tanto ao direito sancionatório quanto à proteção da moralidade administrativa e do interesse público, a menção mais pormenorizada às condições para a celebração do acordo seria de suma relevância. O resultado seria garantir maior segurança jurídica e evitar que a prática eventualmente possa desvirtuar o instituto que, como se viu, presta-se justamente a aumentar a capacidade investigatória do Estado e a coibir com maior rapidez e eficiência infrações graves contra Administração Pública. Por outro lado, condições, critérios e limites de atuação por parte do Poder Público podem evitar excessivo grau de discricionariedade que, somado a ausência de mecanismos de *accountability*, podem ser responsáveis por aumento da insegurança jurídica e atuações personalíssimas extensivas aos limites constitucionais e legais de garantias individuais.

Por fim, o §7º do artigo 17-B da LIA determina que, caso os signatários descumpram o acordo, ficarão impedidos de celebrar novo acordo pelo prazo de 5 (cinco) anos. A redação final da norma não deixa claro se se trata apenas dos acordos de não persecução civil previstas na LIA ou se o dispositivo se refere, de forma genérica, a quaisquer acordos com a Administração Pública, incluindo os acordos de leniência e de colaboração premiada, por exemplo. Ainda que a segunda interpretação pareça mais adequada, por contemplar uma leitura mais sistemática da legislação em vigor, cuida-se de ponto acerca do qual debates doutrinários e jurisprudenciais tenderão a ser suscitados.

A reforma legislativa também não previu se as negociações e o acordo resultante receberão tratamento sigiloso ou se serão tornados públicos. Adotando a linha dos demais diplomas normativos sobre a matéria, no entanto, o sigilo nas tratativas e a publicidade do resultado, ressalvados os casos em que a manutenção do sigilo interesse às investigações, parece ser o procedimento mais adequado e recomendado.

Ademais, não se dispôs expressamente sobre as consequências para as partes envolvidas, caso a proposta de acordo seja rejeitada. Cuida-se de aspecto central para garantir a efetividade do instituto, pois a participação do acusado ou do réu nas tratativas depende, em larga medida, de garantir condições que lhe ofereçam alguma segurança em caso de frustração das negociações. Nesse sentido, teria sido interessante que a norma previsse, expressamente, que a rejeição ou a desistência do acordo não importará reconhecimento da prática de ato ilícito e não poderá ser usada para iniciar outras investigações contra o celebrante.

2.3. Consequências do acordo

Em função das alterações normativas promovidas na LIA, a celebração do acordo de não persecução civil deve levar em conta a personalidade do agente, a natureza, as circunstâncias, a gravidade e a repercussão social do ato de improbidade, bem como as vantagens, para o interesse público, na rápida solução do caso. O único limite à negociação imposto pelas normas diz respeito à eficácia patrimonial do ajuste, exigindo- se o integral ressarcimento do dano e a reversão à pessoa jurídica lesada da vantagem indevida eventualmente obtida.

É verdade que, inicialmente, pretendeu-se exigir do celebrante do acordo o pagamento de multa civil, mas essa exigência foi descartada ao longo do processo legislativo. De fato, a multa civil é sanção patrimonial geralmente gravosa que, se mitigada em função do grau de colaboração com as autoridades ou, até mesmo, ao potencial de abreviação do processo, pode tornar mais atrativa a opção pelo acordo por parte do investigado ou do réu em ação de improbidade administrativa.

Exige-se, no entanto, o ressarcimento integral do dano e à reversão de eventual vantagem indevida auferida à entidade lesada. A opção normativa, tal qual lançada, tem a vantagem de evitar maiores questionamentos acerca da impossibilidade de disposição com a patrimônio público. Todavia, em determinados casos, é possível que a reparação parcial do dano possa ser considerada mais vantajosa do que a continuidade da demanda ou a instauração de processo judicial.

Nesse sentido, talvez se pudesse cogitar de critérios menos restritivos, aferindo-se a vantagem do acordo a partir de considerações acerca dos custos diretos e indiretos da lide, do tempo de duração do processo, da perspectiva de adimplemento ao final do processo e da probabilidade de procedência do processo.

Além disso, é de se notar que os pagamentos a título de ressarcimento do erário em acordo não impedem a propositura de ação civil de reparação de danos. Nesse sentido, com vistas a melhor harmonizar os diversos diplomas normativos incidentes sobre um único fato concreto, a norma poderia prever procedimento de compensação de valores, bem como o tratamento aos devedores solidários, caso existam.

Para além das questões patrimoniais, o artigo ora analisado não traz outros critérios que possam pautar as negociações quanto às demais sanções restritivas de direito previstas no artigo 12 da Lei de Improbidade Administrativa, nomeadamente as sanções de perda da função pública, a suspensão de direitos políticos e a proibição temporária de contratar com o Poder Público. Por se tratar de restrições relevantes de direitos fundamentais, quer parecer que a criação de critérios legais poderia contribuir com essa negociação, assegurando segurança jurídica a todos os envolvidos.

A consequência necessária da celebração do acordo é a não propositura ou a extinção da ação de improbidade eventualmente existente com resolução de mérito, impedindo-se a propositura de nova demanda em face das mesmas pessoas com base nos mesmos fatos. Previsão normativa nesse sentido, no entanto, seria salutar a fim de assegurar a segurança jurídica a tais acordos.

Por fim, consigne-se que o legislador perdeu a oportunidade de prever, expressamente, o cabimento de outras formas de consensualidade na improbidade administrativa que não o acordo de não persecução civil do artigo 17-B da LIA. Com efeito, trata-se de uma modalidade de acordo substitutivo de sanção, o qual pressupõe a culpabilidade do celebrante. É certo, no entanto, que o ordenamento jurídico brasileiro já disciplina outros instrumentos consensuais, como os Termos de Ajustamento de Conduta e dos compromissos previstos na Lei nº 13.655/18, os quais buscam a satisfação do interesse público de forma mais flexível e criativa. Diante da tendência à ampliação dos instrumentos consensuais, não há razões para deixar de admitir outros mecanismos de consensualidade já admitidos em lei também para a resolução dos casos de improbidade administrativa.

Conclusões

Os acordos de leniência e de colaboração premiada vêm ganhando centralidade nos debates jurídicos atuais, sendo considerados importantes meios de obtenção de prova e, bem assim, relevantes mecanismos de detecção e repressão aos ilícitos envolvendo o patrimônio público. A base de tais instrumentos é o modelo de incentivos traçado nas concepções matemáticas da teoria dos jogos.

A possibilidade de negociar sanções em casos envolvendo o Direito Penal e o Direito Administrativo Sancionador evidenciava a necessidade de atualização do ordenamento jurídico que, até muito recentemente, vedava qualquer espécie de transação, acordo ou conciliação nos processos de responsabilização dos agentes públicos por atos de improbidade administrativa que tenham praticado. Importante passo nesse sentido, o PL nº 10.887/2018 propôs que se passasse a admitir a consensualidade e a celebração de acordos também nas ações de improbidade, regulando seu procedimento a partir da alteração do artigo 17 da Lei nº 8.429/92.

Os dispositivos normativos propostos foram inicialmente assimilados pela Lei nº 13.964/19, que finalmente autorizou a celebração de acordo de não persecução civil em casos envolvendo improbidade administrativa. Tal mudança legislativa, todavia, ocorreu sem a fixação de regras acerca de aspectos cruciais para o sucesso do instrumento, tornando impositiva a continuidade dos debates sobre o tema, a fim de orientar a prática jurídica e uma possível alteração normativa complementar.

Mais recentemente, a Lei nº 14.230/21 promoveu a reforma da LIA e deu contornos mais claros aos acordos de não persecução civil, delimitando os atores legitimados para a sua celebração, a possibilidade de participação de outros órgãos de controle, as condições e obrigações para a celebração do acordo e, também, as consequências em caso de descumprimento.

Tomando por base os diplomas normativos já existentes em outras esferas nas quais a composição é admitida, o presente artigo analisou as recentes alterações normativas e buscou apresentar os pontos em que as normas aprimoram o ordenamento jurídico e aqueles em relação aos quais a norma poderia ter sido ainda mais robusta ou clara.

A admissão da consensualidade nas ações de improbidade administrativa é fruto de uma tendência à admissão de instrumentos consensuais no Direito Sancionador, de forma mais ampla. A sua normatização enfrenta a difícil tarefa de promover a coordenação entre os diversos procedimentos penais, civis e administrativos que podem eventualmente versar sobre os mesmos fatos, a fim de garantir a melhor utilização dos recursos humanos e materiais dos órgãos de controle, bem como para evitar a desproporcionalidade das sanções impostas ao réu (MACHADO, 2015; TEIXEIRA et. al., 2018). Desafia, ainda, o Direito Administrativo clássico e exige do intérprete e do operador do direito a abertura à bilateralidade e à criatividade na busca pela concretização do interesse público. Sem prejuízo da atenção e intensificação dos debates sobre limites e critérios que possam garantir coordenação dos legitimados, maior clareza de competências e atribuições, menor margem de discricionariedade e maior grau de *accountability* do Poder Público.

A recente atualização da Lei de Improbidade Administrativa deve ser vista, assim, como uma oportunidade para que tais questões, tão complexas quanto relevantes, possam ser mais profundamente debatidas e endereçadas.

Referências

BANDEIRA DE MELLO, Celso Antônio. **Curso de Direito Administrativo**. 19ª edição.

Editora Malheiros. São Paulo, 2005.

CARVALHO FILHO, José dos Santos. **Manual de Direito Administrativo**. 15ª edição. Editora Lúmen Júris. Rio de Janeiro, 2006.

FARIA, José Eduardo. "**Corrupção, justiça e moralidade pública**". São Paulo: Perspectiva, 2019.

GARCIA, Emerson. "**A consensualidade no direito sancionador brasileiro**: potencial incidência no âmbito da Lei nº 8.429/92". *In* <https://www.conamp.org.br/pt/biblioteca/artigos/item/1745-a-consensualidade-no-direito-

sancionador-brasileiro-potencial-incidencia-no-ambito-da-lei-n-8-429-1992.html>

MACHADO, Maira Rocha. "Crime e/ou improbidade? Notas sobre a performance do sistema de justiça em casos de corrupção". **Revista Brasileira de Ciências Criminais**, v. 112, p. 189-211, 2015.

MELLO PORTO, José Roberto. "O pacote anticrime e os acordos em matéria de improbidade administrativa". In **Consultor Jurídico**, Opinião, 13 fev. 2020. Disponível em <https://www.conjur.com.br/2020-fev-13/mello-porto-pacote-anticrime-acordos-improbidade>.

NEISSER, Fernando Gaspar. "**A responsabilidade subjetiva na improbidade administrativa: Um debate pela perspectiva penal**". Tese de Doutorado, Faculdade de Direito da Universidade de São Paulo, São Paulo, 2018. 313p.

TEIXEIRA, Adriano; ESTELLITA, Heloisa; CAVALI, Marcelo. "Ne bis in idem e o cúmulo de sanções penais e administrativas – um Estado Hidra de Lerna? *In*: **Jota** 01.08.2018, disponível em [https://www.jota.info/opiniao-e-analise/artigos/ne-bis-in-idem-e-o-cumulo-de-sancoes-penais-e- administrativas-01082018]

ANEXO I

QUADRO COMPARATIVO: HISTÓRICO DE ALTERAÇÕES NORMATIVAS SOBRE OS ACORDOS DE NÃO PERSECUÇÃO CIVIL NA LEI DE IMPROBIDADE ADMINISTRATIVA

PL nº 10.887/2018 Comissão de Juristas Primeira proposta de reforma da LIA	**PL nº 10.372/2018 Pacote anticrime Aperfeiçoamento da legislação penal**	**Lei nº 13.964/2019 Resultante do PL nº 10.372/18, com vetos presidenciais**	**Lei 14.230/2021 – resultante do PL nº 10.887/2018**
Art. 17, §1º. <u>**Revogado**</u> ("é vedada a transação, acordo ou conciliação nas [ações de improbidade administrativa]").	Art. 17, §1º. As ações de que trata este artigo **admitem** a celebração de acordo de não persecução cível, nos termos desta Lei.	Art. 17, §1º. As ações de que trata este artigo **admitem** a celebração de acordo de não persecução cível, nos termos desta Lei.	Art. 17, §1º. <u>**Revogado**</u> ("é vedada a transação, acordo ou conciliação nas [ações de improbidade administrativa]").
Art. 17, §7º. Havendo a possibilidade de solução consensual, poderão as partes requerer ao juiz a interrupção do prazo para a contestação, por prazo não superior a 90 (noventa) dias.	Art. 17, §10-A. Havendo a possibilidade de solução consensual, poderão as partes requerer ao juiz a interrupção do prazo para a contestação, por prazo não superior a 90 (noventa) dias.	Art. 17, §10-A. Havendo a possibilidade de solução consensual, poderão as partes requerer ao juiz a interrupção do prazo para a contestação, por prazo não superior a 90 (noventa) dias.	(sem correspondente)

Art. 17-A. OMinistério Público poderá conformeas circunstâncias do caso concreto, celebrar acordo de não persecução cível, desde que, ao menos, advenham os seguintes resultados: I – o integral ressarcimento do dano; II – a reversão, à pessoa jurídica lesada, da vantagem indevida obtida, ainda que oriunda de agentes privados; III – o pagamento de multa.	Art. 17-A. O Ministério Público poderá, conforme as circunstâncias do caso concreto, celebrar acordo de não persecução cível, desde que, ao menos, advenham os seguintes resultados: I – ointegral ressarcimento do dano; II – a reversão, à pessoa jurídica lesada, da vantagem indevida obtida, ainda que oriunda de agentes privados; III – o pagamento de multa **de até 20% (vinte por cento) do valor do dano ou da vantagem auferida, atendendo a situação econômica do agente.**	Vetado.	Art. 17-B. O Ministério Público poderá, conforme as circunstâncias do caso concreto, celebrar acordo de não persecução civil, desde que dele advenham, ao menos, os seguintes resultados: I – o integral ressarcimento do dano; II – a reversão à pessoa jurídica lesada da vantagem indevida obtida, ainda que oriunda de agentes privados.
Art. 17-A, §1º. Em qualquer caso, a celebração do acordo levará em conta a personalidade do agente, a natureza, as circunstâncias, a gravidade e arepercussão social doato de improbidade, bem como as vantagens, para ointeresse público, na rápida solução do caso.	Art. 17-A, §1º. Em qualquer caso, a celebração do acordo levará em conta a personalidade do agente, a natureza, as circunstâncias, a gravidade e arepercussão social do ato de improbidade, bem como as vantagens, para o interesse público, na rápida solução do caso.	Vetado.	Art. 17-B, § 2º Em qualquer caso, a celebração do acordo a que se refere o caput deste artigo considerará a personalidade do agente, a natureza, as circunstâncias, a gravidade e a repercussão social do ato de improbidade, bem como as vantagens, para o interesse público, da rápida solução do caso.

(sem correspondente)	(sem correspondente)	(sem correspondente)	Art. 17-B, § 3º Para fins de apuração do valor do dano a ser ressarcido, deverá ser realizada a oitiva do Tribunal de Contas competente, que se manifestará, com indicação dos parâmetros utilizados, no prazo de 90 (noventa) dias.
Art. 17-A, §2º. O acordo também poderá ser celebrado no curso de ação de improbidade.	Art. 17-A, §2º. O acordo também poderá ser celebrado no curso de ação de improbidade.	Vetado.	Art. 17-B, § 4º O acordo a que se refere o caput deste artigo poderá ser celebrado no curso da investigação de apuração do ilícito, no curso da ação de improbidade ou no momento da execução da sentença condenatória.
Art. 17-A, §3º. As negociações para a celebração do acordo ocorrerão entre o Ministério Público e oinvestigadoou demandado e o seu defensor.	Art. 17-A, §3º. As negociações para a celebração do acordo ocorrerão entre o Ministério Público e oinvestigadoou demandado e o seu defensor.	Vetado.	Art. 17-B, § 5º As negociações para a celebração do acordo a que se refere o caput deste artigo ocorrerão entre o Ministério Público, de um lado, e, de outro, o investigado ou demandado e o seu defensor.

Art. 17-A, §4º. O acordo celebrado pelo órgão do Ministério Públicocom atribuição, no plano judicialou extrajudicial, deve ser objeto de aprovação, no prazo de até 60 (sessenta) dias, pelo órgão competente para apreciar as promoções de arquivamento do inquérito civil. Art. 17-A, §5º Cumprido o disposto no parágrafo anterior, o acordoserá encaminhado ao juízo competente para fins de homologação.	Art. 17-A, § 4º. O acordo celebrado pelo órgão do Ministério Público com atribuição, no plano judicial ou extrajudicial, deve ser objeto de aprovação, no prazo de até 60 (sessenta) dias, pelo órgão competente para apreciar as promoções de arquivamento do inquérito civil. Art. 17-A, § 5º Cumprido o disposto no § 4º deste artigo, o acordoserá encaminhado ao juízo competente para fins de homologação.	Vetado.	Art. 17-B, § 1º A celebração do acordo a que se refere o caput deste artigo dependerá, cumulativamente: I – da oitiva do ente federativo lesado, em momento anterior ou posterior à propositura da ação; II – de aprovação, no prazo de até 60 (sessenta) dias, pelo órgão do Ministério Público competente para apreciar as promoções de arquivamento de inquéritos civis, se anterior ao ajuizamento da ação; III – de homologação judicial, independentemente de o acordo ocorrer antes ou depois do ajuizamento da ação de improbidade administrativa.
(sem correspondente)	(sem correspondente)	(sem correspondente)	Art. 17-B,§ 6º O acordo a que se refere o caput deste artigo poderá contemplar a adoção de mecanismos e procedimentos internos de integridade, de auditoria e de incentivo à denúncia de irregularidades e a aplicação efetiva de códigos de ética e de conduta no âmbito da pessoa jurídica, se for o caso, bem como de outras medidas em favor do interesse público e de boas práticas administrativas.

(sem correspondente)	(sem correspondente)	(sem correspondente)	Art. 17-B, § 7º Em caso de descumprimento do acordo a que se refere o caput deste artigo, o investigado ou o demandado ficará impedido de celebrar novo acordo pelo prazo de 5 (cinco) anos, contado do conhecimento pelo Ministério Público do efetivo descumprimento.”

(Fonte: elaboração própria)

PARTE III

DESAFIOS PARA A ADEQUADA TUTELA DA PROBIDADE ADMINISTRATIVA

1. IMPROBIDADE ADMINISTRATIVA, PRESCRIÇÃO PATRIMONIAL E CONSEQUENCIALISMO (ACÓRDÃO RE 852.475, TEMA 897)

Fernando Facury Scaff

Eu tenho sempre como princípio que a gente tem que rezar para não perder o senso de justiça, mas, se nossas orações não são efetivas, pelo menos que Deus nos ajude a não perder o senso do ridículo.

Ministro Gilmar Mendes, confirmação de voto no RE 852.475.

1. Objeto da análise

Prescrição significa a perda do direito de ação contra outrem, e é um instituto jurídico que milita a favor da estabilização das relações sociais, aspecto que é reconhecido por qualquer manual de Direito e afirmado na ementa do Acórdão RE 852.457, cujo relator para o acórdão foi o Ministro Edson Fachin, líder da divergência, em face do voto apresentado pelo relator originário, Ministro Alexandre de Moraes.

A despeito dessa proclamação firme e sólida em prol da segurança jurídica, a decisão do STF no julgamento referido, *leading case* da matéria, foi no sentido de que "são imprescritíveis as ações de ressarcimento ao erário fundadas na prática de ato doloso tipificado na Lei de Improbidade Administrativa", tema 897, fixado em repercussão geral, julgada em 08 de agosto de 2018.

Com tal entendimento, o STF estabeleceu a única hipótese de inaplicabilidade de prescrição patrimonial *extintiva* no ordenamento jurídico brasileiro, que trará muita insegurança jurídica nas relações sociais daí advindas, pois será possível que fatos ocorridos no já remoto ano de 1992, há quase trinta anos, com todos os partícipes falecidos, venham a ser objeto de ações de ressarcimento por danos ao erário, fundadas na alegação de improbidade administrativa.

O objeto deste artigo é examinar como isso ocorreu e o viés consequencialista presente no julgamento, isto é, quais fatores externos aos autos influenciaram a tomada de decisão pelo STF, em face da mudança de posição adotada por dois Ministros, que, após proclamarem seus votos na Sessão de julgamento ocorrida em 02 de agosto de 2018, alteraram radicalmente seu entendimento uma semana após, *retificando* seus votos na Sessão seguinte, em 08 de agosto de 2018, a fim de consolidar a apertada maioria de 6 a 5 em prol da imprescritibilidade. O foco normativo do debate foi a interpretação do §5º, do art. 37, da Constituição.

Não há nada que se possa apontar como *formalmente errado* no julgamento. Nada impede que um Ministro modifique seu voto antes de encerrado o julgamento. Isso já foi feito inúmeras vezes. O fundamento é sempre uma melhor reflexão acerca da matéria em debate, o que pode ocorrer pela oitiva do voto dos demais Ministros que se manifestam posteriormente. Isso é até um ponto positivo das decisões colegiadas, pois a escuta e o debate em confronto de ideias permitem melhor compreensão do tema.

O que se destaca no presente caso é a virada de 180 graus efetuada pelos Ministros Roberto Barroso e Luiz Fux na matéria, que haviam assentado seus votos em uma posição e a deslocaram na direção oposta, declaradamente influenciados por fatores externos aos autos e aos debates ocorridos na Corte. Isso não quer dizer que os demais Ministros, que adotaram a posição A ou B, neste ou em outros casos, também não tenham sido influenciados por fatores externos. O ponto é que, neste caso, isso foi declarado formalmente nos votos e nos debates ocorridos durante o julgamento.

Repete-se, para que não restem dúvidas: não há nada de formalmente errado em assim proceder. Não é um caso de nulidade, nem de invalidade, e nem de fraude ou qualquer outro vício que macule a posição adotada pelo Colegiado julgador. Não é o caso em apreço.

O que se aponta é apenas a existência de um comportamento declaradamente *consequencialista* na análise das normas, deixando de lado aspectos consagrados pelo Direito para a interpretação das normas constitucionais, validando as expectativas surgidas no seio da sociedade, veiculadas de diversas formas, dentre elas pela mídia e outras formas de pressão sobre aquelas pessoas que estão imbuídas da árdua missão de serem os *guardas da Constituição*, jamais seus *donos*. O assim chamado *clamor popular* ficou patente na mudança de posicionamento desses dois Ministros em seus votos, alterados com base na análise da mesma norma constitucional. Antes, não havia razão jurídica que permitisse compreender o referido §5º, do art. 37, da Constituição, como consagrador de uma espécie de imprescritibilidade patrimonial extintiva; posteriormente tal instituto foi identificado naquela norma. Observe-se que a imprescritibilidade patrimonial *extintiva*, não estava consagrada em nenhuma norma constitucional, segundo os mais de 30 anos de atividade interpretativa daquela Corte – esta norma não sofreu nenhuma alteração ao longo desses anos, o que levou o Ministro Alexandre de Moraes, relator originário do acórdão, a buscar fundamento exegético inclusive no vetusto método histórico, dos debates constituintes, embora esse tenha sido apenas um método interpretativo ancilar em seu voto, e não o principal. Tal argumentação, inclusive, foi utilizada pelo Ministro Barroso em seu voto originário, que fez referência a outro julgamento anterior, sobre matéria correlata.

Seguramente diversas razões podem ter ocasionado essa modificação, porém, ao que tudo indica, a pressão realizada pelo Ministério Público, argumentando em favor da imprescritibilidade em debate, e usando argumentos em prol do combate à corrupção, ancorados na Operação Lava-Jato, foram decisivos na mudança de posição.

Exatamente por esse aspecto é que o presente trabalho centra sua atenção exclusivamente na análise no acórdão RE 852.475, sem adentrar no debate doutrinário e jurisprudencial envolvido na matéria. Praticamente todas as posições doutrinárias, os diversos julgados do STF e do STJ, e os argumentos envolvidos na interpretação daquela norma constitucional foram debatidos à exaustão, não havendo nada de novo a ser acrescido à análise efetuada – exceto o aspecto consequencialista, externo aos autos e aos debates entre os Ministros. Tal intervalo, e a pressão realizada em seu interregno, fez com que a Sessão de julgamento tivesse sido encerrada no dia 02 de agosto de 2018, em face do adiantado da hora, com o tranquilo placar de 06 votos contra 02 pelo reconhecimento da prescrição, faltando apenas 03 votos a serem computados (o que poderia, no máximo, dar vitória apertada por escassa maioria a essa tese). Porém, na Sessão seguinte, ocorrida dia 08 de agosto do mesmo ano, o julgamento findou com apertada vitória da tese contrária, em face da modificação dos dois votos sob análise.

Esse é o quadro analítico que preside este trabalho.

2. Da imprescritibilidade *penal* e a patrimonial *aquisitiva* na constituição

A imprescritibilidade de algumas ações penais tem expresso amparo constitucional no art. 5º, em dois incisos:

> XLII – a prática do racismo constitui crime inafiançável e imprescritível, sujeito à pena de reclusão, nos termos da lei.
>
> XLIV – constitui crime inafiançável e imprescritível a ação de grupos armados, civis ou militares, contra a ordem constitucional e o Estado Democrático.

Em outro inciso do mesmo art. 5º consta uma hipótese de crimes inafiançáveis e insusceptíveis de graça ou anistia, porém sem previsão de imprescritibilidade:

> XLIII – a lei considerará crimes inafiançáveis e insuscetíveis de graça ou anistia a prática da tortura, o tráfico ilícito de entorpecentes e drogas afins, o terrorismo e os definidos como crimes hediondos, por eles respondendo os mandantes, os executores e os que, podendo evitá-los, se omitirem.

No âmbito patrimonial constam algumas hipóteses no sentido de assegurar direitos, tornando imprescritíveis qualquer demanda contra eles, que se denomina de *imprescritibilidade aquisitiva,* como se verifica no que tange às terras indígenas:

> Art. 231. São reconhecidos aos índios sua organização social, costumes, línguas, crenças e tradições, *e os direitos originários sobre as terras que tradicionalmente ocupam,* competindo à União demarcá-las, proteger e fazer respeitar todos os seus bens.

> §4º – As terras de que trata este artigo são inalienáveis e indisponíveis, e os direitos sobre elas, imprescritíveis.

No mesmo sentido patrimonial se verifica a *imprescritibilidade aquisitiva* no parágrafo único do art. 191, CF, onde consta que "os imóveis públicos não serão adquiridos por usucapião", cujo texto é uma repetição do que consta do art. 183, §3º, também da Constituição.

A imprescritibilidade dessas normas é assente, em face de sua clareza, e o eventual debate jurisprudencial sobre elas é periférico no sistema.

3. A constitucionalização da imprescritibilidade patrimonial *extintiva*

O objeto central do debate no acórdão sob análise diz respeito a dois parágrafos do art. 37 da Constituição, os quais formaram a base do entendimento do STF que decidiu *afastar* qualquer espécie de *prescrição extintiva patrimonial*. Observe-se, de início, o §4º:

> §4º – Os atos de improbidade administrativa importarão a suspensão dos direitos políticos, a perda da função pública, a indisponibilidade dos bens e o ressarcimento ao erário, na forma e gradação previstas em lei, sem prejuízo da ação penal cabível.

O §4º trata dos atos de improbidade administrativa, penalizando-os com a suspensão dos direitos políticos, a perda da função pública, a indisponibilidade dos bens, além da obrigação de ressarcimento ao erário, cuja forma e gradação vier a ser estipulada em lei, independente da ação penal cabível.

A norma que rege esta disposição constitucional é a Lei 8.429/92, conhecida como Lei de Improbidade Administrativa (LIA), que regula da seguinte forma a prescrição:

> Art. 23. As ações destinadas a levar a efeitos as sanções previstas nesta lei podem ser propostas:
>
> (I) até cinco anos após o término do exercício de mandato, de cargo em comissão ou de função de confiança;
>
> (II) dentro do prazo prescricional previsto em lei específica para faltas disciplinares puníveis com demissão a bem do serviço público, nos casos de exercício de cargo efetivo ou emprego;

(III) até cinco anos da data da apresentação à administração pública da prestação de contas final pelas entidades referidas no parágrafo único do art. 1º desta Lei.

Existe ainda a hipótese de combinação das normas acima referidas, em especial o inciso II, com o que dispõem os §§ 1º e 2º, do art. 142 da Lei 8.112/90, conhecida como Estatuto dos Funcionários Civis da União, que estabeleceu o Regime Jurídico Único para o funcionalismo dessa esfera federativa:

> Art. 142. A ação disciplinar prescreverá:
>
> §1º – O prazo de prescrição começa a correr da data em que o fato se tornou conhecido.
>
> §2º – Os prazos de prescrição previstos na lei penal aplicam-se às infrações disciplinares capituladas também como crime.

Estes dois parágrafos determinam o *dies a quo* da contagem de prazo (§1º) e a ampliação do prazo estabelecido no art. 23 da Lei de Improbidade Administrativa, quando as infrações disciplinares também forem capituladas como crime (2º), projetando no tempo aqueles cinco anos para o prazo que vier a ser estabelecido pela lei penal para aquela determinada infração.

Vê-se, portanto, a existência de normas que regem a prescrição para a imposição das penalidades estabelecidas.

Ocorre que, para as ações de ressarcimento, o §5º do art. 37 da Constituição, ponto nodal da análise, traz a seguinte determinação:

> §5º – A lei estabelecerá os prazos de prescrição para ilícitos praticados por qualquer agente, servidor ou não, que causem prejuízos ao erário, ressalvadas as respectivas ações de ressarcimento.

Eis a questão central do debate enfrentado naquele acórdão. A parte final deste §5º, ao estabelecer "ressalvadas as respectivas ações de ressarcimento", traz: (a) um comando de *imprescritibilidade extintiva* desses atos, ao ressalvar que a lei não poderá tratar desse prazo, ou (b) traz um comando indicando que deverá haver uma lei que determine um prazo especial e específico para tal hipótese?

Como referido, a interpretação dada pelo STF, por maioria de votos, foi no sentido da imprescritibilidade, identificando uma nova hipótese dentro do sistema jurídico brasileiro, no qual a regra é a prescrição das ações em geral, ressalvadas as penais e as que se referem à vedação à imprescritibilidade *aquisitiva*, acima descritas. No caso, foi afastada a prescrição *extintiva* para o ressarcimento patrimonial desse tipo de conduta.

Para compreender o alcance da decisão do STF deve-se analisar os argumentos expendidos naquele julgado e a mudança de posição dos Ministros Luís Roberto Barroso e Luiz Fux no curso do julgamento, alterando os votos que haviam sido anteriormente proferidos. Todas as citações e transcrições constam do referido acórdão, exceto quando expressamente mencionado em sentido diverso.

3.1. A 1ª sessão de julgamento do RE 852.475, em 02 de agosto de 2018

O julgamento foi decidido por estreita maioria composta pelo Ministros Edson Fachin (relator para o acórdão), Luiz Fux, Roberto Barroso, Rosa Weber, Cármen Lúcia e Celso de Mello, vencidos os Ministros Alexandre de Moraes (relator original), Marco Aurélio, Gilmar Mendes, Dias Toffoli e Ricardo Lewandowski. Foi dividido em duas sessões, uma no dia 02 e outra no dia 08 de agosto de 2018.

Originalmente tratava-se de uma demanda decorrente de um ato de improbidade administrativa, envolvendo a alienação de dois automóveis de propriedade pública, um Ford Royale que havia sido avaliado em R$ 16.739,00 e foi vendido por R$ 13.500,00; e uma Kombi, que foi avaliada em R$ 3.920,00 e foi vendida por R$ 1.800,00. Os bens eram de propriedade do Município de Palmares, Estado de São Paulo. A ação foi proposta pelo Ministério Público paulista contra o ex-prefeito municipal, bem como os integrantes da comissão que presidiu aquela licitação para a venda dos veículos. Os fatos narrados haviam ocorrido em 26 de abril e 21 de novembro de 1995, e a ação foi interposta em 03de julho de 2001, o que extrapolou o prazo de cinco anos do primeiro evento, estabelecido pelo art. 12, II e III da Lei 8.429/92. A sentença de piso havia julgado *parcialmente* procedente a ação, reconhecendo a prescrição. O Tribunal de Justiça de São Paulo também admitiu a prescrição *parcial*.

O principal argumento esgrimado pelo Ministério Público paulista no Recurso Extraordinário foi no sentido de que, "mesmo que se considerassem prescritas as penas previstas na Lei 8.429/92, esta prescrição não alcançaria a penalidade (...) de ressarcimento ao erário", em face do art. 37, §5º, CF.

A Procuradoria Geral da República opinou pelo provimento parcial e repercussão geral da tese da imprescritibilidade.

A União, na qualidade de *amicus curiae,* também defendendo a imprescritibilidade do ressarcimento ao erário, alegou que "a mera descrição dos fatos, com indícios de prática de improbidade, é o necessário para que seja reconhecida a imprescritibilidade dessas ações, as quais também têm requisitos distintos da ação de improbidade, seja quanto ao procedimento (não há defesa preliminar), seja quanto à flexibilização do ônus da prova".

Os acusados foram defendidos oralmente no STF pelo advogado Georghio Tomelin[1].

O voto do relator originário, Ministro Alexandre de Moraes, expôs a necessidade de que, para haver a responsabilização civil (patrimonial) por improbidade administrativa, será sempre necessária a plena comprovação da responsabilidade subjetiva, mencionando inclusive julgado proferido pelo Ministro Luiz Fux nesse sentido, quando ainda no STJ, no REsp 1.130.198. E arrematou:

A condenação por improbidade administrativa e consequente imposição das respectivas sanções, somente poderão ocorrer se, nos prazos fixados em lei, houver o ajuizamento da ação específica, e, após o devido processo legal, garantida a ampla defesa e o contraditório, houver uma decisão judicial condenatória.

Também na responsabilidade civil por ato de improbidade, o Poder Público tem um prazo legal para exercer sua pretensão punitiva, não podendo, em regra, manter indefinidamente esta possibilidade, sob pena de desrespeito ao devido processo legal.

Apontou ainda o Ministro Alexandre os perigos de se permitir o ajuizamento de mera ação de ressarcimento ao erário, sem que, antes,

[1] Esse advogado, Doutor pela Faculdade de Direito da USP e professor da UNISA, escreveu texto sobre o tema, tomando por base o julgamento. Ver: Tomelin, Georghio Alessandro. *O ressarcimento na improbidade prescrita: A questão do dolo generalizante sem desvio ou enriquecimento intencionais.* In: 30 Anos da Constituição Federal do Brasil. Santos Júnior, Belisário e Valim, Rafael. São Paulo: Imprensa Oficial, 2018, págs. 58-65.

tenha havido um processo que identifique e condene o acusado de ato de improbidade, com o exercício do devido processo legal, inclusive ampla defesa. Nesse sentido, *a ação de ressarcimento seria uma espécie de execução patrimonial do julgado* que imputou a alguém um ato de improbidade lesivo ao patrimônio público.

Alegou ainda, em socorro de sua exegese, que o art. 37, §5º, CF, em sua gestação, previa o seguinte texto: "... ressalvadas as ações de ressarcimento, que serão imprescritíveis". Porém, no decorrer dos trabalhos constituintes, parte desse artigo foi reescrito, tomando a forma atual, afastando a imprescritibilidade dessas ações, o que certamente foi adotado em prol da segurança jurídica. Indica voto do Ministro Roberto Barroso nesse sentido, no RE 669.069, relatado pelo Ministro Teori Zavascki.

Concluiu seu raciocínio afirmando que a ressalva prevista no art. 37, §5º visou recepcionar as ações de improbidade que estavam em curso antes da vigência da Constituição de 1988, tipificadas por normas infralegais, "mantendo, dessa maneira, até a edição da futura lei e para todos os atos pretéritos, a ampla possibilidade de ajuizamento de ações de ressarcimento".

A análise do Ministro Alexandre foi bastante coerente, pois mantinha o texto constitucional íntegro, de conformidade com o sistema normativo pátrio que não previa nenhuma possibilidade de *imprescritibilidade extintiva no âmbito patrimonial*, e, mesmo lançando mão de forma ancilar da interpretação histórica, dava exegese compatível à norma, entendendo-a como uma forma de *recepção* das normas legais anteriores ao novel texto constitucional.

O voto seguinte, divergente, foi do Ministro Edson Fachin, que desde logo ressaltou que, "não raro na comunicação não só jurídica, mas humana, o problema, às vezes, não são os pontos, mas as vírgulas", indicando que a parte final do §5º, posterior à vírgula, é que continha o problema em apreço, ao constar que "..., ressalvadas as respectivas ações de ressarcimento."

Reconheceu que o texto não continha a palavra "imprescritibilidade", mas entendeu que a "ressalva", estabelecida na referida norma, afastava a regra geral determinada pela lei que viesse a reger "os prazos de prescrição para ilícitos praticados por qualquer agente, servidor ou não, que causem prejuízos ao erário". Daí sua exegese pela imprescritibilidade das ações de ressarcimento, posição em que havia sido isoladamente vencido na análise do RE 669.069, relatado pelo Ministro Teori Zavascki, sobre tema correlato, que gerou o tema 666, em repercussão geral.[2]

Ressaltou que a imprescritibilidade não resultaria em "uma injustificada e eterna obrigação de guarda, pelo particular, de elementos probatórios aptos à conclusão que inexiste o dever de ressarcir, mas, sim da afirmação da importante proteção da coisa pública da qual cada um de nós também somos titulares".

O terceiro a votar foi o Ministro Roberto Barroso, que aderiu ao voto do Ministro Alexandre de Moraes, afirmando que, onde a Constituição quis instituir a imprescritibilidade ela o faz com linguagem inequívoca, sendo tal conduta uma exceção no direito brasileiro. Logo, "se há uma ambiguidade no dispositivo, o princípio da segurança jurídica é um bom vetor interpretativo para escolher o melhor sentido e o melhor alcance para aquela norma".

O Ministro Barroso ainda discorreu sobre a melhor norma infralegal a ser aplicada se o Código Civil ou a Lei de Improbidade Administrativa em conjunto com a Lei do Regime Jurídico Único, porém restringiu sua argumentação, alegando que "aí mesmo é que vão dizer que gosto de legislar". Parte de sua argumentação havia sido exposta no RE 669.069, da relatoria do Ministro Teori Zavascki, sobre tema correlato, e se sagrado vencedora naquele julgamento.

Reservou-se, ao final, para "eventual nova inflexão sobre o tema, após os debates".

O voto seguinte foi proferido pela Ministra Rosa Weber, que seguiu a divergência aberta pelo Ministro Fachin, a favor da imprescritibilidade, sem acrescer novos argumentos ao debate.

O quinto voto foi do Ministro Luiz Fux, que escandindo a doutrina de Santiago Dantas e Carlos Maximiliano, afirmou ser a prescritibilidade a regra geral do direito brasileiro, e seu oposto a exceção, considerando-se ainda que as exceções devem ser interpretadas de forma restritiva.

E questionou, de forma retórica: "Porque a Fazenda teria a imprescritibilidade de suas pretensões contra o particular, se este só tem cinco anos?". Ainda traçou um paralelo entre a rotineira prescrição penal e a pretendida imprescritibilidade civil, entendendo como inadequada tal distinção, que,

[2] Tema 666 da repercussão geral fixou a seguinte tese: "É prescritível a ação de reparação de danos à Fazenda Pública decorrente de ilícito civil".

se confirmada, não corresponderia "à lógica do razoável que permeia a Constituição Federal".

Nesse sentido, seguiu o voto do relator original, Ministro Alexandre de Moraes.

O Ministro Dias Toffoli votou com o Ministro Alexandre de Moraes, tal como o Ministro Ricardo Lewandowski, ambos se alinhando às posições anteriormente expostas nos votos precedentes.

O Ministro Gilmar Mendes, oitavo a votar, em adendo aos argumentos expostos pelo Ministro Alexandre de Moraes, a cujo voto aderiu, apontou que, se fosse necessário alongar os prazos prescricionais, isso seria uma tarefa do Legislativo, e não do Judiciário.

A sessão do dia 02 de agosto de 2018 foi encerrada com 08 votos proferidos, sendo que o julgamento, até aquele momento, apresentava 06 votos a favor da tese exposta pelo relator originário, Alexandre de Moraes, afirmando que o art. 37, §5º, previa prescrição *extintiva*, na forma das leis de regência da matéria, e apenas 02 votos em sentido contrário, na linha da divergência aberta pelo Ministro Edson Fachin.

Faltavam ser proferidos três votos, o que, se os demais fossem mantidos, não teriam o condão de acarretar alteração no resultado do julgamento, pois já havia sido alcançada maioria.

3.2. A 2ª sessão de julgamento do RE 852.475 no dia 08 de agosto de 2018

No dia 08 de agosto o Ministro Barroso inicia antecipando que poderia *reajustar* seu voto, após ouvir os Ministros Marco Aurélio e Celso de Mello.

O Ministro Marco Aurélio utiliza os mesmos argumentos antes expostos pelos demais que seguiram a trilha do relator original, Ministro Alexandre, e aponta a existência de um elemento novo no debate: a pressão da mídia. Disse o Ministro:

Presidente, a péssima redação dessa cláusula final do preceito é que está levando a esta celeuma, *a essa incompreensão pela mídia*.

Após apresentar seus argumentos, proferiu voto seguindo o relator.

O Ministro Celso de Mello seguiu a divergência, reconhecendo no §5º do art. 37 uma situação de imprescritibilidade. No mesmo sentido foi o voto proferido pela Ministra Cármen Lúcia.

Registre-se, pois importante para a análise do raciocínio aqui exposto, que nenhum dos três votos que estavam pendentes para serem proferidos na Sessão do dia 08 de agosto trouxe novidades argumentativas ou pontos de vista inovadores. Com acréscimos jurisprudenciais ou doutrinários, adotaram os mesmos pontos de vista anteriormente expostos, seja pelo relator originário, Ministro Alexandre, seja pelo líder da divergência, Ministro Fachin.

O julgamento estaria encerrado, com o placar de sete votos a favor da posição exposta pelo Ministro Relator, contra quatro votos no sentido exposto pela divergência. Ocorre que o Ministro Luiz Fux pediu a palavra para fazer uma *retificação de voto* antes da proclamação do resultado do julgamento.

Alegou que, enquanto no STJ, capitaneou posição no sentido da imprescritibilidade do dano ao erário, e foi "acompanhado pelos Colegas da Primeira Turma, no REsp 1089, da minha relatoria, de 18 de novembro daquela data"[3].

Amparando-se em Cass Sunstein, Hans Kelsen, Piero Calamandrei e alegando humildade judicial e sua sensibilidade, conquanto ser humano, pediu vênia para retificar seu voto, apontando-o em sentido diametralmente oposto, pela imprescritibilidade do ressarcimento do dano patrimonial.

Na declaração proferida consta:

> Peço vênia aos colegas para *retificar* o meu voto e estabelecer que entendo imprescritíveis as ações de ressarcimento por danos causados por crimes praticados por servidor público e pelos agentes públicos, em geral, e por crimes e danos decorrentes de atos de improbidade e danos decorrentes de crimes praticados por agentes públicos contra a Administração Pública. (apenas o destaque em itálico é do original).

[3] Registre-se que o Ministro seguramente errou o número do REsp, pois o Acórdão 1.089 se refere ao processo 1989/0010900-6 de 16/04/1990, e teve por relator o Ministro José de Jesus Filho, julgado em 19 de março de 1990, conforme se pode confirmar através de consulta ao site do STJ: https://ww2.stj.jus.br/processo/ita/documento/mediado/?num_registro=198900109006&dt_publicacao=16 -04-1990&cod_tipo_documento=&formato=PDF. Ademais, a verbalização do Ministro naquela Sessão mencionou o dia e mês em que foi proferido o acórdão, porém, ao não mencionar o ano do julgamento, ao dizer apenas "daquela data", impede uma análise mais precisa acerca de qual acórdão se refere.

Com isso, retificou seu voto e passou a seguir a divergência aberta pelo Ministro Fachin.

A sucessiva menção a *crimes* não passou em branco. O Ministro Alexandre de Moraes apontou não ser essa a matéria tratada naquele debate, em repercussão geral, uma vez que as questões envolviam prescrição patrimonial extintiva, não se tratando de matéria criminal.

O Ministro Alexandre ainda acresceu que outro aspecto importante era a questão do rito processual, pois muitas vezes ocorre de ser proposta uma ação de ressarcimento, sem que haja a fase prévia de apuração da improbidade.

Logo, o debate passou a ser se, consoante a nova posição do Ministro Fux, seriam imprescritíveis quaisquer *ações de ressarcimento*, que possuem rito simplificado, ou só aquelas em que se discutisse matéria envolvendo *improbidade administrativa*, na qual é assegurada ampla defesa? O risco, apontado pelos Ministros Alexandre e Gilmar, é que se passasse a ter ações de ressarcimento, que seriam imprescritíveis, a qual trouxesse em seu bojo a questão da improbidade administrativa – esta sim, prescritível. Adotado esse entendimento surgiria um verdadeiro "cavalo de Troia", pois, a pretexto da existência de um ilícito civil imprescritível, haveria uma restrição a todo o debate de responsabilidade subjetiva, para identificação de dolo ou culpa, nas condutas previstas na Lei de Improbidade Administrativa.

O Ministro Alexandre afirmou:

> A inércia do poder público transforma a responsabilidade subjetiva em objetiva? A inércia do poder público afasta a obrigatoriedade de o poder público comprovar o que alega, pular essa fase e estabelecer só o nexo causal? Devolva. Mas, por quê? Porque houve prejuízo. E qual é o ato de improbidade que pratiquei? É tal. Mas passaram-se dezesseis anos e você não se comprovou. Qual o peculato? Você teve dezesseis anos e não comprovou. Esse é o grande problema. É beneficiar a inércia.
>
> (...)
>
> A improbidade não é uma mera ilegalidade, mas uma ilegalidade dolosa e, excepcionalmente, em um único tipo, culposa, qualificada pela ideia de corrupção, da prática de corrupção.

O Ministro Gilmar apontou para os riscos envolvendo a adoção dessa tese:

> O Ministério Público vai entrar com uma ação dizendo que nós causamos danos ao erário porque mandamos pagar uma dada vantagem ou porque suspendemos um tributo que estava sendo cobrado.

Veio à baila o polêmico assunto da liminar do Ministro Fux que concedeu *auxílio moradia* para toda a magistratura (AO-MC 1773), trazido pelo Ministro Lewandowski, ao perguntar se seria possível outra composição do STF, em um momento futuro, vir a considerar tal concessão danosa ao erário e ingressar com uma ação de ressarcimento de danos contra os atuais membros.

A resposta dada pelos Ministros Fux e Weber foi no sentido de ser impossível alegar a existência de ato de improbidade administrativa pelo exercício de jurisdição, o que se configuraria como um "crime de exegese".

Os exemplos se multiplicaram, até o Ministro Gilmar novamente apontar para outro sentido do problema, a *inércia dos órgãos públicos encarregados de propor as ações de ressarcimento de danos*:

> Com dois meses de férias, com seis meses de licença-prêmio a cada cinco anos e tudo mais, talvez, seja até o caso de fazer a revisão em relação a isso, mas, com tudo isso, ele precisa de mais tempo para propositura da ação e vai renovar. É muito curioso.

Esse aspecto foi reafirmado pelo Ministro Alexandre de Moraes:

> É uma falácia que foi dita por vários membros do Ministério Público – e eu fui membro do Ministério Público – de que a imprescritibilidade atrapalharia o enfrentamento da corrupção. O que atrapalha o enfrentamento da corrupção é a incompetência.

E ressurge, na fala do Ministro Alexandre, a questão da mídia:

> Fez-se, durante essa semana, um *marketing* de que a imprescritibilidade atrapalha o combate à corrupção – chegou-se ao absurdo de dizer que atrapalha a Lava-Jato, para conseguir apoio da imprensa. Ora, nem os prazos

de prescrição correram, ainda, em relação à Lava-Jato; já é uma vacina para prevenir eventual incompetência.

(...)

Esse posicionamento vai permitir o que já ocorre em relação, às vezes, aos inquéritos penais, inquéritos civis eternos. Abre-se um inquérito civil e, todos sabemos que a abertura de um inquérito civil é um ônus para quem está sendo investigado, é um ônus merecido, ou imerecido, mas é um ônus, e aí o que se pretende é a ação. Como não haverá prazo para ressarcimento, esse inquérito fica como uma espada na cabeça, para sempre. E vai aguardando, 2 anos não consegui; 5 anos não consegui; 10 anos não consegui.

Então, colocar uma tese jurídica como (a) atrapalhar (o) enfrentamento à corrupção, é de uma falta de lealdade processual, que se colocou na imprensa, total.

E a incongruência vai ficando cada vez maior, porque o art. 9º[4], que é o mais grave da Lei de Improbidade, porque é a maior sanção, ele será sempre

[4] *Seção I – Dos Atos de Improbidade Administrativa que Importam Enriquecimento Ilícito* – Art. 9º Constitui ato de improbidade administrativa importando enriquecimento ilícito auferir qualquer tipo de vantagem patrimonial indevida em razão do exercício de cargo, mandato, função, emprego ou atividade nas entidades mencionadas no art. 1º desta lei, e notadamente: I – receber, para si ou para outrem, dinheiro, bem móvel ou imóvel, ou qualquer outra vantagem econômica, direta ou indireta, a título de comissão, percentagem, gratificação ou presente de quem tenha interesse, direto ou indireto, que possa ser atingido ou amparado por ação ou omissão decorrente das atribuições do agente público; II – perceber vantagem econômica, direta ou indireta, para facilitar a aquisição, permuta ou locação de bem móvel ou imóvel, ou a contratação de serviços pelas entidades referidas no art. 1º por preço superior ao valor de mercado; III – perceber vantagem econômica, direta ou indireta, para facilitar a alienação, permuta ou locação de bem público ou o fornecimento de serviço por ente estatal por preço inferior ao valor de mercado; IV – utilizar, em obra ou serviço particular, veículos, máquinas, equipamentos ou material de qualquer natureza, de propriedade ou à disposição de qualquer das entidades mencionadas no art. 1º desta lei, bem como o trabalho de servidores públicos, empregados ou terceiros contratados por essas entidades; V – receber vantagem econômica de qualquer natureza, direta ou indireta, para tolerar a exploração ou a prática de jogos de azar, de lenocínio, de narcotráfico, de contrabando, de usura ou de qualquer outra atividade ilícita, ou aceitar promessa de tal vantagem; VI – receber vantagem econômica de qualquer natureza, direta ou indireta, para fazer declaração falsa sobre medição ou avaliação em obras públicas ou qualquer outro serviço, ou sobre quantidade, peso, medida, qualidade ou característica de mercadorias ou bens fornecidos a qualquer das entidades mencionadas no art. 1º desta lei; VII – adquirir, para si ou para outrem, no exercício de mandato, cargo, emprego ou função pública, bens de qualquer natureza cujo valor seja desproporcional à

evolução do patrimônio ou à renda do agente público; VIII – aceitar emprego, comissão ou exercer atividade de consultoria ou assessoramento para pessoa física ou jurídica que tenha interesse suscetível de ser atingido ou amparado por ação ou omissão decorrente das atribuições do agente público, durante a atividade; IX – perceber vantagem econômica para intermediar a liberação ou aplicação de verba pública de qualquer natureza; X – receber vantagem econômica de qualquer natureza, direta ou indiretamente, para omitir ato de ofício, providência ou declaração a que esteja obrigado; XI – incorporar, por qualquer forma, ao seu patrimônio bens, rendas, verbas ou valores integrantes do acervo patrimonial das entidades mencionadas no art. 1º desta lei; XII – usar, em proveito próprio, bens, rendas, verbas ou valores integrantes do acervo patrimonial das entidades mencionadas no art. 1º desta lei.
Seção II – Dos Atos de Improbidade Administrativa que Causam Prejuízo ao Erário – Art. 10. Constitui ato de improbidade administrativa que causa lesão ao erário qualquer ação ou omissão, dolosa ou culposa, que enseje perda patrimonial, desvio, apropriação, malbaratamento ou dilapidação dos bens ou haveres das entidades referidas no art. 1º desta lei, e notadamente: I – facilitar ou concorrer por qualquer forma para a incorporação ao patrimônio particular, de pessoa física ou jurídica, de bens, rendas, verbas ou valores integrantes do acervo patrimonial das entidades mencionadas no art. 1º desta lei; II – permitir ou concorrer para que pessoa física ou jurídica privada utilize bens, rendas, verbas ou valores integrantes do acervo patrimonial das entidades mencionadas no art. 1º desta lei, sem a observância das formalidades legais ou regulamentares aplicáveis à espécie; III – doar à pessoa física ou jurídica bem como ao ente despersonalizado, ainda que de fins educativos ou assistências, bens, rendas, verbas ou valores do patrimônio de qualquer das entidades mencionadas no art. 1º desta lei, sem observância das formalidades legais e regulamentares aplicáveis à espécie; IV – permitir ou facilitar a alienação, permuta ou locação de bem integrante do patrimônio de qualquer das entidades referidas no art. 1º desta lei, ou ainda a prestação de serviço por parte delas, por preço inferior ao de mercado; V – permitir ou facilitar a aquisição, permuta ou locação de bem ou serviço por preço superior ao de mercado; VI – realizar operação financeira sem observância das normas legais e regulamentares ou aceitar garantia insuficiente ou inidônea; VII – conceder benefício administrativo ou fiscal sem a observância das formalidades legais ou regulamentares aplicáveis à espécie; VIII – frustrar a licitude de processo licitatório ou de processo seletivo para celebração de parcerias com entidades sem fins lucrativos, ou dispensá-los indevidamente; IX – ordenar ou permitir a realização de despesas não autorizadas em lei ou regulamento; X – agir negligentemente na arrecadação de tributo ou renda, bem como no que diz respeito à conservação do patrimônio público; XI – liberar verba pública sem a estrita observância das normas pertinentes ou influir de qualquer forma para a sua aplicação irregular; XII – permitir, facilitar ou concorrer para que terceiro se enriqueça ilicitamente; XIII – permitir que se utilize, em obra ou serviço particular, veículos, máquinas, equipamentos ou material de qualquer natureza, de propriedade ou à disposição de qualquer das entidades mencionadas no art. 1º desta lei, bem como o trabalho de servidor público, empregados ou terceiros contratados por essas entidades. XIV – celebrar

prescritível. Os artigos 105 e 116, que são menos graves, aqueles que podem gerar prejuízo, esses serão imprescritíveis, no caso de ressarcimento; é outra incongruência com o legislador.

O Ministro Gilmar faz coro às observações do Ministro Alexandre:

> Imaginem que decidam discutir o que fizemos lá, no Tribunal Superior Eleitoral, (sobre) as urnas eletrônicas. Podem fazê-lo, claro! Nós vimos aqui,

contrato ou outro instrumento que tenha por objeto a prestação de serviços públicos por meio da gestão associada sem observar as formalidades previstas na lei; XV – celebrar contrato de rateio de consórcio público sem suficiente e prévia dotação orçamentária, ou sem observar as formalidades previstas na lei. XVI – facilitar ou concorrer, por qualquer forma, para a incorporação, ao patrimônio particular de pessoa física ou jurídica, de bens, rendas, verbas ou valores públicos transferidos pela administração pública a entidades privadas mediante celebração de parcerias, sem a observância das formalidades legais ou regulamentares aplicáveis à espécie; XVII – permitir ou concorrer para que pessoa física ou jurídica privada utilize bens, rendas, verbas ou valores públicos transferidos pela administração pública a entidade privada mediante celebração de parcerias, sem a observância das formalidades legais ou regulamentares aplicáveis à espécie; XVIII – celebrar parcerias da administração pública com entidades privadas sem a observância das formalidades legais ou regulamentares aplicáveis à espécie; XIX – frustrar a licitude de processo seletivo para celebração de parcerias da administração pública com entidades privadas ou dispensá-lo indevidamente; XIX – agir negligentemente na celebração, fiscalização e análise das prestações de contas de parcerias firmadas pela administração pública com entidades privadas; XX – agir negligentemente na celebração, fiscalização e análise das prestações de contas de parcerias firmadas pela administração pública com entidades privadas; XX – liberar recursos de parcerias firmadas pela administração pública com entidades privadas sem a estrita observância das normas pertinentes ou influir de qualquer forma para a sua aplicação irregular. XXI – liberar recursos de parcerias firmadas pela administração pública com entidades privadas sem a estrita observância das normas pertinentes ou influir de qualquer forma para a sua aplicação irregular.
Seção II-A – Dos Atos de Improbidade Administrativa Decorrentes de Concessão ou Aplicação Indevida de Benefício Financeiro ou Tributário – Art. 10-A. Constitui ato de improbidade administrativa qualquer ação ou omissão para conceder, aplicar ou manter benefício financeiro ou tributário contrário ao que dispõem o *caput* e o § 1º do art. 8º-A da Lei Complementar nº 116, de 31 de julho de 2003.
Seção III – Dos Atos de Improbidade Administrativa que Atentam Contra os Princípios da Administração Pública – Art. 11. Constitui ato de improbidade administrativa que atenta contra os princípios da administração pública qualquer ação ou omissão que viole os deveres de honestidade, imparcialidade, legalidade, e lealdade às instituições, e notadamente: I – praticar ato visando fim proibido em lei ou regulamento ou diverso daquele previsto, na regra de competência; II – retardar ou deixar de praticar,

> nas sustentações sobre urnas eletrônicas, o tipo de crença, o criacionismo que se desenvolveu em torno dessa matéria. Disseram que ter urnas eletrônicas era um descabimento. Daqui há pouco temos uma ação tramitando. "Ah, mas não ocorrerá porque o Ministério Público é composto só por pessoas probas, sensatas e tudo o mais.". É verdade isso? E as advocacias públicas também? É essa experiência que nós temos? A partir dos exemplos que temos colhido aqui?
>
> (...)
>
> Nós nos tornamos, nesses últimos tempos, uma república corporativa, não só no sentido de tratarmos dos nossos interesses, colocarmos a salvo de todas as prescrições, mas buscarmos o nosso próprio fortalecimento. Aqui sai extremamente fortalecida a Advocacia Pública e o Ministério Público. Imaginem o que fará um governador ou prefeito em relação ao seu adversário. A mesma prática que nós vimos: abertura de inquérito com fins claros de emular, de causar constrangimento.
>
> (...)
>
> Como mostrou o Ministro Alexandre, isto nada tem a ver com o combate a corrupção e muito menos com a Lava-Jato. A Lava-Jato virou um tipo de entidade que blinda qualquer fraude. Decidir contra a Lava-Jato é ir contra uma deidade. Um absurdo isso.

E o Ministro Gilmar retorna à questão da mídia:

> O que se tenta, na verdade, e isso eu tenho falado para mim, é ter a mídia como aliada e constranger juízes para dar a eles o resultado que não fizeram jus. É um tipo de pressão imediatística. Isso não é razoável, é impróprio, é indigno, é aético.

Outro a *retificar seu voto* foi o Ministro Barroso, indicando a existência informações *extra-autos* que lhe foram trazidas, não indicando a origem. Alega que:

> Antes de concluído o julgamento, todavia, foram-me trazidos diversos elementos retratando o impacto que esta solução produziria para o enfrentamento, que hoje se faz no Brasil, em relação precisamente à corrupção e aos atos de improbidade.

Tal frase demonstra que o Ministro foi informado, *extra autos*, sobre diversas situações que poderiam ser afetadas pela decisão da Corte, as quais influenciaram sua mudança de posicionamento naquele julgamento.

A partir daí, segue expondo o tipo de raciocínio que norteia suas decisões judiciais:

> Em primeiro lugar, um juiz deve reconduzir a sua decisão a uma norma jurídica. Este é o passo inicial, portanto, o juiz não pode decidir com base na Bíblia, no Alcorão, com base no marxismo/leninismo ou com base em qualquer outra filosofia. (...) Portanto, o primeiro passo que o juiz deve fazer é interpretar a norma dentro das possibilidades semânticas que ela oferece.
>
> O segundo passo, a meu ver, de uma decisão judicial – e é assim que me comporto sempre – é verificar se há valores ou direitos fundamentais envolvidos naquela discussão. E, se houver, a obrigação do juiz é fazer valer esses valores e direitos fundamentais, e não há popularidade ou impopularidade que possam afastar o juiz desse dever de fazer o que é constitucionalmente correto.
>
> (...)
>
> Superadas essas duas fases, o juiz tem deve produzir o resultado que melhor atenda ao interesse da sociedade.

Nesse sentido, o Ministro Barroso deixou de lado toda a argumentação anteriormente apresentada, embasada na segurança jurídica e no texto da Constituição, e mudou radicalmente seu posicionamento, em 180 graus, passando a entender que a norma do §5º possibilitaria a interpretação de imprescritibilidade extintiva patrimonial nos casos de ações de ressarcimento de danos ao erário, alegando que "a prescritibilidade, neste caso, não produz o melhor resultado para a sociedade". Tudo indica que superou as duas primeiras etapas do procedimento que diz adotar em seus julgamentos, e seguiu diretamente para a terceira fase, observando qual seria "o melhor resultado para a sociedade".

E, neste passo, além de mudar de posição, acresceu à exegese da norma uma situação que, nem de longe, nela está contida, que é a de sua aplicação apenas nos casos de cometimento, pelo agente público, de "improbidade dolosa".

Seguiu argumentando – e, nesse sentido, com bastante razão – que "devolver aquilo que alguém se apropriou indevidamente não é sanção".

Sanção pode ser multa, reclusão, perda de direito, mas "devolver o que não deveria ter tomado não considero que seja uma sanção". É uma pena que essa linha argumentativa não tenha sido melhor explorada desde o início, pois poderia ter enriquecido o debate e modificado os termos da decisão, que tomou rumos consequencialistas, pautado por fatores externos aos autos e ao Direito.

Findo o julgamento, foi aprovada a tese 897, em repercussão geral, interpretando o §5º, do art. 37 da Constituição:

> São imprescritíveis as ações de ressarcimento ao erário fundadas na prática de ato doloso tipificado na Lei de Improbidade Administrativa.

3.3. Noticiário da imprensa entre as duas sessões de julgamento

Em face das sucessivas menções a notícias que circularam "na mídia" nas manifestações proferidas na segunda Sessão de julgamento, ocorrida em 08 de agosto de 2018, foi efetuado um levantamento de dados em dois dos principais jornais do país, Folha de São Paulo e Valor Econômico naquele período, para averiguar quais fatos geraram destaque e acarretaram a mudança de posicionamento dos dois Ministros. Infelizmente não é possível identificar o que foi veiculado pelas *mídias sociais* passados mais de um ano de sua veiculação, bem como nos sites de notícias, cujo formato se modifica várias vezes por dia. Nesse sentido, a busca através da mídia impressa é uma boa forma de tentar identificar os principais fatos ocorridos, bem como os destaques veiculados.

O temário principal no jornal Folha de São Paulo dizia respeito à indicação de candidatos às eleições presidenciais. Houve o lançamento das candidaturas de Henrique Meirelles e de Álvaro Dias, a indicação de Fernando Haddad como candidato a vice de Lula e de Mourão como candidato a vice de Bolsonaro.

Outra pauta foi o reajuste dos salários do Poder Judiciário, a apuração efetuada pelo TCU acerca do pagamento de R$ 2,6 bilhões a advogados públicos e discussões sobre a legalização do aborto. Além da questão remuneratória, o STF recebeu atenção por indeferir o pedido de fechamento da fronteira do Estado de Roraima com a Venezuela.

Apenas no dia seguinte ao julgamento, 09/08/18, é que o assunto em tela mereceu algum destaque. A manchete principal do jornal foi: Supremo aprova aumento salarial para magistrados. Em página interna, ao lado de reportagem sobre a matéria salarial e seu impacto de R$ 717 milhões anuais nos cofres federais (sem contar as repercussões no Poder Judiciário dos Estados e em todas as diferentes esferas do Ministério Público e Tribunais de Contas), foi feita uma breve descrição do julgamento, sob o título *Por 6 a 5, tribunal decide que ações para ressarcir cofres públicos não prescrevem.* Consta na reportagem que havia 999 ações paradas na Justiça esperando o desfecho do julgamento, e menciona que a posição da corte passou por uma reviravolta. Consta que, "ao longo da semana, agentes do Ministério Público deram declarações de que, se vingasse o entendimento de que tais ações prescrevem, o combate à corrupção estaria em risco."

O jornal Valor Econômico apresentou reportagem mais focada no tema no dia 07/08, véspera da 2ª Sessão de Julgamento. Destacou manifestação da Procuradora Geral Raquel Dodge defendendo que "o prazo de cinco anos para prescrição de ações de improbidade administrativa é 'exíguo', e disse que o julgamento que está em curso no Supremo Tribunal Federal (STF) sobre o assunto deve causar 'enorme impacto negativo na defesa do patrimônio público'". Disse ainda que:

> A experiência tem demonstrado que há dificuldades imensas em se apurar ilícitos no período da gestão da autoridade pública, em que as práticas estão ocorrendo, uma vez que há uma estrutura de blindagem que opera para mascarar os fatos e dificultar sai apuração.

Mencionou que havia assumido o comando do Ministério Público Federal em setembro de 2017, e já haviam sido abertos 904 procedimentos de cooperação internacional, dos quais 37,6% relacionados à Operação Laja-Jato, e fez uma defesa enfática da operação, afirmando que "pela primeira vez, de modo consistente e largo, os mais poderosos, os mandantes, os reais beneficiários de esquemas de corrupção estão sendo alcançados pela Justiça".

Tais declarações foram proferidas, segundo informa a reportagem, durante a abertura de um evento sobre cooperação internacional no combate à corrupção, que acontecia em Brasília, reunindo representantes de diversos países ibero-americanos.

No dia posterior ao julgamento, em 09/08, o mesmo jornal repercutiu a decisão, destacando a reviravolta ocorrida.

> Essas notícias apontam para a pressão exercida pelo Ministério Público às vésperas do julgamento, através da Procuradora Chefe, na abertura de um evento internacional sobre corrupção. Uma decisão contrária à tais declarações poderiam repercutir muito mal nas mídias sociais, formais e informais, e na sociedade. Poderia causar *clamor popular.*

Não se pode afirmar que esse foi o fator determinante, e nem que outros fatos não tenham ocorrido, fora do âmbito da imprensa, como envio de emails, memoriais, audiências ou reuniões com os Ministros, visando obter seu convencimento em sentido oposto ao que haviam votado. Do mesmo modo, não se pode afirmar se isso ocorreu ou não com ou demais Ministros. Como mencionado no início deste trabalho, não há nada de errado nesse procedimento. O que se busca é identificar que existiram fatores externos aos autos e aos debates na Corte que acarretaram, de forma explícita, o giro completo do voto dos Ministros Barroso e Fux. E as notícias veiculadas podem ter sido um desses fatores, demonstrando a hipótese de um julgamento com viés consequencialista, à margem das regras usuais de exegese jurídica, e, mais ainda, da exegese constitucional.

Com esse julgamento a Constituição passará a expressar o que os Ministros desejam que nela conste, e não interpretando o que nela, realmente, consta, uma vez que o debate foi desviado da interpretação constitucional, como se verifica na análise da íntegra do acórdão.

4. O congelamento do debate parlamentar e os demais julgamentos do stf acerca da matéria

Uma das diversas consequências desse julgamento é o de impedir que o Congresso legisle acerca do assunto. Afinal, se no art. 37, §5º, da Constituição já está assentado, por força da interpretação constitucional consolidada por repercussão geral, através do tema 897, que há imprescritibilidade extintiva no âmbito patrimonial, não é possível ao Congresso regular a matéria através de lei ordinária.

Existe pelo menos um projeto de lei tramitando sobre o assunto, proposto pelo deputado federal Roberto de Lucena (Podemos-SP)[5], que prevê a ampliação do prazo prescricional para 10 anos, com diversas fórmulas de cômputo mais rigorosas do que as vigentes na legislação atual.

[5] https://www.camara.leg.br/proposicoesWeb/fichadetramitacao?idProposicao=2184458

Todavia, em face da decisão do STF, tal iniciativa deverá ser considerada inconstitucional, em uma interpretação rigorosa do texto da Carta de 1988, pois representará uma afronta à mesma – exceto se o STF, em novo julgamento, entender de modo diverso do que decidiu em agosto de 1988, o que é pouco provável em um horizonte próximo. O único modo de alterar tal decisão, através do Congresso Nacional, é por meio de Emenda à Constituição.

O fato é que, quanto mais ampla for a atividade do STF, no âmbito da jurisdição constitucional, menor será o espaço ordinário das Casas Legislativas, tornando sua função meramente auxiliar, e não central, como nas democracias consolidadas.

Conforme mencionado acima, assunto correlato ao aqui analisado já havia sido analisado em julgamento ocorrido em 03 de fevereiro de 2016, no RE 669.069, objeto do tema 666 da repercussão geral, vencido o Ministro Edson Fachin, tendo sido fixada a seguinte tese, por maioria: "É prescritível a ação de reparação de danos à Fazenda Pública decorrente de ilícito civil".

Existem ainda pelo menos dois outros casos pendentes de julgamento, sobre temas correlatos à matéria tratada nesta assentada. Tratam-se do RE 636.886 e do RE

No RE 636.886, originalmente de relatoria do Ministro Teori Zavascki, debatia- se a prescritibilidade da pretensão de ressarcimento ao erário determinada pelo Tribunal de Contas da União. Em 13 de maio de 2016 o Ministro Teori apontou o confronto entre a decisão proferida no RE 669.069 e o MS 26.210 (Rel. Min. Ricardo Lewandowski, 10/10/2008), impetrado contra acórdão do TCU proferido em tomada especial de contas, no qual foi assentada a imprescritibilidade de pretensão de ressarcimento ao erário em situação análoga à presente. Nesse sentido, apontou que o tema deveria ser tratado sob a sistemática da repercussão geral, o que foi acatado sob o tema 899: "Prescritibilidade da pretensão de ressarcimento ao erário fundada em decisão de Tribunal de Contas".

Outro caso é o RE 654.833, de relatoria do Ministro Alexandre de Moraes, que também está afetado ao rito da repercussão geral, por decisão majoritária em 31 de maio de 2018 (vencidos os Ministros Edson Fachin e Dias Toffoli), sob o tema 999 – "Imprescritibilidade da pretensão de reparação civil de dano ambiental".

Aguarda-se o desfecho de ambos os casos, podendo ser singelamente decidido que a tese 897 já absorveu o assunto, ou o Plenário do STF decidir reapreciar a matéria – o que seria de todo conveniente.

Conclusões

Em suma, a modificação dos votos acabou por estabelecer uma novidade no âmbito do direito brasileiro, que é a da *imprescritibilidade extintiva no âmbito patrimonial*, que poderá jamais se encerrar, nem mesmo com o passar das décadas e a morte de todos os acusados, uma vez que seu patrimônio, geração após geração, permanecerá sendo ameaçado por ações de ressarcimento ao erário, que poderão ser propostas a qualquer tempo.

Isso gera enorme insegurança jurídica, e certamente "é um convite para o não exercício da função pública", como bem assentou o Ministro Gilmar Mendes, no correr dos debates ocorridos durante aquele julgamento.

Seguramente será necessária uma guarda *eterna* dos documentos envolvidos durante a gestão pública, de qualquer agente, público ou privado, que tenha relação com aqueles fatos, a contrário senso do que afirmou durante o julgamento, por duas vezes, o Ministro Edson Fachin. Mesmo *post mortem*. Por quantos séculos será necessário guardar esses documentos? E quais documentos?

A análise da dinâmica desse julgamento bem demonstra o papel exercido por forças externas aos autos e à rigorosa exegese jurídica da Constituição. É uma comprovação cabal de uma decisão tomada ao sabor da *voz rouca das ruas*, potencializada pelas mídias formais e sociais, influenciando as razões de decidir dos membros do Poder Judiciário, inclusive na mais alta Corte de Justiça do país, que cedeu, comprovadamente, ao consequencialismo jurídico.

Formalmente, não há nenhuma irregularidade – repete-se –, mas as consequências do julgamento certamente não foram bem dimensionadas.

2. RESTRIÇÃO AO REGISTRO DE CANDIDATURA: VINCULAÇÃO DO JULGAMENTO DA AÇÃO DE IMPROBIDADE ADMINISTRATIVA À JUSTIÇA ELEITORAL

Marilda de Paula Silveira

1. A competência da justiça comum para julgar ação de improbidade administrativa

A competência para julgar ato de improbidade administrativa se extrai por exclusão das competências estabelecidas na Constituição Federal. A conclusão decorre do fato de que o texto constitucional definiu a jurisdição da Justiça Especializada em razão da matéria [Justiça Militar - art. 124; Justiça Eleitoral - art. 121; e Justiça do Trabalho - art. 114], de modo que o que não pertencer a essas classes será julgado pela Justiça Comum.

A Justiça Comum é dividida entre a Justiça Estadual e a Justiça Federal. A competência da Justiça Estadual está disposta no art. 125 da Constituição Federal, que atribui aos Estados a organização judiciária. Por sua vez a competência da Justiça Federal está definida no art. 109 da Constituição Federal, o qual lhe atribui as "[...] causas em que a União, entidade autárquica ou empresa pública federal forem interessadas [...]". Conforme se verifica, a competência da Justiça Estadual é residual e a da Justiça Federal está aos sujeitos da relação processual.

1.1. A Improbidade como causa de inelegibilidade

Visando a tutela da probidade administrativa, o art. 14, § 9º, da Constituição Federal estabeleceu que ficasse a cargo da legislação complementar estabelecer outros casos de inelegibilidade. O art. 37, § 4º, da Carta da República, por sua vez, dispôs que os atos de improbidade administrativa "importarão a suspensão dos direitos políticos, a perda da função pública, a indisponibilidade dos bens e o ressarcimento ao erário, na forma e gradação previstas em lei, sem prejuízo da ação penal cabível".

Até 2010, quanto a Lei Complementar nº 135/2010 alterou a LC nº 64/1990 – que regulamenta o art. 14, § 9º da CRFB/88 – não havia previsão especifica de inelegibilidade para a hipótese de condenação em improbidade administrativa.

A inclusão de novas alíneas no art. 1º, inciso I da LC 64/90 buscou regulamentar outros casos de inelegibilidades, visando "proteger a probidade administrativa e a moralidade administrativa no exercício do mandato". Dentre os dispositivos inclusos, destaca-se para a análise que aqui se propõe a fazer o Art. 1º, I, "L", da LC nº 64/90, *in verbis:*

> "Art. 1º São inelegíveis:
>
> I – para qualquer cargo:
>
> L) os que forem condenados à suspensão dos direitos políticos, em decisão transitada em julgado ou proferida por órgão judicial colegiado, por ato doloso de improbidade administrativa que importe lesão ao patrimônio público e enriquecimento ilícito, desde a condenação ou o trânsito em julgado até o transcurso do prazo de 8(oito) anos após o cumprimento da pena;"[1]

Ao estabelecer essa nova hipótese de inelegibilidade, visando restringir o exercício da capacidade eleitoral passiva dos condenados por atos de improbidade administrativa, o legislador infraconstitucional estabeleceu alguns parâmetros para que a alínea "L" pudesse ser configurada, de modo a não atingir toda e qualquer pessoa que fosse condenada por improbidade administrativa, sendo eles: 1) condenação à suspensão dos direitos políticos, em decisão transitada em julgado ou proferida por órgão judicial; 2) ato doloso de improbidade administrativa; e 3) que importe lesão ao erário e enriquecimento ilícito.[2]

[1] **BRASIL. Lei Complementar nº 64, de 18 de maio de 1990.** Estabelece os casos de inelegibilidade. Publicada no Diário Oficial da União de 21.5.1990, Disponível em: HTTP://www.planalto.gob.br/ccivil_03/leis/lcp/lcp64.htm.

[2] Em que pese as vozes dissonantes, a atual jurisprudência do TSE compreende que o "e" contido na norma é aditivo, de modo que se exige cumulativamente lesão ao erário e enriquecimento ilícito para que incida a causa de inelegibilidade.

Verifica-se que o texto da norma dispõe expressamente que não seria qualquer condenação por improbidade administrativa que atrairia a inelegibilidade da alínea "L", motivo pelo qual apontou como necessário a ocorrência de requisitos, de forma cumulativa, para que eventual inelegibilidade fosse imputada.

Diante da imposição de tais requisitos, a análise dos próprios tipos de improbidade passa a ser indispensável para incidência da inelegibilidade. Tal regulamentação, encontra-se no art. 37 § 4º, da Carta de República e na Lei 8.429/92, que dispõe sobre as sanções aplicáveis aos agentes públicos condenados por improbidade administrativa (artigos 9º, 10, 10-A e 11 da Lei 8.429/92 e art. 52 da Lei nº 10.257/2001).

1.1.1. Enriquecimento ilícito e lesão ao erário

Os atos de improbidade administrativa para configurarem a inelegibilidade da alínea "L" devem resultar em dano ao erário [art. 10] e enriquecimento ilícito [art. 9º], de forma cumulativa. O mesmo se dará caso ambos os requisitos, cumulativamente, estejam presentes nas hipóteses do art. 10-A da Lei 8.429/92 e no art. 52 da Lei 10.257/2001.

O dano ao erário na improbidade administrativa é a lesão ao patrimônio material do Estado somado com a lesão à probidade administrativa, isso porque não é qualquer lesão que sofra o Estado por ato de agente público que pode ser qualificado como ímprobo, mas o dano deve estar atrelado à conduta ímproba, entendida como a desonesta.[3]

Já o enriquecimento ilícito é a obtenção de vantagem ilegal em razão do cargo, mandato, função, emprego ou atividade nas entidades dispostas no art. 1º da Lei 8.429/92, resultando em violação à constituição ou a lei. O agente por meio da conduta ilícita aumenta seu patrimônio.

Como os elementos caracterizadores da inelegibilidade apresentados na Alinea "L" estão tipificados na Lei de Improbidade Administrativa, sua incidência depende da interpretação e condenação, pelos órgãos competentes, de atos praticados com violação aos artigos 9º, 10, 10-A e 11 da Lei 8.429/92 e do art. 52 da Lei nº 10.257/2001.

O art. 9º da Lei 8.429/92 dispõe sobre as hipóteses de improbidade que acarretam enriquecimento ilícito. O dispositivo visa a reprimir a

[3] SIMÃO, Neto Calil. **Improbidade administrativa: teoria e prática** / Calil Simão Neto. Leme: J. H. Mizuno, 2011. p. 249.

aferição de "qualquer tipo de vantagem patrimonial indevida em razão do exercício de cargo, mandato, função, emprego ou atividade nas entidades mencionadas no art. 1º, sendo necessário, por conseguinte, a comprovação do elemento volitivo "dolo".[4]

Por sua vez, o art. 10 estabelece as hipóteses de improbidade que acarretam lesão ao erário, apontando que, tanto as condutas dolosas como as culposas [sendo o único dispositivo que permite essa modalidade] podem dar ensejo à condenação com fundamento nesse dispositivo.[5]

O art. 10-A especifica hipótese de improbidade administrativa para os casos em que, por ação ou omissão, se conceda, aplique ou mantenha benefício financeiro ou tributário, contrariando o que dispõe o caput e o § 1º do art. 8º-A da Lei Complementar nº 116/2003 [alíquota de ISS][6].

Já o art. 11 tratou dos casos que atentam contra os princípios da Administração Pública, admitindo somente a forma dolosa para que o agente seja condenado com fundamento nesse dispositivo.[7]

Finalmente, o art. 52 da Lei 10.257/2001 previu um elenco de violações à própria lei [estatuto da cidade] que, sem prejuízo da aplicação de outras sanções cabíveis, também constitui ato de improbidade administrativa.

[4] BRASIL. **Lei nº 8.429, de 2 de junho de 1992**. Publicada no Diário Oficial da União de 3.6.1992: Art. 9º Constitui ato de improbidade administrativa importando enriquecimento ilícito auferir qualquer tipo de vantagem patrimonial indevida em razão do exercício de cargo, mandato, função, emprego ou atividade nas entidades mencionadas no art. 1º desta lei, e notadamente: [...]. Disponível em http://www.planalto.gov.br/ccivil_03/Leis/l8429.htm. Acesso em 5 de maio de 2018.

[5] Idem. "Art. 10. Constitui ato de improbidade administrativa que causa lesão ao erário qualquer ação ou omissão, dolosa ou culposa, que enseje perda patrimonial, desvio, apropriação, malbaratamento ou dilapidação dos bens ou haveres das entidades referidas no art. 1º desta lei, e notadamente: [...]"

[6] Art. 8º-A. A alíquota mínima do Imposto sobre Serviços de Qualquer Natureza é de 2% (dois por cento). (Incluído pela Lei Complementar nº 157, de 2016)

§ 1º O imposto não será objeto de concessão de isenções, incentivos ou benefícios tributários ou financeiros, inclusive de redução de base de cálculo ou de crédito presumido ou outorgado, ou sob qualquer outra forma que resulte, direta ou indiretamente, em carga tributária menor que a decorrente da aplicação da alíquota mínima estabelecida no caput, exceto para os serviços a que se referem os subitens 7.02, 7.05 e 16.01 da lista anexa a esta Lei Complementar. (Incluído pela Lei Complementar nº 157, de 2016)

[7] Idem: "Art. 11. Constitui ato de improbidade administrativa que atenta contra os princípios da administração pública qualquer ação ou omissão que viole os deveres de honestidade, imparcialidade, legalidade, e lealdade às instituições, e notadamente: [...]"

Considerando que o rol do art. 9º, 10 e 11 da Lei 8.429/92 não é taxativo, as hipóteses do art. 52[8] da Lei 10.257/2001 não configuram gênero específico de improbidade, de modo que, ao fim e ao cabo, inserem-se em alguma das categorias de enriquecimento ilícito, lesão ao erário ou violação de princípios da administração pública já previstas na lei.

Após proceder a subsunção dos fatos à norma, é necessário que o órgão julgador individualize a conduta do agente para aplicar a sanção pelos atos cometidos, levando "em conta a extensão do dano causado, assim como o proveito patrimonial obtido pelo agente", segundo o que preceitua o art. 12.[9]

Cuidando das penalidades, o art. 12 vem instituir as sanções aplicadas aos responsáveis pelo ato de improbidade administrativa – ressalvando, desde logo, que as sanções podem ser aplicadas de forma isolada ou cumulativa, de acordo com a gravidade do fato – tratando de forma específica cada hipótese elencada na lei (arts. 9º, 10 e 11 da Lei 8.429/92), graduando a sanção conforme a reprovabilidade do ato.

[8] Art. 52. Sem prejuízo da punição de outros agentes públicos envolvidos e da aplicação de outras sanções cabíveis, o Prefeito incorre em improbidade administrativa, nos termos da Lei nº 8.429, de 2 de junho de 1992, quando:
I. (VETADO)
II. deixar de proceder, no prazo de cinco anos, o adequado aproveitamento do imóvel incorporado ao patrimônio público, conforme o disposto no § 4º do art. 8º desta Lei;
III. utilizar áreas obtidas por meio do direito de preempção em desacordo com o disposto no art. 26 desta Lei;
IV. aplicar os recursos auferidos com a outorga onerosa do direito de construir e de alteração de uso em desacordo com o previsto no art. 31 desta Lei;
V. aplicar os recursos auferidos com operações consorciadas em desacordo com o previsto no § 1º do art. 33 desta Lei; VI. impedir ou deixar de garantir os requisitos contidos nos incisos I a III do § 4º do art. 40 desta Lei;
VII. deixar de tomar as providências necessárias para garantir a observância do disposto no § 3º do art. 40 e no art. 50 desta Lei;
VIII. adquirir imóvel objeto de direito de preempção, nos termos dos arts. 25 a 27 desta Lei, pelo valor da proposta apresentada, se este for, comprovadamente, superior ao de mercado

[9] Idem. Art. 12. Independentemente das sanções penais, civis e administrativas previstas na legislação específica, está o responsável pelo ato de improbidade sujeito às seguintes cominações, que podem ser aplicadas isolada ou cumulativamente, de acordo com a gravidade do fato: [...] Parágrafo único. Na fixação das penas previstas nesta lei o juiz levará em conta a extensão do dano causado, assim como o proveito patrimonial obtido pelo agente.

Para os casos que versam sobre enriquecimento ilícito (art. 9º), o art. 12, "I", estabelece como sanção a perda dos bens acrescidos ilicitamente ao patrimônio, a suspensão dos direitos políticos e dispõe sobre outras penalidades [da mesma forma o faz com as outras modalidades de improbidade].[10]

Já para os atos que causem dano ao erário (art. 10), o inciso II do art. 12 sanciona, com o ressarcimento integral do dano, perda de eventual bem ou valor acrescido de forma ilícita, caso tenha ocorrido suspensão dos direitos políticos pelo prazo de cinco a oito anos, multa civil de até duas vezes o valor do dano e proibição de contratar com o Poder Público ou receber benefícios ou incentivos fiscais ou creditícios.[11]

O inciso III do art. 12 cuida, por sua vez, das hipóteses de violação aos princípios (art. 11), estabelecendo como sanção ressarcimento integral do dano, caso haja, suspensão dos direitos políticos de três a cinco anos; multa civil de até cem vezes o valor da remuneração percebida pelo agente; e proibição de contratar com o Poder Público ou receber benefícios ou incentivos fiscais ou creditícios.[12]

[10] Idem. I – na hipótese do art. 9º, perda dos bens ou valores acrescidos ilicitamente ao patrimônio, ressarcimento integral do dano, quando houver, perda da função pública, suspensão dos direitos políticos de oito a dez anos, pagamento de multa civil de até três vezes o valor do acréscimo patrimonial e proibição de contratar com o Poder Público ou receber benefícios ou incentivos fiscais ou creditícios, direta ou indiretamente, ainda que por intermédio de pessoa jurídica da qual seja sócio majoritário, pelo prazo de dez anos;

[11] Idem. II – na hipótese do art. 10, ressarcimento integral do dano, perda dos bens ou valores acrescidos ilicitamente ao patrimônio, se concorrer esta circunstância, perda da função pública, suspensão dos direitos políticos de cinco a oito anos, pagamento de multa civil de até duas vezes o valor do dano e proibição de contratar com o Poder Público ou receber benefícios ou incentivos fiscais ou creditícios, direta ou indiretamente, ainda que por intermédio de pessoa jurídica da qual seja sócio majoritário, pelo prazo de cinco anos;

[12] Idem. III – na hipótese do art. 11, ressarcimento integral do dano, se houver, perda da função pública, suspensão dos direitos políticos de três a cinco anos, pagamento de multa civil de até cem vezes o valor da remuneração percebida pelo agente e proibição de contratar com o Poder Público ou receber benefícios ou incentivos fiscais ou creditícios, direta ou indiretamente, ainda que por intermédio de pessoa jurídica da qual seja sócio majoritário, pelo prazo de três anos

1.1.2. Condenação em suspensão dos direitos políticos

Outra exigência da alínea *"l"* é que a condenação por improbidade administrativa, na ação civil pública, traga consigo a suspensão dos direitos políticos. Significa dizer que para que a inelegibilidade em questão incida é necessário que, ao efetuar a dosimetria da pena na decisão condenatória de improbidade, o julgador tenha considerado o ato grave o suficiente para impor a pena de suspensão dos direitos políticos.

Os direitos políticos são tratados na Constituição Federal nos artigos 14 a 17 e representam "as prerrogativas e os deveres inerentes à cidadania. Englobam o direito de participar direta ou indiretamente do governo, da organização e do funcionamento do Estado"[13], e segundo Teori Zavascki direitos políticos são compreendidos como, *in verbis*:

> "conjunto de direitos atribuídos ao cidadão que lhe permite, através do voto, do exercício de cargos públicos ou da utilização de outros instrumentos constitucionais e legais, ter efetiva participação e influência nas atividades de governo."[14]

Ao prever a suspensão dos direitos políticos no art. 15 da Carta da República, o constituinte originário estabeleceu, no inciso V, que, nos casos de improbidade administrativa (art. 37, § 4º), os direitos políticos seriam suspensos. Ao regulamentar este dispositivo constitucional, o art. 20 da Lei 8.429/92 determina que a suspensão dos direitos políticos somente será executada após o trânsito em julgado.

Contudo, a inelegibilidade da alínea "L" do inciso I do art. 1º da LC 64/90, passa a produzir efeitos em dois momentos: i) a partir de decisão condenatória proferida por órgão judicial colegiado e ii) após o cumprimento de todas as penas de improbidade, afinal, até que cumpridas as penas estarão suspensão os direitos políticos. Significa dizer que, nesta última hipótese, a inelegibilidade começa quando a suspensão dos direitos políticos termina.

[13] GOMES, José Jairo. **Direito Eleitoral/José Jairo Gomes** – 12. ed. São Paulo: Atlas, 2016, p. 4

[14] ZAVASCKI, Teori Albino. **Direitos Políticos – Perda, Suspensão e Controle Jurisdicional**. Revista Jurídica, n 201, p. 118.

1.1.3. O dolo e a culpa na improbidade administrativa

Somado à suspensão dos direitos políticos, o elemento volitivo do agente – dolo ou culpa é outro ponto importante que necessita de análise, devido à sua caracterização impactar diretamente na inelegibilidade da alínea "L".

Em que pese os questionamentos que recaem sobre a própria constitucionalidade da existência de modalidade culposa na improbidade administrativa, doutrina e jurisprudência ainda admitem tal incidência e consideram a culpa como a inabilidade, a negligência ou a imperícia que o agente comete e acaba por causar prejuízo ao erário público.

Diante das críticas acerca do elemento culpa, passou-se a falar em "culpa grave", elemento que acabou regulado pela Lei 13.655/2018. Tal modalidade é uma gradação da culpa – criticada por parte da doutrina que a equipara ao dolo[15] – mas que o Superior Tribunal de Justiça tem aplicado em seus julgados mais recentes[16].

Já o dolo diferencia-se da culpa pelo estado de previsão: "[...] se o sujeito prevê quando da prática do ato o seu resultado, e mesmo assim opta por consumá-lo, age com dolo"[17]. O dolo configura-se pela vontade do agente em querer praticar, correspondendo perfeitamente à noção de improbidade, pois aquele que age com má-fé, no intuito de transgredir a norma, necessariamente age com dolo:

[15] SIMÃO, Neto Calil. **Improbidade administrativa: teoria e prática** / Calil Simão Neto. Leme: J. H. Mizuno, 2011. p. 82: "[...] podemos dizer que a doutrina administrativista procurou utilizar o termo culpa grave como sinônimo de tipo culposo, para a partir daí admitir a sua aplicação à infração ímproba. Na verdade, a culpabilidade do agente, quando grave, importa em um tipo doloso, e não em tipo culposo.".

[16] BRASIL. Superior Tribunal de Justiça. Direito Administrativo. Improbidade Administrativa. AIA 30/AM, Rel. Ministro TEORI ALBINO ZAVASCKI, CORTE ESPECIAL, julgado em 21/09/2011, DJe 28/09/2011: "Não se pode confundir improbidade com simples ilegalidade. A improbidade é ilegalidade tipificada e qualificada pelo elemento subjetivo da conduta do agente. Por isso mesmo, a jurisprudência do STJ considera indispensável, para a caracterização de improbidade, que a conduta do agente seja dolosa, para a tipificação das condutas descritas nos artigos 9º e 11 da Lei 8.429/92, ou pelo menos eivada de culpa grave, nas do artigo 10. Disponível em: <http://www.stj.jus.br/SCON/jurisprudencia/toc.jsp?processo=ai a+30&&b=ACOR&thesaurus=JURIDIC O&p=true>. Acesso em 25.5.2018.

[17] SIMÃO, Neto Calil. **Improbidade administrativa: teoria e prática** / Calil Simão Neto. Leme: J. H. Mizuno, 2011. p. 84

As condutas ímprobas são aquelas permeadas de má-fé (do latim *malefatius*). Má-fé, na terminologia jurídica, designa o fato jurídico desencadeado pela maldade, em oposição à boa-fé. Representa a fraude, a corrupção e o dolo, por exemplo. Nesse sentido, quando descrevemos juridicamente que uma pessoa agiu de má-fé, estamos dizendo que ela agiu com fraude ou dolo.[18]

O "dolo específico" e o "dolo genérico", por seu turno, têm sido considerados espécies de dolo. A aferição da conduta representada pelo dolo específico é caracterizada pela intenção especial do agente, ou seja, deve ser comprovada a má-fé do agente em violar o bem jurídico protegido. Diversamente é a figura do "dolo genérico", para o qual bastaria a mera vontade de praticar o ato descrito na norma [não necessitando perquirir se a conduta do agente fora desonesta] para que seja configurado o elemento volitivo a ensejar a condenação por improbidade administrativa.

Com todo o acatamento que merecem as posições em sentido contrário, compreende-se que essa forma de dolo [genérico] que vem sendo praticada nos tribunais[19], não só viola o dever de motivação da decisão judicial, dado que "[...] blindaria o julgador do dever de motivar sua decisão a partir do contexto fático. Isto é, no *terreno pragmático*, significaria suficiente o descumprimento patente da lei para constatar a improbidade."[20], como também cria uma responsabilidade objetiva em matéria de improbidade administrativa na medida em que retira do órgão julgador o ônus de comprovar a intenção do agente. Conforme se observa das lições de Márcio Cammarosano e Flávio Pereira:

[18] Idem. p. 83

[19] BRASIL. Lei nº 13.105 de 16 de março de 2015. **Código de Processo Civil**. Diário Oficial da União de 17.3.2015- Art. 489. São elementos essenciais da sentença: I – o relatório, que conterá os nomes das partes, a identificação do caso, com a suma do pedido e da contestação, e o registro das principais ocorrências havidas no andamento do processo; II – os fundamentos, em que o juiz analisará as questões de fato e de direito; III – o dispositivo, em que o juiz resolverá as questões principais que as partes lhe submeterem. Disponível em: < http://www.planalto.gov.br/ccivil_03/_ato2015-2018/2015/lei/l13105.htm>. Acesso em: 06.6.2018.

[20] Cammarosano, Márcio e PEREIRA, Flávio Henrique Unes. **O elemento subjetivo na improbidade administrativa: por uma responsável motivação das decisões judiciais**. Revista do Superior Tribunal de Justiça – Improbidade Administrativa. a. 28, vol 241, jan/fev/mar 2016, p. 86.

> Inferir ofensa dolosa à ordem jurídica da simples voluntariedade do comportamento objetivamente inválido do agente, mais do que presumir o que não pode ser presumido – o dolo – é ignorar a noção jurídica mesma de culpabilidade, indissociável do elemento subjetivo. Implica, em rigor, e de forma não declarada, propugnar pela responsabilidade objetiva em matéria de improbidade, primitivismo doutrinário inadmissível em matéria sancionadora tanto penal quando a título de improbidade administrativa, e como se a tanto se pudesse chegar deturpando a própria noção de dolo genérico que, antes de tudo, é dolo. E dolo só há diante de prova, ainda que difícil em muitos casos, de deliberada, intencional violação da ordem jurídica – o que pressupõe consciência da antijuridicidade –, e não da mera constatação da voluntariedade ou não deste ou daquele comportamento.[21]

Não obstante essas considerações, a conduta dolosa é a característica que o ato dever ter para ser capaz de configurar a inelegibilidade da alínea "L".

2. O julgamento da ação de improbilidade administrativa

Ao ser proposta ação de improbidade administrativa, o requerido será notificado para apresentar manifestação por escrito [art. 17, § 7º, da LIA], a qual será apreciada pelo juízo, que concluirá, no prazo de trinta dias, pela inexistência do ato de improbidade; improcedência da ação por inadequação da via eleita ou pelo recebimento da petição inicial.

Recebida a petição inicial, o réu é citado para apresentar contestação [art. 17, § 9º, da LIA] e produzir provas, exercendo seu direito à ampla defesa e ao contraditório, por meio do devido processo legal.

Formada a convicção do juízo, será proferida sentença, que deverá ser devidamente fundamentada com base no arcabouço probatório produzido, na qual conterá relatório, fundamentos e dispositivo[22]. Esta terceira

[21] Idem.

[22] BRASIL. Lei nº 13.105 de 16 de março de 2015. **Código de Processo Civil**. Diário Oficial da União de 17.3.2015- Art. 489. São elementos essenciais da sentença: I – o relatório, que conterá os nomes das partes, a identificação do caso, com a suma do pedido e da contestação, e o registro das principais ocorrências havidas no andamento do processo; II – os fundamentos, em que o juiz analisará as questões de fato e de direito; III – o dispositivo, em que o juiz resolverá as questões principais que as partes lhe submeterem. Disponível em: < http://www.planalto.gov.br/ccivil_03/_ato2015-2018/2015/lei/l13105.htm>. Acesso em: 06.6.2018.

parte da sentença ou acórdão [dispositivo] é a conclusão do raciocínio desenvolvido pelo órgão julgador, razão pela qual se torna imutável por força da coisa julgada material [art. 504 do CPC]. Tendo sido procedente a sentença da ação de improbidade administrativa, ao réu é facultado interpor recurso, podendo exercer seu direito de defesa em mais uma oportunidade.

Tais considerações apresentadas, ainda que de forma simples, foram necessárias para demonstrar que no âmbito da Justiça Comum as provas são produzidas e sobre elas o juízo, de forma fundamentada, profere uma decisão. Perceba que aqui o órgão julgador está mais próximo dos elementos fáticos e das provas, fatores que possibilitam a construção do raciocínio para concluir quais as sanções do art. 12 da LIA devem ser aplicadas, de forma isolada ou cumulativa, de acordo com a gravidade do fato.

É da competência da Justiça Comum, portanto, julgar a ação de improbidade, estabelecendo se houve enriquecimento ilícito, dano ao erário, cometidos de forma dolosa. A partir dos fatos é que o juiz irá decidir se condena à suspensão dos direitos políticos por ato doloso de improbidade administrativa, que importe em lesão ao erário e enriquecimento ilícito.

3. Competência para julgar registro de candidatura

A previsão constitucional da Justiça Eleitoral, especializada em razão da matéria, constou dos arts. 92, 118 e 121 da Constituição Federal de 1988, limitando-se esse último dispositivo constitucional somente a afirmar que a lei complementar disporia a respeito. Em razão disso, a Lei 4.737 de 1965[23] (recepcionada como lei complementar) e a Lei Complementar 64 de 1990 estabeleceram regras de competência para os órgãos da Justiça Eleitoral.

Regulando a matéria atinente à competência dos órgãos da Justiça Eleitoral para julgar o registro de candidatura dos candidatos, a Lei 4.737/1965 24 – Código Eleitoral –, fixou a competência do Tribunal

[23] BRASIL. **Lei n 4.737 de 15 de julho de 1965**. Institui o Código Eleitoral. Publicada no Diário Oficial da União de 19.7.1965; retificada no Diário Oficial da União de 30.7.1965. Disponível em: http://www.planalto.gov.br/ccivil_03/leis/l4737.htm. Acesso em 5 de maio de 2018.

Superior Eleitoral no art. 22, I, "a"; a do Tribunal Regional Eleitoral no art. 29, I, "a" e, por fim; a competência dos Juízes Eleitorais no art. 35, XII.

No art. 22, I, "a" ficou assentada a competência do Tribunal Superior Eleitoral para processar e julgar originariamente o registro de candidatura dos candidatos à Presidência e Vice-Presidência da República. O art. 29, I, "a", por sua vez, definiu que o Tribunal Regional Federal é competente para processar e julgar originariamente o registro de candidatura dos candidatos a "governador, vice-governadores, e membro do Congresso Nacional e das assembleias legislativas". Por fim, os Juízes Eleitorais ficaram responsáveis por julgar o registro de candidatura dos candidatos aos cargos eletivos municipais (art. 35, XII).

Como visto, a competência da Justiça Eleitoral é definida em razão da matéria, assim tudo que versar sobre eleição será de competência do juiz eleitoral.

O registro de candidatura previsto nos arts. 87 a 102 da Lei 4.737/1965, de igual modo, está inserido na competência da Justiça Eleitoral, sendo o procedimento pelo qual o pré- candidato escolhido em convenção partidária se submete à análise da Justiça Eleitoral para demonstrar que preenche todos os requisitos de elegibilidade do art. 14, § 3º, da Constituição Federal e não incide em nenhuma causa de inelegibilidade, tanto constitucional [art. 14, § 4º e 7º, da Constituição Federal], como infraconstitucional [Lei nº 64/1990:

> [...] o pedido de registro de candidato visa, em última análise, à declaração pela Justiça Eleitoral de que aquele cidadão preenche os requisitos de elegibilidade previstos na Constituição Federal e bem assim que contra si não recaem quaisquer das causas de inelegibilidade previstas na Constituição Federal ou na lei complementar respectiva, que encontra amparo no próprio texto constitucional.[24]

O registro de candidatura é condição para que determinado cidadão possa exercer sua capacidade eleitoral passiva e, nesse aspecto, o art. 11

[24] NETO, Pereira Miguel e LÔBO, Bárbara Mendes. **A natureza jurídica do pedido de registro de candidatura e os estritamente objetivos limites da lide.** Revista do Instituto dos Advogados de São Paulo.

da Lei 9.504/97, que regula as Eleições, determina que os partidos e as coligações solicitem o registro dos seus candidatos à Justiça Eleitoral. Uma vez deferido o pedido de registro, o que era pré- candidato torna-se candidato.

Solicitado o pedido de registro de candidatura, o Presidente do Tribunal ou o juiz eleitoral, no caso de eleição municipal ou distrital, fará publicar edital para que os interessados tomem ciência [art. 97 da Lei 4.737/65] e, no prazo de 5 (cinco) dias, possam impugná- lo em petição fundamentada [art. 3º da Lei 64/90].

Nesse aspecto, o TSE tem facultado ao cidadão a apresentação de notícia alegando, de forma fundamentada, a ausência de inelegibilidade no prazo de 5 (cinco) dias contados da publicação do edital relativo ao pedido de registro[25].

Não obstante essa faculdade de apresentar notícia, há uma ação própria intitulada de "Ação de Impugnação de Registro de Candidatura" - AIRC, prevista no art. 3º, caput, da Lei 64/90 que, de forma diversa, é um procedimento contencioso, e sua finalidade é impugnar o registro de candidatura. A AIRC, segundo observa José Jairo, constitui um incidente no processo de registro de candidato, que é principal em relação a ela[26].

Mas nesse particular, importa saber qual é o limite da cognição judicial na apreciação dos registros AIRC. Estaria a Justiça Eleitoral autorizada somente a conferir a partir da parte dispositiva da sentença condenatória de improbidade a presença das condições de elegibilidade e a ausência das causas de inelegibilidade? Ou o órgão julgador eleitoral poderia ir além disso, extraindo da decisão judicial que condenou por improbidade administrativa elemento que não constou na parte dispositiva ou, até mesmo, não constou da fundamentação?

Para responder esses questionamentos dois pressupostos devem ser explorados: a) quem é competente para julgar o fato da improbidade que gera inelegibilidade; e b) tem a Justiça Eleitoral condição de concluir que

[25] BRASIL. Resolução-TSE nº 23.548/2017 - Art. 42. Qualquer cidadão no gozo de seus direitos políticos pode, no prazo de 5 (cinco) dias contados da publicação do edital relativo ao pedido de registro, dar notícia de inelegibilidade ao tribunal eleitoral competente, mediante petição fundamentada.

[26] GOMES, José Jairo. **Direito Eleitoral** - 12. ed, São Paulo: Atlas, 2016.

houve enriquecimento ilícito, dano ao erário ou até mesmo dolo, ao passo que quem acompanhou a prova foi o juiz da Justiça Comum.

Quanto a primeira questão, parece clara a Constituição ao dispor que compete à Justiça Comum o julgamento da ação de improbidade administrativa, afastando, com isso, qualquer pretensão da Justiça Eleitoral de substituir sua jurisdição.

Para a segunda indagação, a resposta é negativa por dois motivos: 1) a decisão na ação de improbidade administrativa encontra-se blindada não apenas pela competência, mas, em alguns casos, pela preclusão e trânsito em julgado; 2) o âmbito de análise do processo de registro de candidatura é limitado e não permite a reavaliação das provas produzidas na ação de improbidade, cingindo apenas à parte dispositiva do acórdão condenatório. Ultrapassar seus termos seria grave violação ao contraditório e a ampla defesa.

A parte dispositiva da decisão deve vincular a Justiça Eleitoral na análise da inelegibilidade, não se permitindo que se possa extrair, a partir da fundamentação, outra conclusão que leve à inelegibilidade. Como se pode extrair do texto escrito e limitado uma narrativa que leve ao enriquecimento ilícito, lesão ao erário ou dolo, se o titular da jurisdição com os autos e todas as provas não o fez? Seria uma espécie de rejulgamento formal ou rejulgamento pelo texto. Nada pode ser mais atentatório ao contraditório.

Assim, concluir de modo contrário ao que decidido na Justiça Comum ou com revaloração dos fundamentos a partir exclusivamente do texto da sentença ou acórdão, não apenas se viola o contraditório, mas instala-se à enorme insegurança jurídica. Não se pode extrair os requisitos da alínea "L", elemento que não constou do acórdão da improbidade. Sem enfrentamento do requisito na jurisdição competente, o réu – agente público a que se atribui improbidade – sequer teve oportunidade de se defender. E, de outro lado, também não lhe será dada oportunidade de defesa na jurisdição eleitoral, tendo em vista que o registro de candidatura não possui instrução probatória que comporte aferição sobre a existência ou não de enriquecimento ilícito ou lesão dolosa ao erário.

4. Estudo de caso

O caso trata do Recurso Especial Eleitoral – REspE – nº 204-91, proveniente do Município de Foz do Iguaçu/Paraná no qual se discutia a incidência da inelegibilidade da alínea “l” no registro de candidatura de um dos candidatos a prefeito.[27]

No juízo de primeiro grau, o registro de candidato foi indeferido em decorrência de condenações judicias por atos dolosos de improbidade administrativa. Contra o acórdão regional foi interposto recurso especial eleitoral.

A primeira condenação ocorreu por irregularidades constatadas no 3º Festival Internacional de Humor Gráfico das Cataratas do Iguaçu, alegando-se, em decorrência disso:

> Eis a síntese do que alegado: *“(i) contratação, execução e pagamento de serviços sem formalização de contrato entre as partes e (ii) ausência de justificativa para majoração do valor contratado”* (fl. 828). Segundo consta do acórdão do TRE, em remissão ao *decisum* proferido pela Justiça Federal, teria *“havido majoração, sem qualquer justificativa, de valores correspondentes às metas do Plano de Trabalho em relação aos estimados no projeto inicial para as atividades a serem desenvolvidas por* [X], *de R$ 135.000,00 para R$ 200.000,00”* (fl. 828).[28]

Ao condenar o recorrente pela majoração de R$ 65.000,00 (sessenta e cinco mil) no valor do contrato, o Tribunal de Justiça do Paraná determinou o ressarcimento do prejuízo e condenou o candidato por improbidade por dano ao erário.

O voto do relator, ao seguir os fundamentos do acórdão regional, entendeu que, não obstante não tenha havido condenação por enriquecimento ilícito pela Justiça Comum, seria possível extrair dos fundamentos

[27] BRASIL. Tribunal Superior Eleitoral. Recurso Especial Eleitoral nº 204-91, Município de Foz do Iguaçu/PR, Rel. Ministro Herman Benjamin. Publicado em Sessão, Data 13/12/2016, Disponível em: http://www.tse.jus.br/jurisprudencia/decisoes/jurisprudencia. Segundo consta do acórdão, o registro de candidatura foi impugnado ao fundamento de que incidia sob o requerente do registro causas de inelegibilidade prevista no art. 1º, I, “g” e “L”, da LC 64/90, eis que no tocante à a) alínea “g” teria havido julgamento pelo Tribunal de Contas do Estado do Paraná das contas de convênio do candidato, considerando-as irregulares por falhas insanáveis que configuraria ato doloso de improbidade administrativa; b) com relação à alínea “L”, teria havido três condenações efetivadas pela Justiça Comum, em desfavor de CANDIDATO,no qual teria sido sancionado à suspensão dos direitos políticos, por ato doloso de improbidade administrativa que importou em dano ao erário.

[28] Idem.

do acórdão da improbidade o enriquecimento ilícito de terceiro [a empresa contratada], razão pela qual concluiu haver suspensão dos direitos políticos, dano ao erário e enriquecimento ilícito, atraindo, portanto, a inelegibilidade da alínea "L".

A segunda condenação ocorreu ao argumento de que haveria direcionamento no "processo licitatório a fim de favorecer a empresa [X], visto que, ao se proceder à abertura de certame, na modalidade convite, apenas referida pessoa jurídica exercia atividade pertinente no ramo licitatório"[29] e sucessivas prorrogações contratuais.

No caso, argumentava-se que a empresa pertencia à servidora que desempenhava o cargo de consultora de projeto no Município e os serviços contratados com a empresa foram de consultoria de projetos de captação de recursos, os quais somente seriam exercidos pela servidora na região.

Com base nesse fato, o Tribunal de Justiça do Estado do Paraná condenou o agente público à suspensão de direitos políticos, ressarcimento integral do dano e multa, por entender que a conduta teria resultado prejuízo à Administração, alinhado com o art. 10, VIII, da Lei 8.429/92.

Diante disso, o acórdão do TSE, reproduzindo a justificava do Tribunal regional, deduziu que, também quanto a esses fatos, poderia se retirar da fundamentação do acórdão da improbidade o enriquecimento ilícito de terceiros, apesar de tal fato não constar do acórdão, *in verbis*:

> O enriquecimento ilícito, por sua vez, também está estampado na fundamentação do acórdão de fls. 534/553, no qual restou expressamente consignado que "houve direcionamento do convite com desiderato de favorecer empresa RXC Consultoria Projetos" (fl. 546, destacou-se) que "se trâmite licitatório regular tivesse sido observado, Município de Foz do Iguaçu poderia ter obtido possível proposta mais vantajosa menos dispêndio de verba pública" (fl. 549, destacou-se).
>
> Nessa linha, os Tribunais Regionais Eleitorais vêm reconhecendo que fraude, direcionamento e o favorecimento de procedimento licitatório implicam reconhecimento da existência de enriquecimento ilícito dos beneficiados, pois retira da Administração possibilidade de angariar proposta mais vantajosa [...].[30]

[29] Idem.

[30] Idem.

Para concluir pelo indeferimento do registro, o voto condutor do relator partiu do pressuposto de que "[...] a Justiça Eleitoral pode extrair, dos fundamentos do decreto condenatório, os requisitos para incidência da inelegibilidade ainda que não constem de forma expressa da parte dispositiva [...]". E nesse aspecto, citou posteriormente o Recurso Ordinário 380-23 do Mato Grosso [conhecido como caso Riva], *in verbis*:

> Citando de modo específico o RO 380-23/MT, tem-se que 'não se trata de presumir indevidamente nem de usurpar a competência da Justiça Comum para enquadrar o ato de improbidade, mas sim de extraíras conclusões da Justiça Comum a respeito da classificação do ato de improbidade, ainda que elas não constem textualmente no dispositivo do acórdão.'[31]

Essa tese foi inaugurada no caso que vem sendo intitulado como *Caso Riva* no qual, do mesmo modo, o elemento "enriquecimento ilícito" foi deduzido dos fundamentos da ação de improbidade.

No precedente, descreve-se que a condenação por enriquecimento ilícito não constou da parte dispositiva do julgado e não foi imputada pelo Ministério Público que, também, não recorreu da decisão – na Justiça Comum – para ver reconhecido o enriquecimento ilícito. Nota-se que o julgado partiu do pressuposto de que por ter havido dispensa de licitação, haveria enriquecimento ilícito de quem foi beneficiado, em razão de que a Administração não teria angariado a proposta mais vantajosa [o enriquecimento ilícito só estaria configurado na hipótese de não ter havido a prestação do serviço, e isso não constou do acórdão].

O Ministro Luiz Fux começa seu voto afirmando que seria uma diminuição da capacidade do órgão judicial não poder inferir a configuração jurídica a partir do fato descrito na decisão judicial, *in verbis*:

> "[...] há um aspecto processual, que considero muito importante, no sentido de que seria uma *capitis diminutio* de qualquer órgão julgador, à luz do princípio da unidade de jurisdição, que não pudéssemos, **à luz de um fato descrito na decisão judicial, inferir a configuração jurídica que se deva dar àquele fato**.

[31] Idem.

> Já é tradicional na doutrina que a qualificação jurídica do fato não integra a *causa petendi* e, *a fortiori*, se o juiz dá nova configuração jurídica ao fato, ele não estará julgando nem *ultra* nem *extra petita*."[32] (grifamos)

Asseverou, ainda, que pode sim o Tribunal Eleitoral reenquadrar os fatos que haviam sido analisados somente sob a perspectiva do dano ao erário pela Justiça Comum, para que se possa extrair o enriquecimento ilícito da nova leitura dos fatos no âmbito eleitoral, de modo a aferir a elegibilidade, *in verbis*:

> De sorte que não vejo como não possa o Tribunal, para seus fins específicos de aferir a elegibilidade, verificar se, no bojo da decisão, na sua motivação, nos seus fundamentos, digamos assim, há fatos que conduzem à verificação de que, mercê de ter-se referido a dano ao erário, há manifesto enriquecimento ilícito da parte ou de terceiros, porque a nossa jurisprudência não só se refere ao enriquecimento ilícito do candidato, mas também ao enriquecimento ilícito de terceiro.

O Ministro Henrique Neves seguindo na esteira que já vinha sendo adotada fez uma digressão ao trecho do voto que proferiu no Recurso Ordinário nº 1809-08 julgado em 2014, no qual apontou que não seria necessária a condenação cumulativa nos artigos 9º e 10 da Lei 8.429/92 por ato doloso de improbidade administrativa, mas teria que ser demonstrada a existência, concomitante, do dano ao erário e do enriquecimento ilícito. Isso porque, segundo o Ministro, o enriquecimento ilícito e o dano ao erário podem ser extraídos tanto do inciso I, como o inciso II do art. 12 da Lei de Improbidade Administrativa, *in verbis*:

> Pelo exame desses precedentes, fica evidente que este Tribunal, nos feitos relativos às Eleições de 2014, não tem considerado necessário que a condenação por ato doloso de improbidade tenha sido imposta concomitantemente com base nos artigos 9º e 10 da Lei 8.429/92, como foi amplamente discutido no julgamento do AgR-REspe nº 71-30, relativo às Eleições de 2012, relatado pelo eminente Ministro Dias Toffoli, no qual, apesar da votação unânime, houve divergência de fundamentação.

[32] Idem.

> Entretanto, a possibilidade de o acórdão condenatório ser fundamentado no art. 9º ou 10 da Lei de Improbidade Administrativa não exclui a necessidade de ser demonstrada a existência concomitante do dano ao patrimônio público e do enriquecimento ilícito do agente público ou de terceiro, uma vez que ambas as figuras podem estar presentes em qualquer dos dois artigos.[33]

A Ministra Rosa Weber limitou-se apenas a acompanhar o relator. Pugnando pelo provimento do recurso especial eleitoral para deferir o registro de candidatura, seguiram a Ministra Luciana Lóssio abrindo a divergência, sendo acompanhada pelo Ministro Napoleão Nunes e pelo Ministro Gilmar Mendes.

A Ministra Luciana Lóssio logo de início reconheceu que a jurisprudência do TSE tinha entendimento de que seria possível extrair da fundamentação a existência simultânea do dano ao erário e do enriquecimento ilícito. Entretanto, ponderou que ainda que houvesse essa possibilidade, não seria permitido à Justiça Eleitoral realizar um novo julgamento da ação de improbidade, *in verbis*:

> Todavia, não pode a Justiça Eleitoral reexaminar os fatos que levaram à condenação por improbidade administrativa e conceder-lhes uma nova capitulação legal. Afinal, não há espaço para presunção, ilação, dedução ou inferência acerca da presença do enriquecimento ilícito ou do dano ao Erário, isto é, ou eles estão presentes ou não estão... ou a Justiça Comum condenou o gestor por dano ao erário e enriquecimento ilícito, ou não condenou.[34]

Em sequência, ao tratar dos tipos presentes na Lei de Improbidade [9º, 10 e 11], expõe que o dano aos cofres públicos não é elemento essencial das condutas descritas nos arts. 9º e 11 da Lei 8.429/92, citando para reforçar a tese julgado do Ministro Teori Zavascki quando compunha o Superior Tribunal de Justiça, afirmando que o princípio da legalidade

[33] BRASIL. Tribunal Superior Eleitoral. Direito Eleitoral. Recurso Especial Eleitoral nº 204-91, Município de Foz do Iguaçu/PR, Rel. Ministro Herman Benjamin. Publicado em Sessão, Data 13/12/2016, p. 91/92. Disponível em: http://www.tse.jus.br/jurisprudencia/decisoes/jurisprudencia.

[34] BRASIL. Tribunal Superior Eleitoral. Recurso Especial Eleitoral nº 204-91, Município de Foz do Iguaçu/PR, Rel. Ministro Herman Benjamin. Publicado em Sessão, Data 13/12/2016, p. 67. Disponível em: http://www.tse.jus.br/jurisprudencia/decisoes/jurisprudencia.

determina que a sanção por ato de improbidade esteja associada ao princípio da tipicidade, razão pela qual a Lei 8.429/1992 ao descrever os atos de improbidade administrativa indicava as penas atribuídas a cada um.

A partir disso, a Ministra analisa o caso e chega à conclusão de que o TRE/PR presumiu o enriquecimento ilícito, tendo em vista que a Justiça Comum não teria tratado em momento algum sob a perspectiva do enriquecimento ilícito, somente como dano ao erário, o que viola a Súmula nº 41/TSE[35] pelo TRE/PR. E relembrou a jurisprudência do TSE, no sentido de que as normas que dizem respeito à inelegibilidade não admitem interpretação extensiva *in malam partem*.

Somado a isso, alega que pelo fato do enriquecimento ilícito não ter constado também da petição inicial, reforça o argumento de que a Justiça Comum não teria pretendido tal condenação, *in verbis*:

> Nem poderia ser diferente! Afinal, se o jurisdicionado não teve que contrapor a tese de enriquecimento ilícito nos autos da ação civil pública, na qual é acusada de improbidade administrativa, sede adequada para o exercício do **contraditório e da ampla defesa, dentro do devido processo legal**, não será no bojo do pedido de registro de candidatura, perante a Justiça Eleitoral, que o fará.
>
> Nesse ponto, entendimento adotado no acórdão regional implica violação aos postulados do devido processo legal, do contraditório e da ampla defesa, previstos nos incisos LIV e LV do art. 5º da CF/1988, porquanto o processo de registro não permite ao candidato produzir alegações e provas específicas que afastem o reconhecimento do art. 9º da Lei nº 8.429/9229.[36] (grifo da Ministra)

O Ministro Napoleão, por seu turno, é breve e destaca que lhe chamou atenção o fato de que na inicial da ação de improbidade não foi imputado

[35] BRASIL. Tribunal Superior Eleitoral. Súmula n. 41. Não cabe à Justiça Eleitoral decidir sobre o acerto ou desacerto das decisões proferidas por outros Órgãos do Judiciário ou dos Tribunais de Contas que configurem causa de inelegibilidade. Disponível em: http://www.tse.jus.br/legislacao/codigo- eleitoral/sumulas/sumulas-do-tse.

[36] BRASIL. Tribunal Superior Eleitoral. Direito Eleitoral. Recurso Especial Eleitoral nº 204-91, Município de Foz do Iguaçu/PR, Rel. Ministro Herman Benjamin. Publicado em Sessão, Data 13/12/2016, p. 78. Disponível em: http://www.tse.jus.br/jurisprudencia/decisoes/jurisprudencia.

ao recorrente o enriquecimento ilícito, de modo que não houve defesa quanto a esse ponto. E que concordava com o Ministro Luiz Fux "[...] de que a tipificação não integra a causa petendi, mas era preciso que a alusão a esse elemento constasse da inicial e, como não estava, deveria o órgão de acusação ter pedido pronunciamento explícito do TRF4 [...]"[37].

Por fim, o Ministro Gilmar Mendes afirma ter a "[...] impressão de que não cabe a este Tribunal, à Justiça Eleitoral, perscrutar fundamentos que não constam do acórdão original, o que é da Justiça Ordinária ela é que deve encaminhar."[38]

O desprovimento do REspE nº 204-91 modificou a jurisprudência do TSE, que já havia sido firmada para as eleições de 2016, quando do julgamento do REspE nº 49-32, de Quatá/SP. Naquela oportunidade, a Corte Eleitoral entendeu que impediria a incidência da inelegibilidade da alínea "L" o fato de não conter elementos no dispositivo e nem na fundamentação da decisão que permitissem aferir o enriquecimento ilícito.[39]

Conforme se verifica, duas correntes antagônicas foram firmadas nesse julgado, de um lado se defendeu que poderia sim a Justiça Eleitoral extrair elemento que não constou da parte dispositiva ou dos fundamentos da decisão da Justiça Comum [nova interpretação da jurisprudência], do

[37] BRASIL. Tribunal Superior Eleitoral. Direito Eleitoral. Recurso Especial Eleitoral nº 204-91, Município de Foz do Iguaçu/PR, Rel. Ministro Herman Benjamin. Publicado em Sessão, Data 13/12/2016, p. 95. Disponível em: http://www.tse.jus.br/jurisprudencia/decisoes/jurisprudencia.

[38] BRASIL. Tribunal Superior Eleitoral. Direito Eleitoral. Recurso Especial Eleitoral nº 204-91, Município de Foz do Iguaçu/PR, Rel. Ministro Herman Benjamin. Publicado em Sessão, Data 13/12/2016, p. 96. Disponível em: http://www.tse.jus.br/jurisprudencia/decisoes/jurisprudencia.

[39] BRASIL. Tribunal Superior Eleitoral. Direito Eleitoral. Recurso Especial Eleitoral nº 49-32, Município de Quatá/SP, Rel. Ministra Luciana Lóssio. Publicado em Sessão, Data 18.10.2016: "(...) 3. A elegibilidade é direito fundamental de natureza política, por isso somente poderá sofrer limitação por determinação constitucional ou por lei complementar. Na linha da atual jurisprudência do Tribunal Superior Eleitoral, as causas de inelegibilidade devem ser interpretadas restritivamente, sendo vedada a interpretação extensiva in malam partem. 4. Na espécie, o Tribunal de Justiça afastou expressamente o locupletamento pessoal e reconheceu tão somente a existência de lesão ao erário, não havendo, portanto, elementos no dispositivo ou na fundamentação do decisum que permitam aferir a ocorrência de enriquecimento ilícito, o que impede, na linha da jurisprudência, a incidência da referida inelegibilidade". Disponível em: http://www.tse.jus.br/jurisprudencia/decisoes/jurisprudencia.

outro, tal entendimento foi repudiado, pois estaria rejulgando a ação de improbidade, violando garantias fundamentais.

O exame que se faz do julgado, alinhado com as premissas estabelecidas é que, ao contrário do que mencionado pelo Ministro Luiz Fux, ao expor que "[...] seria uma *capitis diminutio* de qualquer órgão julgador, à luz do princípio da unidade de jurisdição, que não pudéssemos, **à luz de um fato descrito na decisão judicial, inferir a configuração jurídica que se deva dar àquele fato** [...]", a jurisdição do órgão julgador está limitada pela competência definida na Constituição Federal e na legislação infraconstitucional.

O julgamento da ação de Improbidade Administrativa fica a cargo da Justiça Comum, por disposição do art. 125 da Carta da República. Observa-se, com isso, que cabe à Justiça Eleitoral somente verificar, de forma objetiva, se estariam presentes os requisitos da alínea "L', diante de uma condenação efetivada no âmbito da ação de improbidade administrativa. Mas como se pode constatar, a situação vivenciada pelos jurisdicionados não parece ser tão simples, sobretudo pelo TSE entender que pode fazer nova leitura dos fatos presentes no acórdão para chegar a conclusão diversa do juízo competente para apreciar tal fato, sob o argumento de estaria dando nova configuração jurídica para os fatos.

Muito embora haja a possibilidade do órgão julgador dar novo enquadramento jurídico aos fatos, essa possibilidade não permite o juiz eleitoral violar, por via transversa, a competência da Justiça Comum. Entretanto, essa violação na seara eleitoral fica evidente porque a nova configuração jurídica dada ao fato constante no acórdão traz consequências jurídicas diversas das que já haviam sido previstas quando da condenação por Improbidade Administrativa e inova *in malam partem*, na medida em que o elemento surgido a partir da releitura dos fatos passa a atrair para a esfera jurídica do jurisdicionado inelegibilidade que antes não estava configurada.

A Lei nº 64/90, alterada pela Lei nº 135/2010, que acresceu hipóteses e prazos de inelegibilidade, dispõe sobre restrição do *ius honorum*, que é o direito fundamental de concorrer a cargos políticos, matéria sensível ao Estado Democrático de Direito. Diante da gravidade que representa, por se tratar de um direito político [art. 14 a 17 da Carta da República], os parâmetros a serem adotados quando do julgamento do registro de candidatura devem ser precisos, garantindo segurança ao pré-candidato.

A observância do âmbito de competência fixado na Constituição Federal garante, a um só tempo: a) o devido processo legal; b) a ampla defesa; e c) o contraditório efetivo.

Quando a Justiça Eleitoral extrai dos fatos presentes no acórdão da improbidade elemento para atrair a inelegibilidade da alínea "L", sem que tenha havido imputação na inicial ou, ainda, análise pelo juízo competente acerca desse elemento, cerceia o direito ao contraditório de quem está requerendo o registro de candidatura. Isso porque a Justiça Eleitoral não detém meios próprios para que a parte se defenda da imputação que está lhe sendo feita pela primeira vez "porquanto o processo de registro não permite ao candidato produzir alegações e provas específicas que afastem o reconhecimento do art. 9º da Lei nº 8.429/9229", como mencionado pela Ministra Luciana Lóssio em seu voto.

Nessas hipóteses não há como atribuir na seara eleitoral elemento estranho que não constou do julgamento da improbidade, por afronta a uma série de direitos fundamentais, quais sejam artigos 5º, XXXIV, "a", LIII, LIV, LV da Constituição Federal.[40]

Nesse caso examinado, verifica-se que o TSE extrapolou sua competência para julgar o registro de candidatura, tendo em vista que esse procedimento é limitado às aferições da presença das causas de elegibilidade e da ausência das causas de inelegibilidade, que no caso, os atos de improbidade administrativa julgados pela Justiça Comum.

Essa tese é corroborada pelo fato da inelegibilidade ser consequência da condenação à suspenção dos direitos políticos por ato doloso de improbidade administrativa, que importe em lesão ao erário e enriquecimento ilícito, ou seja, é secundária à condenação de improbidade.

[40] BRASIL. **Constituição da República Federativa do Brasil**. Publicada no Diário Oficial da União de 5.10.1988: Art. 5º Todos são iguais perante a lei, sem distinção de qualquer natureza, garantindo-se aos brasileiros e aos estrangeiros residentes no País a inviolabilidade do direito à vida, à liberdade, à igualdade, à segurança e à propriedade, nos termos seguintes: XXXIV – são a todos assegurados, independentemente do pagamento de taxas: a) o direito de petição aos Poderes Públicos em defesa de direitos ou contra ilegalidade ou abuso de poder; LIII – ninguém será processado nem sentenciado senão pela autoridade competente; LIV – ninguém será privado da liberdade ou de seus bens sem o devido processo legal; LV – aos litigantes, em processo judicial ou administrativo, e aos acusados em geral são assegurados o contraditório e ampla defesa, com os meios e recursos a ela inerentes. Disponível em: http://www.planalto.gov.br/ccivil_03/constituicao/constituicaocompilado.htm.

Diante disso, por ser mera decorrência da condenação por improbidade, não cabe à Justiça Eleitoral, que atua somente a partir do que já foi decidido pela Justiça Comum, reexaminar os fatos, a partir da fundamentação lançada pelo juízo competente, para extrair elemento que não foi tratado e, consequentemente, não foi oportunizado o direito de defesa.

Para adotar o entendimento de que seria possível o TSE extrair da fundamentação elemento que não foi analisado pela Justiça Comum, seria necessário responder ao seguinte questionamento que já reafirmava em outra oportunidade:

> [...] em que momento o cidadão teria a oportunidade de se defender da imputação de que teria praticado um ato de improbidade doloso ou, ainda, como ele poderia desconstruir a decisão que lhe atribuiria a inelegibilidade partindo de tais requisitos?[41]

Diante disso, as premissas fixadas aqui levam a concluir que não cabe à Justiça Eleitoral analisar novamente os fatos descritos da decisão da Justiça Comum para extrair elemento que dela não constou, pois essa nova leitura feita pela Justiça Eleitoral representa um novo julgamento da Ação de Improbidade Administrativa, só que desta vez sem a análise do conjunto probatório, e cerceando o direito ao contraditório, haja vista a Justiça Eleitoral não dispor de meio adequado que garanta ao pré-candidato a reversão da decisão.

Conclusões

Os direitos políticos, como se pôde verificar, podem ser suspensos por decisão judicial que reconheça o cometimento de ato de improbidade administrativa. Consequência disso se observa na seara eleitoral, onde os efeitos da condenação realizada pela Justiça Comum irradiam para a seara eleitoral no procedimento de registro de candidatura.

Assim, a condenação à suspensão dos direitos políticos, por ato doloso de improbidade administrativa, que resulta em lesão ao erário e

[41] JOTA. **STF decide quem julga as contas, mas e a inelegibilidade?**. Disponível em: <https://www.jota.info/opiniao-e-analise/colunas/e-leitor/e-leitor-stf-decide-quem-julga-contas-mas-e- inelegibilidade-07082016>. Acesso em 08.06.2018.

enriquecimento ilícito é a hipótese para configurar a inelegibilidade do art. 1º, I, "L", da LC nº 64/1990, sendo necessário que todos esses requisitos estejam presentes na decisão.

Essa matéria foi tema de grande debate no Tribunal Superior Eleitoral, resultando do julgamento do REspE nº 204-9, do Município de Foz do Iguaçu, o qual foi concluído com o indeferimento do registro de candidatura do recorrente, a partir da maioria de 4 a 3 firmada pelo voto do Ministro Relator Herman Benjamin.

O entendimento lá fixado alterou a jurisprudência do TSE, fixando a tese de que os elementos que configuram a inelegibilidade podem ser extraídos dos fatos tratados na fundamentação da decisão judicial [da base fática do acórdão], ainda que o Tribunal competente não tenha condenado o agente sob aquela perspectiva.

Conforme visto, a competência da Justiça Eleitoral está atrelada ao que diz respeito sobre eleições, sendo o registro de candidatura um procedimento por meio do qual se constata a presença dos requisitos de elegibilidade e a ausência de alguma circunstância que cause inelegibilidade. Por outro lado, a competência da Justiça Comum está disciplinada, principalmente no art. 109 da Constituição Federal e na lei de organização judiciária de cada Estado, conforme estabelece o art. 125 da Constituição Federal, cabendo a ela o julgamento das ações de improbidade administrativa.

Diante disso, a análise feita pelo juiz eleitoral no registro de candidatura está condicionada ao que fixado pela Justiça Comum, isso porque o arranjo estabelecido para julgar ações de improbidade administrativa foi viabilizado para oportunizar o devido processo legal, mediante a produção de prova e, com isso, a realização do contraditório efetivo.

Do contrário, admitir a inauguração de ponto não trabalhado na seara própria representa flagrante afronta à competência da Justiça Comum, tendo em vista a ausência de meios adequados para se defender das novas imputações formuladas para atrair a inelegibilidade da alínea "L".

Sendo assim, a competência exercida pela Justiça Eleitoral não autorizaria deduzir da fundamentação do acórdão da Justiça Comum elementos que não constaram da parte dispositiva, haja vista tal possibilidade empreender violação às garantias do devido processo legal e da necessidade de ser julgado por juiz competente.

Referências

BRASIL. **Lei n 4.737 de 15 de julho de 1965**. Institui o Código Eleitoral. Publicada no Diário Oficial da União de 19.7.1965; retificada no Diário Oficial da União de 30.7.1965. Disponível em: http://www.planalto.gov.br/ccivil_03/leis/l4737.htm. Acesso em 5 de maio de 2018.

BRASIL. Lei nº 13.105 de 16 de março de 2015. **Código de Processo Civil**. Diário Oficial da União de 17.3.2015. Disponível em: <http://www.planalto.gov.br/ccivil_03/_ato2015-2018/2015/lei/l13105.htm>. Acesso em: 06.6.2018.

BRASIL. Superior Tribunal de Justiça. Direito Administrativo. Improbidade Administrativa. AIA 30/AM, Rel. Ministro TEORI ALBINO ZAVASCKI, CORTE ESPECIAL, julgado em 21/09/2011, DJe 28/09/2011. Disponível em: <http://www.stj.jus.br/SCON/jurisprudencia/toc.jsp?processo=aia+30&&b=ACOR&thesaurus=JURIDICO&p=true>. Acesso em 25.5.2018.

BRASIL. Superior Tribunal de Justiça. Direito Administrativo. Improbidade Administrativa. REsp 765.212/AC, Rel. Ministro HERMAN BENJAMIN, SEGUNDA TURMA, julgado em 02/03/2010, DJe 23/06/2010: Disponível em: <http://www.stj.jus.br/SCON/jurisprudencia/toc.jsp?processo=765212&&b=ACOR&thes aurus=JURIDICO&p=true>. Acesso em 25.05.2018.

BRASIL. Tribunal Superior Eleitoral. Recurso Especial Eleitoral nº 204-91, Município de Foz do Iguaçu/PR, Rel. Ministro Herman Benjamin. Publicado em Sessão, Data 13/12/2016,Disponível em: http://www.tse.jus.br/jurisprudencia/decisoes/jurisprudencia.

CAMMAROSANO, Márcio e PEREIRA, Flávio Henrique Unes. **O elemento subjetivo na improbidade administrativa: por uma responsável motivação das decisões judiciais**. Revista do Superior Tribunal de Justiça – Improbidade Administrativa. a. 28, vol 241, jan/fev/mar 2016, p. 86.

GOMES, José Jairo. **Direito Eleitoral/José Jairo Gomes** – 12. ed. São Paulo: Atlas, 2016, p. 4.

NETO, Pereira Miguel e LÔBO, Bárbara Mendes. **A natureza jurídica do pedido de registro de candidatura e os estritamente objetivos limites da lide**. Revista do Instituto dos Advogados de São Paulo. v. 32/2013, p. 297.

SILVEIRA, Marilda de Paula. JOTA. **STF decide quem julga as contas, mas e a inelegibilidade?**. Disponível em: <https://www.jota.info/opiniao-e-analise/colunas/e- leitor/e-leitor-stf-decide-quem-julga-contas-mas-e-inelegibilidade-07082016>. Acesso em 08.06.2018.

SIMÃO, Neto Calil. **Improbidade administrativa: teoria e prática** / Calil Simão Neto. Leme: J. H. Mizuno, 2011. p. 249.

ZAVASCKI, Teori Albino. **Direitos Políticos – Perda, Suspensão e Controle Jurisdicional**. Revista Jurídica, n 201, p. 118.

3. DEVIDO PROCESSO DE PRESTAÇÃO DE CONTAS DO FOMENTO AO TERCEIRO SETOR: ÔNUS DA PROVA, INTEGRIDADE E CONTROLE CONCOMITANTE NAS PARCERIAS ENTRE ENTES PRIVADOS SEM FINALIDADE LUCRATIVA E A ADMINISTRAÇÃO PÚBLICA

Élida Graziane Pinto

Introdução

A pretexto de atuarem em parceria com o Estado na consecução de atividades de interesse público, pessoas jurídicas privadas sem finalidade lucrativa – direta ou indiretamente – administram e/ou se beneficiam de recursos públicos e, portanto, sujeitam-se ao dever de prestar contas a que se refere o parágrafo único do art. 70 da CF. Do ponto de vista do Direito Financeiro, tais parcerias se revestem de inúmeras formatações de fomento tanto por meio de subvenções e/ou contraprestações pecuniárias oriundas de negócios jurídicos em sentido amplo, quanto por meio de incentivos fiscais. Para além de qualquer particularidade de regime jurídico da despesa (aqui incluído o crédito subsidiado) ou da renúncia de receita, sempre haverá a necessidade de controle do percurso dos "*dinheiros, bens e valores públicos*" geridos descentralizadamente pelas mais diversas espécies de entidades do terceiro setor.

Ao dever universal de prestar contas, inscrito constitucionalmente no parágrafo único do art. 70, soma-se o dever de provar o regular emprego dos recursos públicos de que trata o art. 93 do Decreto-Lei 200/1967, que é exigido não só da Administração Pública, mas de todos os que com ela se relacionam.

Desse modo, o manejo de recursos públicos por pessoas físicas ou pessoas jurídicas de direito privado, com ou sem finalidade lucrativa, impõe-lhes submissão objetiva ao regime jurídico administrativo do próprio ciclo orçamentário. Aludida sujeição é proporcional ao volume de recursos públicos envolvidos, de modo que quão maior a dependência de repasses governamentais, maior será o influxo publicístico sobre o modo de atuação das entidades que deles se beneficiam.

Vale repisar: a fiscalização financeira, orçamentária, patrimonial, operacional e patrimonial prevista constitucionalmente obedece a critério objetivo, porque lhe é indiferente quem subjetivamente se relaciona com o erário. O que importa é o percurso do dinheiro público dentro do ciclo orçamentário em seu triplo assento principiológico: legalidade, economicidade e legitimidade, na forma do *caput* do art. 70 da Constituição de 1988.

No contexto ora examinado, as entidades do terceiro setor, a despeito da sua personalidade jurídica de direito privado, são compelidas aos deveres de conformidade e integridade (*compliance*) e se despem da larga liberdade do seu regime civilístico, quando se beneficiam de repasses de recursos públicos a qualquer título.

Dito de outro modo, as inafastáveis finalidades constitucionais de prevenção da corrupção e de preservação do erário pressupõem distribuição ampla do ônus probatório e sujeição universal ao dever de prestar contas, o que impacta estruturalmente as possibilidades de controle prévio e concomitante das parcerias com o terceiro setor.

Uma vez ausente ou insuficiente a comprovação do manejo adequado dos recursos públicos, resta assumido o risco administrativo de que atos lesivos à Administração Pública possam vir a ser imputados às pessoas jurídicas privadas (com ou sem finalidade lucrativa), que se relacionem a qualquer título com aquela. Dessa confluência normativa é que decorre a razão de ser da responsabilidade objetiva inscrita na Lei Anticorrupção (Lei 12.846/2013).

Neste estudo, pois, o foco de análise recai sobre a responsabilidade das entidades do terceiro setor de prestarem higidamente contas da sua atuação complementar na consecução das diversas políticas públicas e de se desincumbirem do ônus probatório do regular emprego dos recursos públicos por elas manejados, até mesmo para fins de integridade e conformidade, a que se refere o art. 7º, VIII da Lei 12.846/2013.

Para cumprir tal desiderato é que se dividiu o estudo em três capítulos, incluída esta introdução, sendo que, no capítulo seguinte, será maturada a tese de que o controle de integridade das entidades beneficiárias de repasses em quaisquer políticas públicas, aferido a cada liquidação de despesa, deve ser explorado – pelas diversas instâncias de controle interno, social, externo e judicial – como mais um relevante instrumento de contenção dos riscos de burla e fuga ao regime jurídico administrativo.

Na conclusão, espera-se fomentar o debate, em busca de segurança jurídica compartilhada nas parcerias entre Estado e entidades do terceiro setor, acerca do seu devido processo de prestação de contas.

O norte a ser buscado é o de um ciclo dinâmico, plurilateral e tempestivo de cruzamento de dados e análise de riscos, a cada ato formal de liquidação de despesa, para que a execução terceirizada de serviços públicos seja intertemporalmente consonante com as necessidades da população em uma equação custo-efetiva.

Sem prejuízo da necessária repressão aos eventuais ilícitos e irregularidades já consumados, as diversas instâncias de controle incidentes sobre as parcerias entre Estado e entidades do terceiro setor devem reorientar foco para o monitoramento preventivo e concomitante da execução orçamentária aderente ao planejamento setorial e às necessidades estruturais da população ali diagnosticadas como norte legítimo de prioridades da ação governamental.

1. Integridade e dever de prestação de contas: balizas de controle para avaliação das entidades do terceiro setor que atuam em parceria com o Estado na consecução das políticas públicas

As prestações de contas de repasses ao terceiro setor nas mais diversas políticas públicas são marcadas, em regra, por uma grande e severa fragilidade estrutural de avaliação de custos e resultados. A bem da verdade, a própria concepção inicial do serviço não é objetiva e consistentemente bem formulada no planejamento setorial de cada política pública.

Daí advém a execução discricionária e errática de toda sorte de repasses ao terceiro setor, sem filtros qualitativos e quantitativos de avaliação da adequada aplicação dos recursos em face das prioridades alocativas identificadas no planejamento orçamentário e setorial.

Interessa aqui primordialmente resgatar – com higidez – a necessidade de as entidades do terceiro setor provarem sua integridade, até para os devidos fins da Lei Anticorrupção e dos arts. 41 e 42 do Decreto 8.420/2015 (que a regulamentou), por meio da distribuição compartilhada do ônus da prova quanto ao manejo regular dos recursos públicos, perante as instâncias de controle e ao longo de um devido processo de prestação de contas. Segundo o Tribunal de Contas da União, em seu Acórdão 1522/2016-Plenário,

> A distribuição do ônus probatório nos processos de fiscalização do TCU segue a disciplina do art. 373 da Lei 13.105/2015 (CPC), aplicada às peculiaridades da atividade de controle externo, competindo:
>
> a) à unidade técnica do Tribunal demonstrar os fatos apurados nas fiscalizações, mediante a juntada das evidências que os suportam;
> b) aos órgãos fiscalizados e aos terceiros interessados provar os fatos impeditivos, modificativos ou extintivos do direito do Estado de obter ressarcimento e/ou punir a prática de ato ilegal, ilegítimo e antieconômico que lhes fora atribuída pelo corpo instrutivo do Tribunal.

O perfazimento do devido processo de comprovação do atendimento aos princípios da legalidade, legitimidade e economicidade é esforço que não pode ser preterido ou executado de forma meramente protocolar e vazia na consecução das políticas públicas em parceria com o terceiro setor. Isso porque a insuficiência do atendimento à população na via ordinária cada vez mais tem saturado – por vezes de forma iníqua – a resposta judicial excepcional.

Ora, aferições estáticas e formais sobre a economicidade e a integridade das despesas públicas (incluídos aqui os gastos tributários) tanto simplificam, quanto fragilizam o processo de avaliação sobre a conformidade das ações governamentais realizadas em face dos seus custos verificados e resultados alcançados (ou não).

Um aspecto pontual do impasse, mas que guarda severa repercussão para as parcerias com o terceiro setor é o controle dos custos em face dos resultados verificados e, por conseguinte, seu reflexo direto ou indireto nos preços praticados pelas entidades que, de fato, indiquem ausência de finalidade lucrativa e defesa do interesse comum na consecução dos serviços públicos geridos descentralizadamente por meio de tais parcerias.

Tradicionalmente a avaliação sobre a consonância dos preços com a média praticada no mercado se resumiria apenas ao momento da seleção das propostas e da adjudicação do objeto à entidade vencedora do chamamento público. Mas, sob o enfoque do controle concomitante, é preciso que haja compromisso permanente e dinâmico com a comprovação atualizada de economicidade e de integridade ao longo da execução da parceria, o que deve ser exigível não só dos gestores públicos, mas também dos beneficiários de repasses no âmbito do terceiro setor (seja a que título jurídico se der a relação de parceria).

Nesse contexto, impõe-se a revisão do caráter majoritariamente estanque e formalista das cláusulas contratuais, para que haja parâmetros de remuneração variável atrelada ao desempenho efetivo tanto em cada parceria, quanto no volume consolidado de repasses por cada entidade, no intuito de majorar a aderência ao planejamento setorial da respectiva política pública, bem como a transparência ativa e o cruzamento sistemático de dados.

Mais do que pagar unitariamente por serviços em cada negócio jurídico isoladamente celebrado com cada entidade do terceiro setor, é necessário conceber uma avaliação global de desempenho das pessoas jurídicas beneficiárias de repasses, comparando-as, expondo-as ao escrutínio público e fomentando o aperfeiçoamento da sua relação com o Estado por meio de prêmio de produtividade, mediante metas de cobertura progressiva da demanda reprimida e redução amplamente divulgada dos custos.

Ao longo da execução orçamentária, tal aferição é diuturna, porque o dever de provar a economicidade do ajuste se renova a cada ato de recebimento provisório ou definitivo do objeto para fins de liquidação da despesa e alcança necessariamente a pessoa jurídica privada contratada/conveniada/beneficiária do repasse a qualquer título.

Contratos, convênios, termos de parceria e quaisquer outras nomenclaturas de ajustes celebrados pelo Estado devem ser submetidos a avaliações periódicas de economicidade e integridade a cada etapa de aferição do seu cumprimento. Aqui o ônus da prova – no sentido propugnado pelo art. 93 do Decreto-Lei 200/1967 – é, em primeiro e destacado plano, do particular contratado perante o servidor responsável pelo acompanhamento e fiscalização do ajuste.

Segundo os ditames gerais do art. 73 da Lei 8.666/1993, a cada ato de recebimento provisório ou definitivo do contrato devem ser analisadas e atestadas a adequação do objeto aos termos contratuais nos casos de obras e serviços, bem como a qualidade e a quantidade dos materiais fornecidos nos casos de compras e locação de equipamentos.

Ou a entidade do terceiro setor comprova que executou adequada e economicamente o objeto pactuado, ou não é possível aferir a sua conformidade para fins do correspondente termo circunstanciado de recebimento provisório ou definitivo, o qual deve ser assinado conjuntamente pelo Estado e pela organização. Tampouco se pode passar ao ato da liquidação da despesa, considerando que é nesse momento em que se verifica "a origem e o objeto do que se deve pagar" e "a importância exata a pagar", nos exatos termos dos incisos I e II do § 1º do art. 63 da Lei 4.320/1964. Cabe, portanto, ao gestor público avaliar o serviço prestado pela entidade e o *quantum* financeiro a ela devido e confrontar tais dados com os valores médios de mercado e com a prestação direta do serviço, extraindo daí a conclusão sobre a vantajosidade da aplicação.

A necessidade de se buscar regime jurídico mais dinâmico para a comprovação de economicidade e vantajosidade de forma concomitante à execução do objeto contratual fez, por exemplo, com que a Lei do Regime Diferenciado de Contratações Públicas (Lei 12.462/2011) estabelecesse a possibilidade de remuneração variável atrelada ao desempenho do particular, assim como previu a figura de um "contrato de eficiência" em que a Administração Pública espera obter maior economia, remunerando o particular conforme o percentual da economia gerada, como se pode ler, respectivamente, nos seus artigos 10 e 23.

Certo é que o Estado precisa manejar os instrumentos que a legislação já lhe oferece para questionar a formação dos custos e os preços praticados pelas entidades do terceiro setor que com ele se relacionam, para majorar o alcance das metas concebidas no planejamento setorial, diante do diagnóstico complexo das necessidades da população e da insuficiência de recursos que financiam as políticas públicas garantidoras de direitos sociais.

Qualquer polarização maniqueísta entre o Estado que realiza a despesa e a entidade do terceiro setor que dela se beneficia tende a limitar o alcance do dever universal de prestação de contas inscrito no art. 70, parágrafo único da Constituição de 1988. Todos, rigorosamente todos os que utilizem, arrecadem, guardem, gerenciem ou administrem dinheiros, bens e valores públicos devem prestar contas, sejam pessoas físicas ou jurídicas, públicas ou privadas.

Daí porque é ingênuo e juridicamente frágil sustentar que os problemas da má qualidade do gasto público e da própria corrupção estejam centrados exclusiva ou primordialmente no Estado e nas suas mazelas organizacionais.

Com o advento da Lei Anticorrupção (Lei 12.846/2013), emergiu o horizonte preventivo dos sistemas de integridade e compliance a serem criados no âmbito das pessoas jurídicas privadas – com ou sem finalidade lucrativa –, no intuito de se tentar comprovar objetivamente a alegação de boa-fé em investigações de casos de corrupção em que as empresas e as entidades do terceiro setor se vissem, porventura, envolvidas em suas relações com o Estado. Interessante, aqui, resgatar a forma como Fernando Facury Scaff2 se posicionou a respeito do tema:

> [...] É como se o Estado dissesse às empresas [e às entidades do terceiro setor]: 'Previne o teu pessoal nas relações com o meu pessoal, a fim de evitar que caiam na tentação da corrupção, de lado a lado'. Daí por que se afirma que as empresas devem se autorregular, ou seja, criar as normas internas para evitar o efeito danoso combatido pela lei. E o foco da autorregulação é a autocontenção, ou seja, conter os agentes privados da tentação de burlar os procedimentos normativos, de tal forma a dificultar a obtenção de vantagens indevidas. [...] Quanto melhor for o sistema de *compliance* adotado pelas empresas [e pelas entidades do terceiro setor], menor será o risco e menor deverá ser a pena, em caso de eventual irregularidade.

Nesse sentido, os incisos VII e VIII do art. 7º da Lei 12.846/2013 pontuam como aspectos que militariam a favor da defesa das pessoas jurídicas privadas envolvidas em casos de corrupção tanto "a cooperação da pessoa jurídica para a apuração das infrações" quanto "a existência de mecanismos e procedimentos internos de integridade, auditoria e incentivo à denúncia de irregularidades e a aplicação efetiva de códigos de ética e de conduta no âmbito da pessoa jurídica".

Mas o que seria de se esperar dos órgãos de controle interno das entidades do terceiro setor no âmbito das parcerias que envolvem as mais diversas políticas públicas? Apenas exames protocolares de conformidade com o ordenamento a pretexto de incentivo à denúncia de irregularidades?

Para serem, de fato, consistentes, os sistemas de integridade e compliance das entidades do terceiro setor devem se ocupar de prestar contas – a cada liquidação de despesa – sobre os reais custos e efetivos resultados da parceria celebrada com o Estado, em cruzamento sistêmico de riscos e em esforço de máxima transparência ativa dos dados atinentes às contratações públicas. Somente assim serão alcançados os parâmetros dos incisos V a VIII do art. 42 do Decreto 8.420/2015, que regulamentou a Lei 12.846/2013.

É premente que se devolva às entidades do terceiro setor a responsabilidade de atestarem a ausência de finalidade lucrativa, mediante mecanismos de comprovação tempestiva de que os preços praticados e os resultados entregues nas relações com o Estado estão consonantes com os respectivos custos e com as finalidades contratadas/ajustadas.

Assim, a comprovação de economicidade e a verificação de legitimidade (aqui entendida como cumprimento das metas de custo-efetividade e resolutividade do planejamento setorial e orçamentário) dos repasses não podem ficar adstritas somente ao momento formal de seleção das propostas no chamamento público e, por conseguinte, ao momento de celebração do ajuste com a entidade. Economicidade e aderência ao planejamento devem ser aferidas a cada recebimento provisório do objeto e, portanto, a cada ato de liquidação da despesa, com análise permanente dos riscos de desconformidade que a Lei Anticorrupção busca conter.

Aliás, é também no momento da liquidação que a entidade do terceiro setor beneficiária de repasses presta contas de sua atuação e comprova que executou o serviço de forma adequada e integral, sem conflito de interesses ou remunerações exorbitantes ao seu quadro de pessoal. Somente o exaurimento do ônus da conformidade com os princípios constitucionais e ditames legais aplicáveis afasta, assim, o peso da responsabilização objetiva pela prática de atos lesivos contra a Administração Pública previstos na Lei Anticorrupção. Sobre o assunto, Pinto e Spinelli3 manifestaram-se:

> Não se trata, portanto, de entender a lei como mais um ônus imposto às empresas [e às entidades do terceiro setor] brasileiras, já sufocadas por uma enxurrada de exigências legais e tributárias. Mas de reconhecer que a luta contra a corrupção, por razões óbvias, não pode estar limitada ao setor público e que as empresas [e entidades do terceiro setor] também deverão instituir procedimentos eficazes para coibir práticas irregulares.

> *A responsabilidade objetiva prevista na lei caso sejam apurados atos irregulares e ilícitos decorre do risco assumido pela empresa de não conseguir se desincumbir do aludido dever bilateral de prestar contas. Sem isso, ela não pode ser liberada das suas obrigações contratuais, nem tampouco pode ter atestada a sua aptidão de receber do Estado o quanto lhe é devido.* (grifo acrescido ao original).

Ou se fomenta a noção de compliance estendida ao longo de toda a parceria e, em especial, a cada liquidação da despesa para fins de comprovação tempestiva de economicidade, ou se presume a irregularidade da despesa, na forma do art. 93 do Decreto-Lei 200/1967 e até mesmo do caput do artigo 113 da Lei 8.666/1993, haja vista a falta de comprovação plena do regular emprego de recursos públicos.

Para que o acompanhamento dinâmico da execução dos ajustes celebrados pelo Estado com o terceiro setor cumpra o seu objetivo, deve a Administração, em cada ato de liquidação de despesa, aferir a idoneidade econômico-financeira e jurídica do objeto contratual/convenial prestado porque o está a receber provisoriamente, nos termos do art. 73, I, alínea "a" da Lei 8.666/1993. Por outro lado, deve a entidade do terceiro setor promover, em sítio eletrônico próprio, ostensiva e atualizada divulgação de todos os seus custos (inclusive a relação nominal dos funcionários e respectiva remuneração custeada com recursos públicos), bem como do seu desempenho conforme as metas pactuadas com o poder público, à luz do dever de atingimento recíproco do planejamento sanitário.

A postura de ambos (ente público e entidade do terceiro setor) nas liquidações ocorridas durante a execução do ajuste deve, pois, estar focada na observação e vistoria do objeto liquidado de forma a comprovar sua adequação aos termos pactuados. Tal observação envolve, por óbvio e especialmente, a checagem acerca da aderência a quesitos nucleares de conformidade com o ordenamento e de desempenho qualitativo por parte da pessoa jurídica parceira, para fins de aferição de custos e resultados.

Ora, preços superfaturados e pagamento por bens não entregues, remunerações acima do teto do serviço público, subcontratações onerosas ou em situação de conflito de interesses, serviços não prestados ou obras não realizadas na quantidade e qualidade avençadas são dramaticamente exemplos rotineiros do quanto ainda se está longe dos parâmetros de conformidade e integridade preconizados na Lei Anticorrupção.

Tal contexto de fragilidade gerencial e de severos riscos de malversação dos escassos recursos públicos torna ainda mais premente e necessário que todos os órgãos de controle busquem compelir as entidades do terceiro setor a assumirem – fática e efetivamente – a corresponsabilidade, junto com o próprio Estado, pela prova tempestiva de economicidade e integridade das despesas liquidadas em seu favor. Não cabe, pois, tergiversar quanto ao dever diuturno de explicitar custos que perfazem os preços praticados e ao dever de contraste dos resultados verificados em face das metas planejadas.

Conclusões

Como debatido ao longo deste breve ensaio, os processos de prestação de contas dos repasses ao terceiro setor nas diversas políticas públicas, tal como têm sido promovidos pelos diversos entes da federação – ressentem-se da ausência de um devido processo que ateste, de forma transparente e simples, a razoabilidade da equação entre custos e preços praticados em face dos resultados verificados.

Os custos são, na maioria das vezes, opacos; os preços não são comprovadamente módicos e os resultados são, em determinadas hipóteses, ineficientes, notadamente diante da necessidade de se reduzir a elevada demanda reprimida e de se justificar o custo de oportunidade da terceirização empreendida dada a precária e insuficientemente baixa aderência e resolutividade ao planejamento setorial, sobretudo nas respostas universais e basilares de cada política pública.

Nesse contexto, os processos de prestação de contas – tramitados majoritariamente em caráter individual e com dados avaliados isoladamente – ignoram a necessidade premente de:

1. evidenciação dos riscos de remunerações cumulativas (a título de honorários e/ou pagamento de assessorias jurídica/contábil etc) e, portanto, dissonantes com o regime do art. 37, XI da CR/1988;
2. aferição do ganho de escala para fins de redução de custos administrativos na operacionalização de cada contrato de gestão/convênio/termo de parceria ou qualquer outra espécie de liame negocial e no controle consolidado do número global de negócios (lato senso) por entidade beneficiária (controle do total de recursos públicos administrado por cada CNPJ);

3. cruzamento do desvio padrão dos preços praticados em todos os repasses de mesma espécie, por mês de liquidação e pagamento da despesa, para fins de controle preventivo em face de pleitos por aditivos contratuais ou por novos incentivos fiscais em busca de majoração dos repasses;
4. gestão de demanda reprimida para ampliação prospectiva dos atendimentos na rede de serviços públicos;
5. sujeição das entidades do terceiro setor aos deveres de transparência ativa, integridade e prestação de contas perante todas as instâncias cabíveis de controle e, por fim,
6. controle de qualidade dos resultados operacionais do atendimento das metas físicas e financeiras concebidas no planejamento setorial.

Em última instância, busca-se suscitar a necessidade de se exigir, em face de todos os gestores públicos responsáveis e das entidades do terceiro setor, a adoção das seguintes balizas nucleares nos instrumentos jurídicos que avalizam os repasses e em seus respectivos processos de prestação de contas:

i. aderência ao planejamento setorial, como, por exemplo, o Plano Nacional de Educação (Lei 13.005/2014) e o planejamento sanitário, na forma do art. 36 da Lei 8.080/1990, do art. 2º, II e do art. 30, ambos da Lei Complementar nº 141/2012;
ii. comprovação da vantajosidade do repasse em relação à execução direta, na forma da ADI 1923/DF e do art. 16 da Lei 4.320/1964;
iii. obediência ao teto remuneratório, em consonância com o art. 37, XI da Constituição de 1988, no somatório global mensal dos pagamentos feitos aos funcionários das entidades com recursos públicos na forma de salários, honorários e quaisquer espécies remuneratórias;
iv. devido processo isonômico e impessoal de seleção da entidade, na forma do julgamento conferido pelo Supremo Tribunal Federal à ADI 1923/DF julgada pelo STF e do Acórdão TCU 3239/2013-Plenário;
v. regramento de subcontratações/quarteirizações com controle de devido processo de seleção e evidenciação de custos, nos mesmos

moldes da própria parceria celebrada entre Estado e entidade do terceiro setor;

vi. vedação de conflito de interesses e nepotismo, em respeito aos princípios da moralidade e impessoalidade;

vii. transparência ativa, na forma do art. 2º da Lei 12.527/2011;

viii. controle de custos e resultados, por meio do contraste entre metas físicas e financeiras constantes do plano de trabalho e a execução dos indicadores de processo e resultado da parceria em painel de acompanhamento simultâneo divulgado no sítio eletrônico tanto do ente público (caráter global de todas as parcerias em andamento e dados unitários de cada qual), quanto da entidade do terceiro setor (com dados consolidados de todos os recursos públicos recebidos e por cada vínculo negocial isoladamente);

ix. comprovação da efetiva ausência de finalidade lucrativa, por meio do exame em pertinente matriz de risco de indicadores extraídos da confluência dos itens (iii), (v) e (viii);

x. gestão do ganho de escala operacional e restrição à formação de oligopólios, cujo controle se impõe na forma do item (viii);

xi. remuneração variável conforme parâmetros de qualidade de atendimento e indicadores de otimização dos resultados (dentre os quais, por exemplo, cabe citar meta de redução de gastos preveníveis e meta de ampliação do atendimento para redução da demanda reprimida);

xii. inclusão da parcela do pagamento referente à remuneração do pessoal que exerce a atividade fim do ente público nas entidades beneficiárias de repasses ao terceiro setor, no total apurado para verificação dos limites de gastos com pessoal, na forma do art. 18, §1º da Lei de Responsabilidade Fiscal, da Portaria da Secretaria do Tesouro Nacional 233/2019 e do Acórdão do Tribunal de Contas da União nº 1.187/2019-Plenário;

xiii. previsão de cláusula contratual que fixe limite prudencial de despesas com pessoal em relação ao valor total de recursos do contrato de gestão/ termo de parceria/ convênio etc e sobre mecanismos de controle sistemático pela autoridade supervisora, sendo ideal que os gastos relativos com subcontratação de empregados não ultrapassem 50% (cinquenta por cento) do valor total do liame contratual, sendo vedada a subcontratação para execução da atividade especializada de gerenciamento;

xiv. vedação de terceirização do planejamento setorial e da regulação dos serviços. E, por fim, mas não menos importante,

xv. dever de hígida prestação de contas aos órgãos de controle interno, social e externo, o que significa, por exemplo, que (1) as minutas de edital de chamamento público e respectivo contrato devem ser analisadas e aprovadas pelos conselhos respectivos de acompanhamento e controle social; (2) a apresentação ao ente contratante, ao conselho de controle social e ao controle externo de relatório executivo com os nomes dos diretores, remuneração de todos os cargos e funções ocupadas, frequências e ausências por cargo/função totalizadas em dias, horas e valores; (3) fiscalização de filas, reclamações dos usuários e trabalhadores, abastecimento de insumos e materiais até mesmo como cláusula de remuneração variável relativa à qualidade do serviço prestado; (4) garantia de fiscalização *in loco* aos membros do respectivo conselho de controle social; (5) condicionamento dos pagamentos mensais à devolução ou compensação de sobras de caixa da entidade beneficiária do repasse relativas ao mês anterior.

Cumpre reiterar aqui o desafio presente é o de tornar dinâmico, concomitante, transparente e plurilateral o devido processo de prestação de contas. Não se pode mais controlar os repasses havidos no âmbito das mais diversas políticas públicas apenas na forma de exame posterior de pagamentos unitários por serviços em cada negócio jurídico isoladamente celebrado com cada entidade do terceiro setor.

O desafio presente é o de promover avaliação global de desempenho das pessoas jurídicas beneficiárias de repasses, comparando-as, expondo-as ao escrutínio público e fomentando o aperfeiçoamento da sua relação com o Estado por meio de prêmio de produtividade, mediante metas de cobertura progressiva da demanda reprimida, redução amplamente divulgada dos custos e cumprimento das metas físicas e financeiras conforme o planejamento setorial.

Provar a integridade do manejo de recursos públicos no ciclo orçamentário é algo que interessa difusamente a todos os interessados. Desse modo, abre-se caminho para o compartilhamento do dever de defesa do erário e de alcance adequado das finalidades constitucionais das políticas públicas capazes de assegurar a consecução plena dos direitos fundamentais. Ao reorientar foco sobre o ônus plurilateral da prova e o dever de integridade, em suma, abre-se caminho para novas possibilidades de atuação preventiva e concomitante pelas diversas instâncias competentes de controle no que se refere ao monitoramento da aplicação dos recursos conforme o planejamento setorial de cada política pública. Testar tais caminhos é – de fato – um horizonte de construção dialogada com todos os atores envolvidos em prol da máxima eficácia dos direitos sociais e sua melhor consecução operacional no seio ordinário da própria política pública.